INTELIGÊNCIA ARTIFICIAL
EM CONTROLE E AUTOMAÇÃO

*"Feliz a pessoa que acha sabedoria,
e o homem que adquire conhecimento"
(Provérbios 4-13)*

*Aos nossos familiares,
aos nossos mestres,
aos nossos alunos,
aos nossos amigos.*

CAIRO LÚCIO NASCIMENTO JÚNIOR
TAKASHI YONEYAMA

INTELIGÊNCIA ARTIFICIAL
EM CONTROLE E AUTOMAÇÃO

Em co-edição com:

Fundação de Amparo à Pesquisa do Estado de São Paulo

Inteligência artificial
© 2000 Cairo L. N. Júnior
         Takashi Yoneyama
8ª reimpressão – 2020
Editora Edgard Blücher Ltda.

Blucher

Rua Pedroso Alvarenga, 1245, 4º andar
04531-934 – São Paulo – SP – Brasil
Tel.: 55 11 3078-5366
contato@blucher.com.br
www.blucher.com.br

É proibida a reprodução total ou parcial por quaisquer meios sem autorização escrita da editora.

Todos os direitos reservados pela Editora Edgard Blücher Ltda.

FICHA CATALOGRÁFICA

Nascimento Júnior, Cairo Lúcio
  Inteligência artificial em controle e automação / Cairo Lúcio Nascimento Júnior, Takashi Yoneyama – São Paulo: Blucher: Fapesp, 2000.

  Bibliografia.
  ISBN 978-85-212-0310-0

  1. Automação 2. Controle – Teoria 3. Controle automático 4. Inteligência artificial I. Yoneyama, Takashi II. Título.

04-0249   CDD-621.399

Índices para catálogo sistemático:
1. Inteligência artificial: Engenharia   621.399

PREFÁCIO

Os Professores Cairo Lúcio Nascimento Jr. e Takashi Yoneyama, membros atuantes e destacados da comunidade de Controle e Automação, reconhecidos e respeitados pela qualidade e produtividade de suas atividades de ensino e pesquisa, vêm, através deste livro, colocar ao alcance de estudantes, profissionais e pesquisadores material didático desenvolvido e aprimorado ao longo de suas atuações em disciplinas da área de Sistemas e Controle, dos programas de pós-graduação, do conceituado Instituto Tecnológico de Aeronáutica, o merecidamente famoso, ITA.

O livro cobre de forma ampla e básica os assuntos de Inteligência Artificial de interesse às aplicações não só em Controle e Automação, mas também em Instrumentação Inteligente e Processamento de Sinais. Cada assunto é tratado de forma a propiciar condições de aprendizado tanto teórico básico, como dos principais métodos e ferramentas usados, além de informações sobre livros e publicações técnico científicas de referência.

A faixa de utilidade do livro é, sem dúvida, larga. Ele cobre os requisitos de um livro texto para disciplina de formação básica no assunto, situada no final de cursos de graduação ou no início de cursos de pós-graduação e de especialização. Cobre, também, as necessidades de profissionais e pesquisadores interessados em atualizar a sua capacitação e garantir proficiência no uso dos métodos e ferramentas da Inteligência Artificial, tais como os de Lógica Nebulosa e de Redes Neurais Artificiais. Finalmente, de forma geral, será uma obra de interesse permanente para consulta por profissionais e pesquisadores que necessitem fazer uso das ferramentas de Inteligência Artificial na busca de soluções para problemas de Instrumentação, Controle, Automação e Processamento de Sinais.

Com esta obra, os Profs. Cairo e Takashi dão elevada contribuição, na realização de sua missão de professores, qual seja a contribuição de concretizar um instrumento de aprendizado, que, certamente, será de grande eficácia na solução de problemas de interesse prático. Parabenizo os autores, certo de que muitos se beneficiarão e bons frutos serão produzidos com o uso deste livro.

São José dos Campos, novembro de 1999
Atair Rios Neto, PhD
Professor Titular do IP&D, UNIVAP

Cairo Lúcio Nascimento Júnior
Takashi Yoneyama
Endereço para contato:
Departamento de Sistemas e Controle, Divisão de Engenharia Eletrônica
Instituto Tecnológico de Aeronáutica
12228-900 — São José dos Campos — SP
E-mails: cairo@ita.cta.br   takashi@ita.cta.br
Home Page deste livro: http://www.ele.ita.cta.br/ia_contaut/

AGRADECIMENTOS

Os autores desejam manifestar os seus agradecimentos a inúmeras pessoas e entidades que permitiram a realização deste trabalho. Os primeiros trabalhos no ITA em termos da utilização de IA em Sistemas e Controle foram iniciados pelo Prof. Eleri Cardozo em 1987 e a sua influência se manifesta de forma marcante no presente texto. O incentivo do Prof. Fernando Antonio Campos Gomide, da UNICAMP, foi decisivo na iniciação dos autores nessa fascinante área. A gentileza da Dra. Sandra A. Sandri do INPE em nos ceder o texto "Introdução à Lógica Fuzzy" foi importante para aprimorar o capítulo 7. Muitos dos resultados apresentados aqui foram obtidos em colaboração com diversos colegas, entre os quais, Luís Fernando Faina, Luís Fernando Alves Pereira, Luiz Carlos Sandoval Góes, Gilberto Jun Kuzuhara, Alexandre Coppio Ramos, Cláudio Camargo Rodrigues, Eduardo Toshiro Fujito, Gabriel Omar Alvarez-Zapata, Roberto Célio Limão de Oliveira, Wilson Rios Neto, Winston Chan Hui Lin, Roberto Kawakami Harrop Galvão, Tibério Augusto de Melo, Eduardo de Azevedo Botter, Laurizete dos Santos Camargo e Taciana Mara Rezende Fortes. O Prof. Jacques Waldmann contribuiu com subsídios para a preparação do texto sobre Visão Ativa, o Prof. Karl Heinz Kienitz sobre Lógica Nebulosa, o Prof. Paulino Ng sobre Xadrez por Computador, o Prof. Nizam Omar sobre Ensino Assistido por Computador, o Prof. Atair Rios Neto sobre Redes Neurais Artificiais, os Profs. Jader Alves de Lima e Roberto d'Amore sobre VLSI, o Prof. Alberto Adade sobre Robótica e o Prof. Luís Gonzaga Trabasso sobre Mecatrônica. Durante as diversas atividades de pesquisa que foram desenvolvidas, os autores receberam diversas modalidades de auxílio da FAPESP, CNPq e CAPES, particularmente o Projeto Temático ProTeM-CC/SHI2, além de suporte interno do ITA.

Os autores também reconhecem a inestimável contribuição do Control Systems Centre, UMIST (University of Manchester Institute of Science and Technology), e em especial do Dr. Martin B. Zarrop, Prof. Peter Wellstead, Prof. Neil Munro, Dr. Allan Muir, Panos Liatsis e Peter Green.

Nossos agradecimentos também são devidos à FAPESP (Fundação de Amparo à Pesquisa do Estado de São Paulo) pelo auxílio financeiro para a publicação deste livro e aos funcionários da Editora Edgard Blücher, e em especial a Carlos Lepique, pelo auxílio na preparação e formatação deste livro.

Os autores estão particularmente em dívida com os Profs. Elder Moreira Hemerly e Roberto Kawakami Harrop Galvão, pela leitura da versão preliminar deste texto e diversas sugestões.

CONTEÚDO

Capítulo 1 - Introdução 1

Capítulo 2 - Instrumentação, Controle e Automação 14

Capítulo 3 - Controle por Computador 22

Capítulo 4 - Lógica e Dedução 38

Capítulo 5 - Representação de Conhecimentos 50

Capítulo 6 - Controladores Baseados em Conhecimentos 58

Capítulo 7 - Lógica Nebulosa 68

Capítulo 8 - Controladores Empregando Lógica Nebulosa 77

Capítulo 9 - Métodos de Otimização Numérica 92

Capítulo 10 - Modelos e Arquiteturas de Redes Neurais Artificiais 111

Capítulo 11 - Aprendizado com Supervisão Forte 124

Capítulo 12 - Aprendizado com Supervisão Fraca 152

Capítulo 13 - Aplicações de Redes Neurais Artificiais 167

Capítulo 14 - Desenvolvimento de Sistemas Inteligentes 188

Capítulo 15 - Epílogo 203

Referências Bibliográficas 205

Índice Alfabético 214

Tabela de Símbolos 217

INTRODUÇÃO

A Inteligência Artificial (IA) busca prover máquinas com a capacidade de realizar algumas atividades mentais do ser humano. Em geral são máquinas com algum recurso computacional, de variadas arquiteturas, que permitem a implementação de rotinas não necessariamente algorítmicas. As atividades realizadas por essas máquinas podem envolver a sensopercepção (como tato, audição e visão), as capacidades intelectuais (como aprendizado de conceitos e de juízos, raciocínio dedutivo e memória), a linguagem (como as verbais e gráficas) e atenção (decisão no sentido de concentrar as atividades sobre um determinado estímulo). Eventualmente, no futuro, as máquinas poderiam apresentar até manifestações psíquicas complexas como a afetividade e a volição.

O estudo da IA contribui não somente para o aperfeiçoamento das máquinas, mas também para a motivação em se conhecer melhor as próprias atividades mentais humanas. Como exemplo, basta que se mencionem as pesquisas no campo da linguagem natural, das redes neurais artificiais, da lógica, da robótica ou, enfim, quaisquer subáreas da IA. Assim, IA é, em parte, o estudo do próprio Homem e a sua relação com o meio que o cerca.

Em termos de tecnologia, IA permite que máquinas possam realizar tarefas complexas no lugar do operador humano, liberando-o de atividades enfadonhas, insalubres ou inseguras. Também pode aumentar a eficiência do humano na sua interação com equipamentos sofisticados. Permite, ainda, que conhecimentos possam ser compartilhados por muitas pessoas, sem que haja necessidade de consultas a especialistas.

Este trabalho busca fornecer alguns dos conceitos envolvidos na fascinante ciência que é IA, principalmente no que se refere a aplicações em controle e automação.

1.1 Conceituação de Inteligência Artificial

Em 1948, N. Wiener talhou o termo *cibernética*, compreendendo uma ciência que abrangeria, entre outros temas, o estudo da inteligência de máquinas.

Em 1950, Alan Turing propôs um método para determinar se uma máquina poderia apresentar inteligência (*Turing Test*). O teste consiste em utilizar um interrogador humano que se comunica com um voluntário humano e com o computador sob avaliação, sem que estes possam ser vistos, ou seja, o contacto se limita a troca de mensagens. Será dito que o computador, executando um programa apropriado, manifesta inteligência se o interrogador humano não puder diferenciar a máquina do voluntário, após formular as questões que desejar. O computador pode utilizar quaisquer artifícios, como titubear na resposta que solicita a enumeração dos 100 primeiros números primos. Pode até simular emoção, respondendo com frases solidárias à notícia do falecimento de um astro dos esportes.

O primeiro passo é, portanto, tentar estabelecer o que deve ser entendido como **Inteligência Artificial**. Conceituar Inteligência Artificial (IA) é uma tarefa difícil e optou-se aqui por apresentar algumas das definições fornecidas por autores de renome na literatura especializada:

a) IA é o estudo das faculdades mentais através do uso de modelos computacionais (Charniak e McDermott, 1985);

b) IA é o estudo de como fazer os computadores realizarem tarefas que, no momento, são feitas melhor por pessoas (Rich, 1983);

c) IA é o estudo das idéias que permitem habilitar os computadores a fazerem coisas que tornam as pessoas inteligentes (Winston, 1977);

d) IA é o campo de conhecimentos onde se estudam sistemas capazes de reproduzir algumas das atividades mentais humanas (Nilsson, 1986).

Uma vez que as definições de IA envolvem termos como *faculdades mentais, tarefas melhor feitas por pessoas, coisas que tornam as pessoas inteligentes e atividades mentais humanas*, é interessante que se considere, inicialmente, os aspectos psicológicos da inteligência humana, ainda que o objetivo final **não** seja reproduzí-los.

Segundo livros do campo da psicologia (Paim, 1986) e da psiquiatria (Ey, Bernard e Brisset, 1985), as atividades psíquicas (do grego *psykhe* = alma) fundamentais são:

a) **Sensação**: fenômeno elementar resultante de estímulos mecânicos, físicos, químicos ou elétricos sobre o organismo. As sensações podem ser externas (visuais, auditivas, gustativas, olfativas ou táteis) ou internas (proprioceptivas = forças e posições das partes do corpo, cinestésicas = movimentos das partes do corpo, ou autônomas = funções dos órgãos internos do corpo). Um exemplo de alteração da sensação é a *anestesia*, ou seja, ausência de condução das sensações pelo feixe nervoso. Em aplicações da Engenharia, poderia corresponder à falha do sensor ou da cablagem de condução. Os sensores poderiam ser dos mais variados tipos, desde sonares "doppler" até pares termoelétricos.

b) **Percepção**: é a tomada de conhecimento de um objeto exterior considerado real. As sensações são integradas de modo que as condições internas ou externas do organismo sejam conhecidas. Um exemplo na Engenharia seria a percepção de superaquecimento baseada na medida de temperatura e sua comparação com um valor de referência. Como exemplo de alteração, pode-se mencionar a *ilusão*, onde a percepção é falseada mesmo que o sistema sensorial esteja íntegro. Por ilusão de óptica, objetos na superfície terrestre podem ser vistos no céu, originando percepção falsa de OVNI.

c) **Representação**: é a organização das imagens de objetos. Corresponde ao processo de modelamento em Engenharia. As imagens visuais poderiam ser comparadas a fotografias que representam, no papel, algumas características (em termos morfológicos) do objeto fotografado. Uma imagem fantástica é aquela que não corresponde a um objeto concreto, tais como dragões e duendes Uma alteração é a alucinação, onde imagens de objetos reais, mas de fato não percebidos recebem representação, passando o indivíduo a acreditar genuinamente na sua autenticidade, como nos casos de neuroses de guerra.

d) **Conceituação** (latin *conceptu* = reunido) construção simbólica que busca captar a essência dos objetos, agrupando-os em classes. É uma das operações intelectuais básicas: conceituação, juízo e raciocínio. Por exemplo, o conceito de *aves* coloca na mesma classe: águia, canário, pato, papagaio, tucano, avestruz e muitos outros animais. Assim, canário é bem diferente da águia, mas existem características em comum entre eles que permitem agrupá-los na mesma classe. Um exemplo de alteração é a perda de relações conceptuais, como ilustrado pela frase: "As sereias vêm voando porque são anfíbias".

e) **Juízo**: é a capacidade de exprimir os vínculos e as relações entre os fatos e os objetos da natureza. Em termos de Engenharia corresponde à capacidade de qualificar os fenômenos e os objetos do sistema segundo as leis físicas específicas. Um exemplo de juízo é afirmar: "A Terra gira em torno do Sol" ou "A Terra é azul". Uma alteração é o delírio: "As formigas vão comer o meu carro", o que não guarda relação com as leis físicas conhecidas.

f) **Raciocínio**: é a concatenação disciplinada dos juízos, de modo a gerar novos juízos. Em Engenharia corresponde à capacidade de dedução: Por exemplo, das afirmações: "A Terra é azul" e "Azul é a cor do mar", o raciocínio permite obter: "A Terra é da cor do mar". Uma alteração é a incoerência: "A Terra é azul" e "O peixe nada", logo "A Terra nada" e "Nadar é azul" (inferência incorreta).

g) **Memória**: é a capacidade de armazenamento de informações para utilização posterior. Uma alteração é a amnésia, que é a incapacidade de acessar os dados armazenados ou, eventualmente, a perda destes dados. Em contraposição existe o fenômeno do tipo *déjà vu* onde a pessoa relata lembrar-se de algo não antes visto.

h) **Atenção**: é a capacidade de concentrar a atividade psíquica sobre um dado estímulo que a solicita. Por exemplo, um Sistema de Visão Ativa por Computador pode concentrar a sua atenção sobre um determinado Alvo a ser atacado. São exemplos de alterações a distração e o seu oposto, a hiperprosexia, onde a pessoa afetada exibe excesso de atenção.

i) **Consciência**: é um complexo de fenômenos psíquicos que permite conhecer a si próprio e ao mundo. São exemplos de alteração a coma (rebaixamento profundo da consciência), a possessão (o indivíduo sente-se possuído por entidades sobrenaturais) e o transitivismo (indivíduo sente ser outra pessoa). É questionável se uma máquina poderia manifestar genuinamente tal atividade psíquica, embora possa, eventualmente, produzir respostas compatíveis com a sua identidade, através de programas que consultam bases de dados.

j) **Orientação**: é a capacidade do indivíduo de ter consciência de sua situação temporal e espacial em relação ao meio. Uma alteração é a desorientação amnéstica, ou seja, a incapacidade em assimilar as relações entre os acontecimentos em termos de seqüência e instantes de ocorrência ou do local de ocorrência.

k) **Afetividade**: é a capacidade de experimentar sentimentos ou emoções, correspondendo à valorização qualitativa de determinados estados do indivíduo. São exemplos de alterações a apatia, a angústia e as fobias.

l) **Volição**: é o elemento psíquico que leva a iniciar e realizar atividades voluntárias. São exemplos de alterações o estupor e os tiques.

m) **Linguagem**: é o mecanismo que permite a expressão simbólica. Típicamente são verbais ou gráficas. São alterações a dislalia, a afasia e a logorréia.

Um sistema empregando IA tenta imitar e integrar diversas atividades psíquicas de forma simultânea. Por exemplo, um veículo auto-guiado pode estar dotado de sistemas de senso-percepção, mecanismo para representação do ambiente, bem como bancos de conhecimentos e de dados, de forma a realizar inferências de forma autônoma e navegar de um ponto a outro, sem colidir com obstáculos na sala.

1.2 Aprendizado

Uma área fundamental em IA é o estudo do *aprendizado*. Para Kodratoff, 1986, aprendizado é a aquisição de conceitos e de conhecimentos estruturados. Essa aquisição certamente envolve o *juízo*, o *raciocínio* e a *memória*. Na prática, para que a aquisição de conhecimentos ocorra, há ainda a necessidade de *sensação*, *percepção*, *representação*, *linguagem* e, possivelmente, *atenção*. Portanto, aprendizado é um processo complexo e integrado que envolve múltiplas funções psíquicas no ser humano. Em conseqüência, o estudo do aprendizado pela máquina não pode prescindir da conceituação adequada dessas funções psíquicas. Por outro lado, a discussão de se uma máquina pode manifestar *consciência*, *orientação*, *afetividade* e *volição* foge do escopo deste texto. Também não serão discutidos temas controversos como *cérebro = computador* ou *cérebro = sistema dinâmico*, deixados para os tratados de filosofia.

O aprendizado pode ocorrer com ou sem a presença de um tutor (professor). Quando o tutor orienta a aquisição dos conceitos e de conhecimentos estruturados, tem-se o aprendizado supervisionado. Quando o aprendizado ocorre em função apenas dos estímulos primitivos, tem-se o aprendizado não-supervisionado. Dependendo da intensidade de envolvimento do tutor, o aprendizado pode ser por **descoberta**, por **exemplos** ou por **programação**. O aprendizado por descoberta é aquele em que a interferência do tutor sobre o aprendiz é mínimo. O aprendizado por exemplos é aquele em que o tutor fornece ao aprendiz amostras representativas do universo de conhecimentos que devem ser generalizadas. O aprendizado por programação é aquele em que o tutor incorpora diretamente os seus conhecimentos no aprendiz.

Os mecanismos empregados no processo de aprendizado podem ser:

a) **Numérico ou conceptual**: O aprendizado numérico é aquele onde valores de certos parâmetros são ajustados no processo de armazenamento das informações. É o caso de redes neurais, onde os valores dos ganhos das sinapses alteram o conhecimento representado pela rede. O aprendizado é conceptual se as relações entre as diversas entidades são apreendidos pelo sistema, usualmente na forma simbólica.

b) **Punição e Recompensa**: É um mecanismo de aprendizado onde as tentativas e erros são disciplinadas por um supervisor, que fornece ao aprendiz um sinal de realimentação na forma de punição ou recompensa para ações favoráveis ou desfavoráveis.

c) **Empírico ou Racional**: O aprendizado é empírico se ocorre com base em experimentação ou amostragem do mundo real. O aprendizado é racional se é direcionado por um mecanismo de inferência solidamente fundamentado.

d) **Dedutivo/Indutivo/Inventivo**: O aprendizado é dedutivo se o objetivo pode ser alcançado a partir de mecanismos de inferência sobre o conjunto de premissas fornecidas a priori. O aprendizado é indutivo se há necessidade de generalizações dos conceitos apreendidos a partir de exemplos e do conjunto de premissas fornecidas a priori, para se alcançar o objetivo. O aprendizado é inventivo se há necessidade de aquisicionar novas premissas, não obteníveis através de generalizações das já disponíveis.

1.3 Ferramentas utilizadas em IA

Em princípio, uma introdução sobre IA poderia incluir considerações que abrangem desde filósofos da Grécia Antiga, como Aristóteles, em vista da sua decisiva contribuição à Lógica, até os modernos pensadores deste século. Entretanto, no presente texto, optou-se por incluir apenas três dentre as ferramentas de IA mais empregadas hoje em dia. As ferramentas que constituem objeto de estudo neste texto são:

INTRODUÇÃO

a) **Sistemas de produção**: onde se busca caracterizar a heurística e os conhecimentos de especialistas humanos através da aplicação de conceitos de lógica.
b) **Lógica nebulosa**: onde se busca considerar as incertezas inerentes à representação humana dos fenômenos da natureza, refletida nas expressões verbais empregadas corriqueiramente..
c) **Redes neurais artificiais**: onde se busca mimetizar o sistema nervoso através de elementos processadores simples denominados neurônios.

A apresentação detalhada de cada uma dessas ferramentas é deixada para os capítulos específicos. Entretanto, com o intuito de se fornecer uma visão panorâmica da área, é feita, a seguir, uma retrospectiva histórica sucinta do desenvolvimento dessas ferramentas.

1.3.1 Sistemas de produção

Os sistemas de produção são aqueles que utilizam conjuntos de regras, usualmente do tipo "Se (condição) Então (ação ou conclusão)", aliado a uma base de dados (de conhecimentos) e mecanismos de controle (que indicam a seqüência de regras a serem casadas com a base de dados e, na existência de conflitos, providenciam a sua resolução).

Como exemplo, pode-se mencionar a expressão:

Se {(temperatura > 300°C) e (pressão > 2 atm)}
Então {válvula_1 = OFF}

São intimamente ligados ao cálculo de predicados, que por sua vez, é uma sub-área da Lógica Matemática. O desenvolvimento da lógica se deve a grandes pioneiros como G. Frege (1848-1925), que foi o primeiro a distinguir claramente as premissas e as regras de inferência. Entre outras contribuições importantes estão a metodologia de A. Tarski, 1941, a sintaxe de R. Carnap, 1950 e a metalógica de K. Gödel, 1930.

A aplicação direta da lógica se manifesta nos sistemas especialistas, freqüentemente baseados em regras de produção.

1.3.2 Lógica nebulosa

Já na década de 30, J. Lukasiewicz havia formalizado um sistema lógico de 3 valores {0, 1/2, 1}, posteriormente estendido para os racionais e reais compreendidos entre 0 e 1. Também nessa época, M. Black havia introduzido o termo *vagueness* para expressar incertezas no campo da mecânica quântica. Em 1965, L.A. Zadeh introduziu os conjuntos nebulosos, reativando o interesse em estruturas matemáticas multivariadas. Em 1973, o próprio Zadeh propunha a lógica nebulosa como um novo enfoque para análise de sistemas complexos e processos de decisão.

Aplicações específicas sobre o uso da lógica nebulosa em controle surgem em trabalhos de E.H. Mamdani, em 1974.

A partir de meados dos anos 80, o emprego de controladores nebulosos adquiriu aceitação industrial, particularmente no Japão, com aplicações abrangendo desde máquinas fotográficas até processos industriais.

Em 1986, M. Togai e W. Watanabe apresentavam um chip VLSI implementando uma máquina de inferência nebulosa. Hoje em dia, a produção em massa desse tipo de chip tornou corriqueiro o uso de lógica nebulosa até em eletrodomésticos.

1.3.2 Redes Neurais Artificiais

O conceito de neurônio como constituinte estrutural primordial do cérebro pode ser atribuído a S. Ramón y Cajál, 1911. No caso do ser humano, o número de neurônios é da ordem de 10^{10} a 10^{11}, comparável ao número de estrelas na Via Láctea. Considerando-se uma média de 5.000 sinapses por neurônio, pode-se apreciar a verdadeira grandeza do cérebro, ainda que visto como um sistema dinâmico realimentado, não linear, massivamente paralelo e assíncrono. Estima-se que o consumo de energia seja da ordem de 10^{-16} joules por operação por segundo e a sua velocidade de operação, da ordem de 10^{-3} segundos (Haykin, 1994)

Circuitos que buscavam simular neurônios biológicos foram introduzidos por W.S. McCulloch e W. Pitts em 1943 e objetivavam realizar cálculos lógicos. McCulloch era psiquiatra e neuroanatomista, enquanto Pitts era matemático.

O livro *The Organization of Behavior* de D.O. Hebb, surgiu em 1949, onde o aprendizado era caracterizado como modificação das sinapses. Em 1950, M.L. Minsky completou a sua tese de doutoramento em redes neurais, com o título *Theory of Neural-Analog Reinforcement Systems and its Application to the Brain-Model Problem*. Em 1952, o livro *Design for a Brain: The Origin of Adaptive Behavior* de W.R. Ashby trazia a noção de que o comportamento animal não é característica inata, mas aprendida. Em 1956 A.M. Uttley demonstrou que redes neurais com sinapses modificáveis poderiam classificar padrões binários.

Em 1958, F. Rosenblatt introduziu o conceito de perceptron, enquanto em 1960 B. Widrow e M.E. Hoff Jr. utilizaram o conceito de mínimos quadrados para formular o *Adaline* (Adaptive Linear Element). Em 1965 foi publicado o livro *Learning Machines* de N.J. Nilsson, com exposição sobre padrões separáveis por hipersuperfícies.

Em 1969, M. Minsky e S. Papert publicaram um livro sobre *perceptrons* em que demonstravam as limitações de perceptrons de uma camada. Este fato, aliado a dificuldades de implementação no hardware ou software então disponível, levou muitos pesquisadores a diminuírem as suas atividades nesse campo.

Em 1980, S. Grossberg estudou novos princípios de reorganização e aprendizado competitivo, originando uma classe de redes neurais baseadas em *Adaptive Resonance Theory* (ART). Em 1982, J.J. Hopfield utilizou a idéia de funções energia e estabeleceu conexões com a física estatística, levando às redes de Hopfield. Também em 1982, T. Kohonen publicou seus resultados sobre mapas auto-organizáveis. Em 1983, A.R. Barto, R.S. Sutton e C.W. Anderson introduziram o conceito de *Reinforcement Learning*. Em 1985, D.H. Ackley, G.E. Hinton e T.J. Sejnowski desenvolveram um método de aprendizado utilizando características de máquinas de Boltzmann. Em 1986, o algoritmo de *Back-Propagation* foi desenvolvido e popularizado por D.E. Rumelhart, G.E. Hinton e R.J. Williams. Em 1988, D.S. Broomhead e D. Lowe descreveram redes empregando funções de base radial (*Radial Basis Functions*).

1.4 Algumas aplicações típicas de IA

1.4.1 Jogos

Embora tenha existido interesse por diversos jogos, como o caso de damas, descrito em Samuel, 1963, optou-se aqui por se concentrar apenas no xadrez ocidental.

Em 1880 L. Torres y Quevedo construiu um dispositivo que podia vencer finais de jogos Rei Branco + Torre contra um humano com Rei Negro. Em 1951, Alan Turing programou a sua máquina, desenvolvida em 1946, para jogar xadrez. Essa máquina, chamada de *automatic computing engine*, havia sido inicialmente concebido para decodificação de mensagens. Com esse sistema, Turing jogou contra Alick Glennie, tendo abandonado após a perda da rainha. Em 1949, Claude E. Shannon descreveu formas de programar computadores para jogar xadrez, já incorporando discussões sobre o balanceamento entre a força bruta (busca exaustiva) e a heurística. Em 1956, Ulam e Stein programaram uma versão simplificada de xadrez, com tabuleiro de 6 × 6, sem bispos, sem roque e com peões limitados a avançar apenas 1 casa no primeiro movimento. Esse programa, MANIAC I, foi melhorado e se tornou o primeiro a derrotar um humano. Em 1958, um programa, desenvolvido por T. Arbuckle e M.A. Belsky em um computador IBM 704, atingiu níveis compatíveis com jogadores amadores de xadrez. Em 1965, o programa MAC HACK, no PDP-6, já era capaz de vencer 80% dos jogadores não participantes de torneios. A versão MAC HACK VI, em 1968, possuía rating de 1.500 pontos. Em 1970, o primeiro campeonato de xadrez por computador foi realizado nos Estados Unidos, sendo vencido pelo CHESS 3.0 de David Slate, Larry Atkin e Keith Gorlen. O primeiro campeonato mundial de xadrez por computador ocorreu em Estocolmo, 1974, vencido pelo programa KAISSA (Deusa do xadrez), no qual havia contribuições do ex-campeão mundial Mikhail Botvinnik. O segundo campeonato mundial de xadrez por computador, realizado em Toronto, foi vencido por CHESS 4.6. Em 1978, o Mestre Internacional David Levy ofereceu 1.250 libras para o programa que pudesse vencê-lo. Levy jogou contra CHESS 4.5, KAISSA, MAC HACK VI e CHESS 4.7, vencendo todos os jogos, exceto 1 contra CHESS 4.7. Foi a primeira vez que um programa de computador havia vencido um Mestre Internacional. Levy derrotou também o CRAY BLITZ, vencedor do Campeonato Mundial de Xadrez por Computador de 1983. Em 1985 surgiu o HITECH, projetado por Hans Berliner, Carl Ebeling e Murray Campbell, utilizando um processador para cada quadrado do tabuleiro. Mesmo com os fantásticos progressos, DEEP THOUGHT, desenvolvido por Feng Hsiung Hsu, Thomas Anantharaman e Andreas Nowatzyk, foi derrotado pelo campeão mundial Garry Kasparov em 1989. Em fevereiro de 1996, Kasparov enfrentou o DEEP BLUE da IBM, que ganhou a primeira partida, empatou duas partidas e perdeu três (portanto, Kasparov venceu o torneio em termos de pontuação total). Em maio de 1997, Kasparov foi derrotado em um novo torneio por uma versão mais avançada do DEEP BLUE (DEEP BLUE venceu duas, empatou três e perdeu uma partida).

1.4.2 Prova automática de teoremas

Esta área de aplicação da IA está intimamente ligada ao desenvolvimento da Teoria de Lógica, uma vez que teoremas são, enfim, sentenças lógicas. Portanto, contribuições como a de J. Herbrand, 1930, em relação a algoritmos para prova e de J.A. Robinson, 1965, que propôs um modo eficiente de inferência automática usando resolução, foram decisivas. A heurística também desempenha um papel importante, como proposto por A. Newel, em 1963, no provador de teorema Logic Theorist. Textos de pesquisadores como N.J. Nilsson, 1971, R. Kowalski, 1979 e D. Loveland, 1978, apresentam bases lógicas sólidas para aplicação em provas de teoremas.

1.4.3 Sistemas especialistas

Sistemas especialistas são concebidos para atuarem como consultores altamente qualificados, em uma determinada área do conhecimento. Devem, portanto, fornecer diagnósticos, condutas, sugestões ou outras informações úteis, obtidas a partir de dados fornecidos localmente e de conhecimentos armazenados previamente.

Um sistema especialista pode ser utilizado para auxiliar médicos, operadores de máquinas ou clientes de uma loja. Pode também ser empregado em sistemas de ensino assistido por computador. Enfim, sistemas especialistas permitem que conhecimentos possam ser disseminados e utilizados por um grande número de pessoas, sem a necessidade da presença do especialista. Permite, ainda, que conhecimentos de vários especialistas possam ser amalgamados em uma só base de dados.

Como ilustração da aplicabilidade de sistemas especialistas, são descritas, a seguir, alguns dos sistemas pioneiros e mais conhecidos:

a) MYCIN foi desenvolvido pela Universidade de Stanford na década de 70, pela equipe liderada por B.G. Buchanan e E.H. Shortliffe. É considerado o primeiro sistema especialista a alcançar, de fato, um padrão de desempenho compatível com o ser humano. MYCIN atua no campo da Medicina, em casos de bacteremia e meningite, identificando os agentes infecciosos e sugerindo a conduta terapêutica.

b) DENDRAL é um sistema especialista no campo da análise química e permite analisar a estrutura molecular de substâncias a partir de dados de espectroscopia. Desenvolvido por J. Lederberg, E. Feigenbaum e B. Buchanan, em 1965, é programado em LISP e gera, utilizando heurísticas sobre o histograma de intensidade versus números de massa, as estruturas candidatas para a substância que está sendo analisada. Posteriormente, o programa simula a saída do espectrômetro de massa para as estruturas candidatas e produz como saída aquela que se casar melhor com os dados empíricos.

c) MACSYMA, concebido por C. Engleman, W. Martin e J. Moses no MIT, em 1968, tem recebido desenvolvimento contínuo. É um sistema codificado em LISP e permite processar simbolicamente problemas matemáticos grandes e complexos.

d) HEARSAY I e II, foram desenvolvidos pela Universidade de Carnegie-Mellon, iniciado nos fins dos anos 60 e concluído nos anos 70, e concebido como parte de um sistema para reconhecimento de linguagem natural falada. Programado em SAIL, HEARSAY recebe como entrada sinais digitalizados de voz, e gera como saída hipóteses do que teria sido falado. Utiliza conceitos como o de Quadro Negro e, posteriormente, algumas idéias foram utilizadas para o HEARSAY III.

e) INTERNIST ou CADUCEUS, demonstrado em 1974, foi desenvolvido por H.E. Pople Jr e J.D. Myers da Universidade de Pittsburgh. Programado em INTERLISP, é um sistema especialista no domínio da Medicina Interna. Recebe os dados constantes da anamnese e do exame físico e fornece uma hipótese diagnóstica.

f) PROSPECTOR é um especialista no campo da geologia, em investigação de possíveis depósitos de minérios. Desenvolvido na década de 1970 por uma equipe do Instituto de Pesquisas de Stanford, incluindo pesquisadores como P. Hart, R. Duda, R. Reboh, K. Konolige, P. Barrett e M. Einandi. Também programado em LISP, utiliza uma base de conhecimentos empregando redes semânticas. As inferências são organizadas por regras de produção.

f) PUFF, construído em 1979, por J.S.Aikins, J.C. Kunz, E.H. Shortliffe e R.J. Fallat de Stanford, com base no EMYCIN. Permite a interpretação de medidas e testes respiratórios, fornecendo indicativos sobre funções pulmonares. A segunda versão do PUFF foi escrita em BASIC para o minicomputador PDP-11.

Hoje em dia o número de sistemas especialistas é muito grande e podem ser desenvolvidos com facilidade, empregando linguagens especializadas e *shells*.

1.4.4 Compreensão de linguagem natural

As linguagens são conjuntos de seqüências de símbolos (caracteres), organizadas de acordo com regras definidas a priori. A linguagem formal é a utilizada para programação de computadores ou para construção de fórmulas no estudo da lógica. A informal é utilizada corriqueiramente por humanos.

As regras para a construção das seqüências de caracteres formam a gramática. Como exemplo, sejam as regras:

<sentença>	::= <sujeito><verbo><objeto>
<sujeito>	::= <artigo><substantivo>
<verbo>	::= COMPROU
<objeto>	::= <artigo><substantivo>
<artigo>	::= O
<artigo>	::= UM
<substantivo>	::= PROFESSOR
<substantivo>	::= LIVRO

e uma seqüência válida gerada por elas: O PROFESSOR COMPROU UM LIVRO. É interessante observar que essas mesmas regras permitem gerar: O LIVRO COMPROU UM PROFESSOR. Sintaticamente, ambas as frases são corretas.

Entidades como <sujeito> ou <artigo> são chamadas de símbolos não terminais e LIVRO ou COMPROU são chamadas de símbolos terminais. As regras da gramática são chamadas de produções. A entidade <sentença> é, intuitivamente, um não terminal "mais nobre", uma vez que as demais são partes dela. No caso, <sentença> recebe o nome especial de símbolo inicial.

Nessas condições, uma classe de gramática muito importante pode ser definida: gramática livre de contexto. É aquela especificada por: i) um conjunto finito de não terminais, ii) por um conjunto finito de terminais que é disjunto do conjunto de não terminais, iii) um conjunto finito de produções na forma <A> ::= α onde <A> é um não terminal e a é uma seqüência de terminais e não terminais e iv) o símbolo inicial é um não terminal. Essa classe é geral o suficiente para gerar, a título de ilustração, as expressões aritméticas e as expressões em LISP. No caso particular de uma gramática onde as produções possuem no lado direito apenas terminais ou um terminal seguido de um único não terminal, diz-se tratar de gramática regular. Para elas, há mecanizações computacionais eficientes (empregando automata) para o seu reconhecimento e, em decorrência, são amplamente utilizadas em computação.

Por outro lado, as linguagens naturais exibem dificuldades de natureza sintática, semântica e pragmática, como observadas em Chomsky, 1969 e Saussure, 1988. Apresentar evidências para essa dificuldade é tarefa fácil, como mostram as sentenças a seguir:

"*Pão com manteiga é melhor que nada.*
Nada é melhor que férias.
Pão com manteiga é melhor que férias." (Transitividade)

"*Quanto dinheiro você tem no bolso?*
Não tenho nada." (Dupla negação)

"*Você tem uma moeda? Sim.*" (embora tenha 10)
"*Você tem um dedo? Não.*" (embora tenha 10)

"*Aquele filme é um abacaxi e os atores só falaram abóbora.*"

"*Estou nadando em dinheiro.*" (será que dinheiro é líquido?)

Utilizando técnicas diversas, foram desenvolvidos programas de computador que aparentam compreender alguma linguagem natural como ELIZA, de Weizenbaum, 1966 (Terapista Rogeriano), PARRY, escrito por Colby, 1975, (modelo de personalidade paranóide), STUDENT, de Bobrow, 1968 (problemas com palavras). O texto de Schank e Abelson, 1977 busca conectar estratégias de solução de problemas com compreensão da linguagem. Trabalhos pioneiros na geração de histórias foram realizadas por Klein, 1976.

1.4.5 Percepção

Entre as formas de percepção mais estudadas para efeito de incorporação em máquinas estão a visão, a audição e o tato. Embora a audição e o tato sejam muito importantes, por exemplo em robótica para comando vocal e preensão com realimentação tátil, selecionou-se a visão como tema de ilustração para o campo da percepção.

Visão, segundo D. Marr, 1982, é o processo que permite extrair das imagens do mundo externo, uma descrição que seja útil e não poluída com informações irrelevantes. A Visão é dita ativa quando o sistema possui controle sobre o processo de aquisição da imagem (por exemplo, através de *zoom*, *pan*, controle de atenção, controle da iluminação especial e outros). O estudo da Visão inclui, portanto, uma série de temas de vanguarda. **Processamento de imagens** é o processo de melhorar as características das imagens para serem vistas por humanos, sem a preocupação com o que as imagens representem (como exemplo, eliminação de distorções, aberrações, filtragem de ruído, correção de brilho, matiz, saturação, ajuste de contraste)

Reconhecimento de Padrões é o processo de obter, a partir da imagem, a informação de quais objetos estão nela representados (como reconhecimento de caracteres e de impressões digitais).

Computação Gráfica é a geração ou modificação de imagens através do uso de computadores. É o oposto da Visão, no sentido em que a preocupação aqui é a geração de imagens sintéticas a partir das descrições de cena.

A visão artificial pressupõe a existência de um dispositivo que permita aquisicionar imagens. Historicamente, a *camara obscura*, já descrita nos manuscritos de Leonardo da Vinci, deu origem à fixação permanente da imagem por J.N. Niepce, 1826 e L.J.M. Daguerre, 1839, com a invenção da fotografia. Em 1923, V.K. Zworykin patenteou um tubo eletrônico que permitia aquisicionar imagens, o iconoscópio. Em 1928, J.L. Baird demonstrou o princípio da Televisão a Cores, usando disco de Nipkow.

Assim, embora a câmera eletrônica tivesse sido inventada há algum tempo, a necessidade de recursos computacionais limitou o desenvolvimento da visão artificial, até que em 1963, L.G. Roberts construiu um sistema de visão 3D que compreendia cenas com poliedros. Em 1971, D.A. Huffman desenvolveu uma teoria para desenhos com linhas, posteriormente aperfeiçoado por D.L. Waltz, 1972.

Em 1975, B.K.P. Horn propôs um método para recuperação de forma de objetos a partir do sombreamento.

Em 1978, D. Marr e E. Hildred desenvolveram uma eficiente forma de detecção de bordas ($\nabla^2 G$). Em 1979, J.R. Kender apresentou um método para recuperação de forma a partir da textura. Um significativo trabalho sobre estereopsia foi publicado por Marr, D e Poggio, T. em 1979. Também nesse ano, D. Marr consolidou a formulação representacional envolvendo esboços primais, esboços 2 1/2D e Modelo 3D.

O estudo de estruturas 3D a partir do fluxo óptico recebeu a devida atenção em 1980, através de Longuet-Higgins e Prazdni, embora já em 1931, Miles tivesse introduzido este tipo de problema.

1.4.6 Robótica

A palavra Robô foi introduzida no contexto de máquinas se assemelhando ao ser humano na peça teatral satírica R.U.R. (Rossum's Universal Robots) de Karel Capek, em 1921. Em 1959, a Unimation já lançava o primeiro robô industrial. Em 1962, H.A. Ernst reportava o desenvolvimento de uma mão mecânica com sensores táteis. Em 1960, McCarthy desenvolveu um computador com mãos, olhos e ouvidos. Em 1968, o problema cinemático de manipuladores controlados por computador foi tratado por Pieper. Hoje em dia, os robôs são universalmente empregados nas mais diferentes tarefas.

A robótica é uma ciência interdisciplinar que congrega diversas disciplinas, como mecânica, física de sensores, ciência dos materiais, teoria de controle, eletrônica de potência e muitas outras, incluindo, particularmente, IA.

A IA é importante na robótica para possibilitar atividades diversas como planejamento de tarefas e interação com o meio ambiente. Como exemplo, robôs móveis necessitam de capacidades como detecção de obstáculos, geração de trajetórias, análise de cenas e navegação autônoma, entre outras. Exemplos de robôs empregando IA são KAMRO (Karlsruhe Mobile Robot System), CMU-Rover (Carnegie Mellon University Rover), MOBOT-2 (MIT) e HILARE (LAAS - Toulouse). Também DAISIE (Distributed Artificially Intelligent System for Interacting with the Environment) da NASA busca interpenetração entre os sistemas de comunicação e controle e os sistemas de planejamento e execução.

1.5 Organização do texto

O presente texto tem como origem as notas de aula da disciplina EE-293 *Métodos de Inteligência Artificial para Controle e Automação*, ministrada no ITA desde 1988. O texto, na forma muito próxima a esta versão, foi utilizado nos últimos 3 anos como parte do material didático dessa disciplina.

O texto é dividido em 15 capítulos:

Capítulo 1 (Introdução): O objetivo desse capítulo é fornecer uma visão geral sobre inteligência artificial, apresentando algumas das habilidades que o humano possui em termos de atividades psíquicas, listando algumas das ferramentas disponíveis no campo e ilustrando historicamente as principais áreas de aplicação destas técnicas.

Capítulo 2 (Instrumentação, Controle e Automação): Esse capítulo procura apresentar os principais conceitos utilizados na teoria e na prática de controle e automação de sistemas dinâmicos, bem como na adequada utilização de instrumentos de medida. Esses conceitos serão de valia no projeto de sistemas incorporando técnicas de inteligência artificial e para proporcionar um certo rigor na apresentação da teoria.

Capítulo 3 (Controle por Computador): A tecnologia atual aponta na direção de uma utilização cada vez maior de computadores digitais em controle e automação. Por outro lado, as técnicas de inteligência artificial envolvem, de uma forma ou outra, a tecnologia digital. Assim, o casamento entre as técnicas de inteligência artificial e a teoria de controle por computador tem sido uma conseqüência natural. Nesse contexto, esse capítulo busca apresentar um mínimo de conceitos da teoria de controle por computador que possibilite a implementação, com sucesso, de sistemas que incorporam técnicas de inteligência artificial.

Capítulo 4 (Lógica e Dedução): Os fundamentos de lógica são imprescindíveis no estudo dos mecanismos de inferência empregados nos sistemas baseados em conhecimento. Assim, esse capítulo apresenta os conceitos essencias de lógica que serão necessários nas discussões sobre controladores baseados em conhecimentos.

Capítulo 5 (Representação de Conhecimentos): Esse capítulo discute formas de se representar conhecimentos, particularmente as que podem ser facilmente utilizadas em controle e automação.

Capítulo 6 (Controladores Baseados em Conhecimentos): Nesse capítulo são apresentadas algumas alternativas para utilização de conhecimentos heurísticos, representadas na forma de sistemas de produção, no controle automático de sistemas dinâmicos.

Capítulo 7 (Lógica Nebulosa): Aqui são discutidos alguns dos conceitos necessários para o desenvolvimento de controladores que envolvem incertezas inerentes às variáveis linguísticas empregadas pelo operador humano e que permitem ampliar a aplicabilidade dos controladores baseados em conhecimentos que foram tratados no capítulo anterior.

Capítulo 8 (Controladores empregando Lógica Nebulosa): Os controladores apresentados nesse capitulo utilizam inferência nebulosa para acomodar regras que envolvem variáveis linguísticas do tipo Se {temperatura=muito_alta} então {vazão_vapor=pequena}.

Capítulo 9 (Métodos de Otimização Numérica): Métodos de otimização numérica são empregados em uma variedade de aplicações que envolvem a inteligência artificial. Em particular, o aprendizado supervisionado de redes neurais é, freqüentemente, baseado em técnicas de otimização numérica. Nesse contexto, esse capítulo fornece os subsídios necessários para uma análise mais aprofundada dos mecanismos de treinamento supervisionado de redes neurais e, permite, ainda, que algoritmos de otimização sejam utilizados em sistemas baseados em conhecimentos.

Capítulo 10 (Modelos e Arquiteturas de Redes Neurais Artificiais): Esse é um capítulo introdutório sobre redes neurais, consistindo de apresentação das arquiteturas básicas, conceitos sobre aprendizado, propriedades fundamentais e pequena retrospectiva histórica.

Capítulo 11 (Aprendizado com Supervisão Forte): Aqui são apresentadas as técnicas para treinamento de redes onde a participação do agente supervisor é forte, com destaque para o método *back propagation* e a programação direta de pesos (no contexto de Rede de Hopfield).

Capítulo 12 (Aprendizado com Supervisão Fraca): Esse capítulo enfoca o aprendizado com reforço (*reinforcement learning*) e o aprendizado com competição (no contexto de mapas auto-organizativas de Kohonen).

Capítulo 13 (Aplicações de Redes Neurais Artificiais): As aplicações de redes neurais incluídas nesse capítulo são predominantemente as relacionadas com controle de sistemas dinâmicos e refletem, em parte, as pesquisas realizadas pelos autores e seus colegas, na área, durante os últimos anos.

Capítulo 14 (Desenvolvimento de Sistemas Inteligentes): Esse capítulo apresenta algumas considerações gerais e de natureza prática que necessitam ser levadas em conta no desenvolvimento de sistemas inteligentes.

Capítulo 15 (Epílogo): No capítulo final é realizada uma breve recapitulação dos principais tópicos apresentados e são indicadas algumas trilhas que poderão ser percorridas por aqueles que desejam realizar projetos nesta área.

1.6 Sugestões para Leitura Complementar

O número de textos didáticos sobre a aplicação de técnicas de inteligência artificial em controle e automação, na língua portuguesa, ainda é pequeno. Alguns dos textos disponíveis sobre lógica nebulosa, redes neurais, automação e controle foram elaborados sob o patrocínio da Sociedade Brasileira de Automática, a qual tem realizado esforços notáveis para o desenvolvimento desses campos no Brasil:

a) Texto de Minicurso oferecido durante o 7º Congresso Brasileiro de Automática, São José dos Campos, ago, 1988:

Inteligência Artificial em Automação e Controle, ministrado pelo Prof. Eleri Cardozo.

b) Textos de Minicursos oferecidos durante o 9º Congresso Brasileiro de Automática, Vitória, ES, set, 1992:

MC2 - *Redes Neuronais*, ministrado pelo Prof. Luiz Pereira Calôba,
MC4 - *Sistemas Especialistas*, ministrado pelo Prof. Nizam Omar,
MC5 - *Automação da Manufatura*, ministrado pelo Prof. Paulo César Stadzisz,
MC6 - *Controle Nebuloso*, ministrado pelo Prof. Ricardo Tanscheit.

c) Edição Especial da Revista da Sociedade Brasileira de Automática, *Controle e Automação*, vol. 4, num. 3, set/out, 1994: *Sistemas Nebulosos*.
Gomide, F.A.C. e Gudwin, R.R. - *Modelagem, Controle, Sistemas e Lógica Fuzzy*, pp. 97-115.
Pedrycz, W. - *Neural Networks: Concepts and Architectures*, pp. 126-140.

Exercícios do Capítulo 1

1.1 Comentar, em termos de tipos de mecanismos de aprendizado (numérico × conceptual, punição × recompensa, empírico × racional) as atitudes adotadas pelos humanos nas tarefas de:
   a) memorização de palavras através de muitas repetições,
   b) aquisição de habilidades para andar de bicicleta,
   c) descoberta de novos fenômenos da física,
   d) aprimoramento tático em jogos de baralho,
   e) solução do problema de saída de labirintos,
   f) preparação de pratos culinários a partir de receitas,
   g) reconhecimento de cédulas de dólar falsificados,
   h) projeto de um circuito eletrônico.

1.2 Tente expressar a solução para uma equação do segundo grau somente com palavras, ou seja, sem usar os sinais de operação ($+, -, \times, \div, \sqrt{\ }$). Escreva um programa utilizando uma linguagem tipo PASCAL para resolver uma equação do segundo grau. Comente que diferenças existem entre a descrição através de frases, através de notação matemática e através de uma linguagem de computador. Que importância teria esse tipo de consideração na inteligência artificial?

1.3 Procure compor uma frase que será utilizada para um cartaz em uma feira de ciências para alunos do segundo grau e que explique o que é inteligência artificial.

1.4 Explique as diferenças entre sensação e percepção, entre representação e conceituação, entre juízo e raciocínio, entre memória e raciocínio, entre consciência e orientação, entre afetividade e volição.

INTRUMENTAÇÃO, CONTROLE E AUTOMAÇÃO

2.1 Conceitos fundamentais

Entende-se por **sistema**, em um dado problema de controle e automação, uma parte do Universo sobre a qual fixa-se a atenção do projetista. Um sistema é constituído, em geral, de diversos componentes que interagem entre si, em conformidade com as leis da Natureza. Assim, um automóvel é um sistema, quando se estuda o seu comportamento na estrada ou se projeta um regulador automático de velocidade. Por outro lado, o motor do automóvel é um sistema, quando se projeta um dispositivo que regula o fluxo do fluido de resfriamento, de modo a se manter a temperatura em faixas seguras de operação. Uma parte do motor, como o carburador, também pode ser um sistema, no contexto, por exemplo, do projeto de um mecanismo que ajuste o nível de combustível do reservatório.

O restante do Universo que não integra o sistema recebe o nome de **meio ambiente**. Obviamente, o meio ambiente interage com o sistema, alterando as suas características. As interações podem ser atraves de transferência de massa, de energia ou mesmo de informação (considerando desprezível a energia envolvida na transmissão da informação). Uma estufa, considerada como sistema, pode receber uma massa que deverá sofrer tratamento térmico. Um motor elétrico, considerado como sistema, recebe energia através de cabos de alimentação. Uma entidade financeira, considerada como sistema, pode receber informações sobre as taxas de juros praticadas no mercado.

As grandezas envolvidas nas interações do sistema com o meio ambiente podem ou não serem ajustadas convenientemente de acordo com as especificações de um projetista. Essas grandezas são didaticamente classificadas em **entradas** e **saídas**. As entradas que não podem ser ajustadas são denominadas **perturbações** ou **ruído**. A interferência eletromagnética em um equipamento de comunicações é um ruído. Por outro lado, as entradas que podem ser ajustadas são chamadas de **variáveis de controle** ou **variáveis manipuladas**. Em um avião, o ângulo de deflexão das superfícies de comando é uma variável de controle. A concentração de uma determinada substância em um reator, ajustável através de ações sobre uma bomba dosadora, poderia ser uma variável de controle. As saídas são as grandezas que foram selecionadas como de interesse e, às vezes, referem-se a leituras de instrumentos de medida. A temperatura pode ser considerada como a grandeza selecionada como saída de uma estufa. A velocidade de deslocamento pode ser selecionada como a saída para um automóvel, considerado como um sistema. É claro que outras grandezas poderiam ter sido escolhidas como as variáveis de interesse, como a temperatura do motor, no caso do automóvel. **Controlar** é justamente atuar sobre essas grandezas de modo que o sistema possua um comportamento adequado, de acordo com as especificações fornecidas a priori. Considerando como especificação a manutenção de um nível aproximadamente constante em uma caixa d'água, poderia ser proposto um controlador que ligue ou desligue uma bomba, de acordo com as indicações de um sensor com bóia. Em uma outra aplicação, a especificação poderia ser a maximização da produção de uma linha de montagem, onde o controle seria a alocação de recursos humanos em cada etapa do processo.

Quando o controle é realizado com pouca ou nenhuma intervenção humana, diz-se que é do tipo **automático**. Por outro lado, se o operador humano necessita estar constantemente assistindo a operação do sistema, diz-se tratar de controle **manual**.

Nesse contexto, **automatizar** é dotar os sistemas de mecanismos ou dispositivos que, com um mínimo de intervenção humana, permita que sejam alcançadas as especificações de segurança, produtividade, qualidade, conforto e outras. Um alimentador automático de chapas para estamparia pode melhorar a segurança em relação a prensas. Um manipulador mecânico hidráulico poderia melhorar a produtividade em transporte de materiais de massa significativa. Um ajuste automático eficiente de laminadores para produção de chapas de aço poderia ter repercussões em termos de qualidade através de uma melhor uniformidade da espessura. Um equipamento automático de controle de temperatura ambiente poderia melhorar o conforto dos funcionários de um escritório.

Portanto, a automatização tem como objetivos:

a) **Conforto do Operador**: a automatização de uma estufa pode diminuir a exposição de operadores humanos a ambientes de temperaturas elevadas.

b) **Aumento da Segurança**: a alimentação automática de prensas evita que ocorram acidentes do tipo esmagamento das mãos.

c) **Aprimoramento da Qualidade**: um controle automático da velocidade de rotação de um motor elétrico acoplado a um extrusor pode garantir uma melhor uniformidade nas propriedades do produto.

d) **Aumento da Produção**: a automação da carga e descarga de caminhões de transporte pesado pode resultar em maior volume manipulado de carga em menor tempo.

e) **Melhoria no Conhecimento sobre o Processo**: um controlador automático acoplado a um sistema de registro de dados (*data-loggers*) pode permitir ampliar o conhecimento sobre um determinado processo.

f) **Diminuição dos Custos Operacionais**: um controle mais aprimorado pode reduzir a quantidade de refugos e, eventualmente, a necessidade de mão de obra não-especializada.

2.2 Estrutura de um problema de controle

O Problema de Controle, em termos intuitivos, é o de obter uma estratégia de atuação sobre um sistema, de modo que este se comporte de forma conveniente. A especificação do comportamento desejado pode envolver conceitos como estabilidade, rejeição de distúrbios (ruídos), robustez a incertezas no modelo, forma da resposta do sistema a entradas padrão, simplicidade de implementação, custo de operação e outras.

Uma vez que, muitas vezes, deseja-se especificar quantitativamente as especificações de desempenho, torna-se necessária a utilização de **modelos matemáticos**. Modelos são representações úteis do sistema em estudo. Assim, um esquema elétrico pode ser um modelo de um circuito eletrônico, uma estátua um modelo do corpo humano, enquanto um mapa seria um modelo de uma dada região da superfície terrestre. Nesse contexto, um modelo matemático é uma representação de como as diversas grandezas interagem entre si, geralmente expressa na forma de equações. Como exemplo, no caso de um sistema massa + mola + atrito viscoso, ter-se-ia:

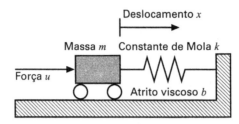

Figura 2.1 — Exemplo de uma planta simples: sistema massa + mola + amortecedor (atrito viscoso).

$$m\frac{d^2x(t)}{dt^2} + b\frac{dx(t)}{dt} + kx(t) = u(t) \tag{2.1}$$
$$x(t_0) = x_0$$

sendo que, o mesmo sistema pode ser modelado por uma função de transferência G(s):

$$X(s) = \frac{1}{ms^2 + bs + k} U(s) =: G(s)U(s) \tag{2.2}$$

onde X(s) é a Transformada de Laplace de x(t) e U(s) a de u(t).

Ainda, a função de transferência G(s) pode ser apresentada de forma gráfica, em vez de ser expressa como uma razão de polinômios na variável s:

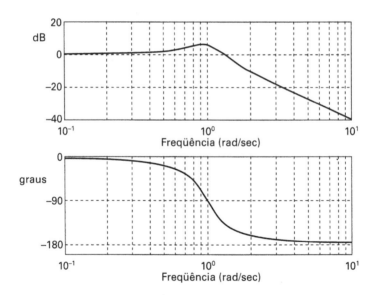

Figura 2.2 — Resposta em freqüência (ou Curvas de Bode): ganho (dB) e defasagem entre entrada e saída, para excitações do tipo senoidal de um sistema massa + mola + amortecedor.

Uma classe de problemas de controle muito encontrada na prática é a de manter próxima a um valor de referência r, uma grandeza de saída y, por exemplo o nível de líquido em um tanque, através da manipulação de uma variável de controle u, que poderia ser, como na ilustração, a velocidade de rotação do motor acoplado a uma bomba hidráulica:

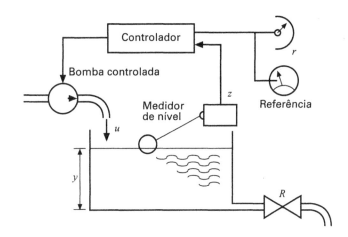

Figura 2.3 — Um sistema de controle de nível de líquido de um tanque.

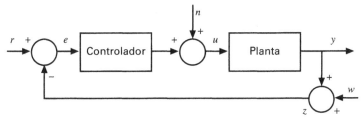

Figura 2.4 — Diagrama de uma malha de controle automático.

Assumindo que existem sensores que fornecem a leitura da saída y, o objetivo é projetar um equipamento que construa o sinal u a partir do sinal de erro $e = r - y$. Note-se que o sinal de erro é a diferença entre o que se deseja r e as saídas de fato y. Apenas por facilidade de notação, assume-se que $t \in R^+$, $r(t) \in R$, $y(t) \in R$, $u(t) \in R$ e $e(t) \in R$. Os sinais $n(t)$ e $w(t)$ são perturbações externas (ruídos, interferências, tendências, derivas).

Como exemplos de especificação poderiam ser propostos:

a) **Estabilidade**: A saída y, para o caso r = constante, deve ter comportamento do tipo ilustrado na figura 2.5(i) ou (ii) e não do tipo 2.5(iii) ou 2.5 (iv):

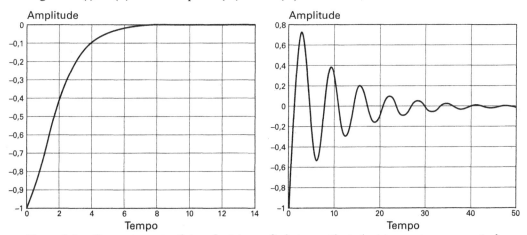

Figura 2.5 — Comportamentos típicos de sistemas dinâmicos estáveis (o sistema retorna ao ponto de equilíbrio após uma perturbação)

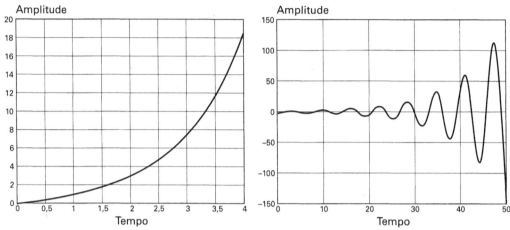

Figura 2.6 — Comportamentos típicos de sistemas dinâmicos instáveis (o sistema não retorna ao ponto de equilíbrio após uma perturbação).

b) **Rejeição de distúrbios**: Mesmo quando n(t) ≠ 0, a saída y é pouco influenciada por n.

c) **Robustez a incertezas no modelo**: O modelo do sistema controlado pode não estar considerando dinâmicas com efeitos pequenos, porém eventualmente perceptíveis, como o exemplo de se considerar movimento de corpo rígido na descrição de um foguete que, de fato, é flexível. Nesse caso, a função de transferência seria G(s) = $G_{nominal}$(s) + ΔG(s). O controlador deve tolerar a não consideração do componente ΔG(s), usualmente conhecido como incerteza não estruturada. Uma outra forma de incerteza seria o não conhecimento exato dos parâmetros do modelo. No exemplo do sistema massa + mola + amortecedor, a massa verdadeira poderia se situar em uma faixa m ∈ [m_{min}, m_{max}], o que significaria que os pólos de G(s) não seriam exatamente conhecidos:

$$\text{pólos} = \frac{-b \pm \sqrt{b^2 - 4mk}}{2m} \tag{2.3}$$

d) **Forma da resposta a entradas padrão**: Supondo que r(t) é um degrau unitário, ou seja,

$$r(t) = \begin{cases} 0, & \text{se } t < 0 \\ 1, & \text{se } t \geq 0 \end{cases} \tag{2.4}$$

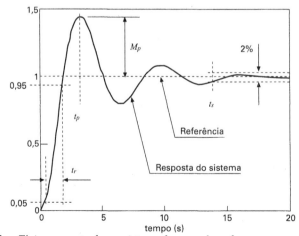

Figura 2.7 — Típica resposta de um sistema de segunda ordem a uma excitação degrau.

uma resposta típica y(t) pode ser como a ilustrada a seguir:

onde:

$t_r \equiv$ Tempo de subida,

$t_s \equiv$ Tempo de acomodação,

$t_p \equiv$ Tempo de pico,

$M_p \equiv$ Percentagem de sobresinal.

d) **Simplicidade**: É muito comum especificar a lei de construção de u(t) a partir de e(t), como no caso de Controlador PID:

$$u(t) = K_P e(t) + K_I \int_0^t e(\tau) d\tau + K_D \frac{de(t)}{dt} \quad (2.5)$$

e) **Custo de operação**: O custo J[u] correspondente a um controle u(t) poderia, por exemplo, ser medido através de uma fórmula do tipo:

$$J[u] = M(y(t_f)) + \int_0^{t_f} L(\tau, y(\tau), u(\tau)) d\tau \quad (2.6)$$

onde L: $R \times R \times R \to R^+$ e M:$R \to R^+$. O problema de encontrar uma função u(t) que minimiza índices de desempenho deste tipo é chamado de **problema de controle ótimo**.

f) **Limitações nos sinais**:

$|u(t)| \leq 10V$; Limitação dura na amplitude da entrada

$\int_0^{t_f} (y(\tau) - r(\tau))^2 d\tau \leq 100J$; Limitação suave da energia do sinal de erro.

Note-se que no caso de limitações *suaves*, os valores instantâneos podem ser grandes, enquanto nas limitações *duras* os valores instantâneos não podem ultrapassar um limite pré-estabelecido (batente).

2.3 Solução de problemas de controle

Um problema de controle bem formulado deve incluir, como visto anteriormente, um modelo matemático qualitativo ou quantitativo do sistema e as especificações desejadas.

De posse de um problema de controle, os passos básicos para a sua solução envolvem:

a) **Análise da solvabilidade**: Consiste em verificar se o problema de controle automático admite ou não uma solução. Muitas vezes as especificações de desempenho são tais que o problema é insolúvel. Nesses casos é necessário que a formulação do problema seja revista, antes que sejam desperdiçados esforços na busca de soluções impossíveis. São exemplos de problemas mal formulados: i) Minimização de funções que não possuem pontos de mínimo; ii) Estabilização de sistemas cuja parte não-estável é não-controlável; iii) Estimação de estados de sistemas não-observáveis; iv) Controle de sistemas com taxas de amostragem inferior às frequências de interesse.

b) **Seleção da metodologia de projeto**: Uma vez que se verificou que o problema admite pelo menos uma solução, o projetista deve selecionar uma metodologia apropriada para buscá-la. As soluções podem ser obtidas por métodos gráficos, analíticos, numéricos ou heurísticos, sendo que usualmente é utilizada uma combinação destas. Por exemplo, as Cartas de Nichols, Curvas de Bode e o Lugar Geométrico das Raízes são métodos predominantemente gráficos. Entretanto, métodos numéricos podem estar integrados em pacotes computacionais que permitem trabalhar com esses métodos gráficos. Métodos heurísticos podem envolver desde técnicas tipo tentati-

va-e-erro até sistemas especialistas.
c) **Projeto do controlador**: Selecionada uma metodologia para a solução de um problema de controle automático, o projetista deve utilizar a sua experiência para determinar a estrutura e os parâmetros do controlador. Por exemplo, utilizando Carta de Nichols, um projetista pode determinar a ordem e os coeficientes de um compensador cascata.
d) **Simulação**: Uma primeira verificação do desempenho do controlador projetado pode ser realizada utilizando-se recursos de simulação. A simulação pode ser analógica (empregando computadores analógicos), digital (empregando computadores digitais) ou híbrida (onde uma parte é simulada através de circuitos e a outra é implementada em computador digital). Usualmente são utilizados modelos mais detalhados (modelos de validação) para simular a planta controlada, com o intuito de se obter uma melhor aproximação em relação ao sistema físico real.
e) **Implementação do controlador**: Após verificação em ambiente simulado que o projeto atende as especificações estabelecidas a priori, o controlador deve ser implementado. A implementação de controladores envolve uma riqueza de detalhes tecnológicos, econômicos e sociais, requerendo um sinergismo de natureza interdisciplinar. Por exemplo, as implementações de controladores para aplicações aeroespaciais, biomédicas e nucleares podem exigir níveis especiais de confiabilidade e segurança, exigindo materiais e componentes no estado da arte, eventualmente de elevado custo e severas implicações sociais.
f) **Testes de bancada e sintonização final**: Tendo-se implementado o protótipo do controlador, podem ser realizados ensaios utilizando-se *rigs* de testes, plantas piloto e simulação com *hardware-in-the loop*. Usualmente, controladores que são produzidos em série possuem *rigs* de testes associados para ensaio e manutenção. Quando uma parte da malha de controle é muito dispendiosa ou inacessível, pode-se recorrer a simulação com *hardware-in-the loop*, onde o controlador e os sensores, por exemplo, são reais, mas parte da planta é simulada. Nessa fase são também realizados os ajustes finos dos parâmetros do controlador (sintonização).
g) **Operação assistida**: Mesmo após a homologação do controlador para utilização no campo, é comum que a sua operação seja assistida durante um período inicial para que possam ser corrigidos os pequenos defeitos e incorporadas melhorias gerais.
h) **Treinamento de pessoal e suporte técnico**: O treinamento de pessoal local visando a correta operação e manutenção dos controladores é de vital importância para que sejam atingidas as metas de produtividade, segurança, qualidade, eficácia e conforto. Por outro lado, o suporte técnico é um fator que promove a credibilidade e o prestígio do projetista de controladores.

2.4 Instrumentos de medida

Segundo o vocabulário internacional de termos fundamentais e gerais de metrologia do INMETRO (1995), **medição** é um conjunto de operações que tem por objetivo determinar um valor de uma grandeza. A grandeza submetida à medição é denominada de **mensurando**. **Instrumento de medição** é um dispositivo utilizado para uma medição, sozinho ou em conjunto com dispositivos complementares. **Sensor** é um elemento de um instrumento de medição que é diretamente afetado pelo mensurando.

Em relação a resultados de uma medição, há a possibilidade de se utilizar técnicas de inteligência artificial para realizar correções.

Entre os conceitos envolvidos nas medições, são importantes:
a) **Exatidão**: grau de concordância entre o resultado de uma medição e o valor verdadeiro do mensurando.
b) **Repetitividade**: grau de concordância entre os resultados de medições sucessivas de um mesmo

mensurando, efetuadas sob as mesmas condições de medição.

c) **Reprodutibilidade**: grau de concordância entre os resultados de medições sucessivas de um mesmo mensurando, efetuadas sob condições variadas de medição.

d) **Incerteza de medição**: parâmetro associado ao resultado de uma medição e que caracteriza a dispersão dos valores que podem ser fundamentadamente atribuídos a um mensurando. Pode ser, por exemplo, um desvio padrão.

e) **Sensibilidade**: variação da resposta de um instrumento de medição dividida pela correspondente variação do estímulo.

f) **Resolução**: menor diferença entre indicações que pode ser significativamente percebida.

g) **Zona morta**: intervalo máximo no qual um estímulo pode variar em ambos os sentidos, sem produzir variação na resposta de um instrumento de medição.

h) **Deriva (*drift*)**: variação lenta de uma caraterística de um instrumento de medição.

i) **Tendência (*bias*)**: erro sistemático de indicação de um instrumento de medição.

j) **Calibração**: conjunto de operações que estabelece, sob condições especificadas, a relação entre os valores indicados por um instrumento de medição e os valores correspondentes das grandezas estabelecidos por padrões.

2.5 Sugestões para leitura complementar

OGATA, K. - *Engenharia de Controle Moderno*. Prentice Hall do Brasil, RJ, 1990.

DORF, R.C. e BISHOP, R.H. - *Modern Control Systems*. 7ª ed., Addison Wesley, Reading, MA, 1995.

CASTRUCCI, P.B.L. e BATISTA, L. - *Controle Linear: Método Básico*. Editora Edgard Blücher Ltda, São Paulo, 1980.

BOTTURA, C.P. - *Princípios de Controle e Servomecanismos*. Guanabara Dois, Rio de Janeiro, RJ, 1982.

Exercícios do Capítulo 2

2.1 Identificar, no âmbito doméstico, pelo menos 10 sistemas de controle automático. (Exemplos: controle de nível da caixa d'água, controle de temperatura da geladeira, CAG de receptores de rádio, ajuste automático de luminosidade em máquinas fotográficas, etc...)

2.2 Sugerir especificações de desempenho para controladores a serem utilizados nas seguintes aplicações:
   a) controle de velocidade em veículos de passeio
   b) controle de velocidade em veículos esportivos
   c) elevador
   d) bomba de infusão de medicamentos
   e) posicionamento de telescópio astronômico
   f) controle de temperatura de uma incubadora
   g) temporizador de um forno de microondas.

2.3 Que diferenças existiriam, em termos das diversas características de um instrumento de medida, entre um equipamento para hobistas e um para laboratório de metrologia?

2.4 Existem vantagens em se utilizar um controlador em malha fechada em relação a um controlador em malha aberta, ou seja, existe alguma propriedade que é característica de sistemas em malha fechada?

CONTROLE POR COMPUTADOR

Computadores Digitais têm sido empregados em tarefas de Controle Automático em função de apresentarem diversas vantagens em relação a sistemas baseados em Alavancas e Cames, ou Circuitos Elétricos, Pneumáticos ou Hidráulicos. Entre outras, os controladores automáticos baseados em Tecnologia Digital podem apresentar as seguintes vantagens:

a) Possibilidade de realizar **funções complexas de controle** (por exemplo, controladores tolerantes a falhas) e de **tratamento de sinais** (por exemplo, fusão de sensores). De fato, técnicas de inteligência artificial podem ser incluídas nessas funções de controle e tratamento de sinais, por exemplo em mecanismos de escalonamento de ganhos, de seleção automática dos sensores ativos, de reorganização *on-line* de controladores e outros.

b) Facilidade de **alteração dos controladores**, permitindo versatilidade na adaptação e incorporação de melhorias no sistema. Uma vez que o *hardware* está instalado, a troca do controlador seria apenas um processo de substituição do programa antigo de computador por uma versão atualizada.

c) Facilidade de **Comunicação**, **Monitoração a Distância**, **Telecomando**, incluindo possibilidades para **segurança na comunicação de dados** (por exemplo com códigos corretores de erros, mensagens criptografadas), **racionalização da utilização dos canais** (por exemplo, empregando multiplexagem para transmitir os sinais de mais baixa freqüência com períodos maiores de amostragem), aproveitamento de redes já existentes, e outros.

d) **Portabilidade**, uma vez que as interfaces dos computadores com a instrumentação de campo têm sido, progressivamente, padronizadas.

e) Facilidade para **Validação dos Projetos de Controladores** (por exemplo, empregando técnicas de *Hardware In-Line*), para **depuração dos códigos** (por exemplo, empregando Ferramentas de Engenharia de *Software*), e para manutenção (por exemplo, através de análise dos dados registrados em memórias de massa como o disco magnético, com emprego de *Data-Loggers*).

f) Melhoria da **Confiabilidade** no Controle de Processos (por exemplo, pela utilização de Cães de Guarda (*Watch Dogs*), Redundância de Máquina, Rotinas para Auto-Diagnóstico, Códigos Corretores de Erros). Ressalte-se, ainda, que detalhes de construção como a Eliminação de Partes Móveis, Gabinetes Selados, Resfriamento por Trocador de Calor, Películas Anti-Corrosivas, Blindagem Eletrostática, Seleção de Componentes de Melhor Qualidade, Mecanismos de Proteção Contra Surtos e Curtos, entre outros, também ajudam a melhorar a confiabilidade. Ainda, freqüentemente se emprega o processo de *Burn-In*. Por outro lado, as próprias técnicas de IA podem ser empregadas para detecção, identificação e acomodação de falhas.

g) Possibilidade de **Aliar o Processamento Simbólico com o Numérico** (por exemplo, amalgamando Expert Systems com Rotinas Numéricas de Otimização). A vantagem, nesse caso, entre outras, é o aproveitamento de conhecimentos heurísticos do operador humano.

h) Eficácia na **Interação Homem-Máquina**, através de técnicas de comunicação visual, interfaces multimídia e outras. Novamente aqui as técnicas de inteligência artificial podem ser utilizadas, quer para prover melhorias no treinamento, quer para facilitar as operações ou para auxiliar a manutenção.

3.1 Sistemas discretos

Computadores Digitais utilizados em Controle Automático recebem dados dos sensores, em determinados instantes de tempo e, após processá-los, produzem saídas que são aplicadas nos transdutores. As entradas são usualmente analógicas (por exemplo, tensão de saída [V] de uma ponte de *strain-gauge*) e são transformadas em forma digital através de conversores análogo-digitais. As saídas dos computadores, por sua vez, são números que devem ser transformadas em grandezas analógicas (por exemplo, correntes [4-20 mA] a serem aplicadas em posicionadores de válvulas) através de conversores digital-analógicos. Portanto, em sistemas onde se utilizam Computadores Digitais para Controle Automático, existem pontos onde os dados estão em formato numérico. Considerando-se que essas grandezas são disponibilizadas apenas em determinados instantes, usualmente igualmente espaçados, as entradas e saídas desses tipos de sistemas podem ser modeladas como seqüências:

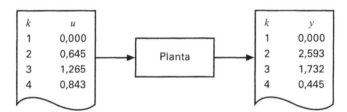

Figura 3.1 — Representação esquemática de um sistema discreto.

A dinâmica do sistema pode ser expressa, muitas vezes, na forma de equações a diferenças do tipo:

$$y_k = -a_1 y_{k-1} - a_2 y_{k-2} - \ldots - a_n y_{k-n} + \\ + b_0 u_k + b_1 u_{k-1} + b_2 u_{k-2} + \ldots + b_m u_{k-m} \tag{3.1}$$

onde a_i e b_j são constantes e as seqüências $\{u_k\}_{k=\ldots,-2,-1,0,1,2,\ldots}$ e $\{y_k\}_{k=\ldots,-2,-1,0,1,2,\ldots}$ são, respectivamente, a entrada e a saída. Quando $a_n \neq 0$, o modelo é dito ser de ordem n.

Para efeito de simplicidade de notação, uma seqüência $\{h_k\}_{k=\ldots,-2,-1,0,1,2,\ldots}$ é denotada, compactamente, $\{h\}$.

Quando a entrada $\{u\}$ é a seqüência Delta de Kronecker, ou seja,

$$u_k = \begin{cases} 0, & \text{se } k \neq 0 \\ 1, & \text{se } k = 0 \end{cases} \tag{3.2}$$

utiliza-se a notação $\{\delta\}$ para este tipo de $\{u\}$ e a saída correspondente a esta entrada é chamada de **resposta pulso unitário**, representada por $\{h\}$.

Introduzindo-se a notação $\{h^\tau\}$ para denotar a seqüência $\{h\}$ atrasada de τ passos, tem-se que cada k-ésimo termo de $\{h^\tau\}$ é dada por:

$$h_k^\tau = h_{k-\tau} \qquad (3.3)$$

e verifica que y_k pode ser calculada através de:

$$y_k = \sum_{i=0}^{k} h_{k-i} u_i \qquad (3.4)$$

para uma seqüência {u} arbitrária.

De fato, uma seqüência arbitrária {u} pode ser reescrita como

$$\{u\} = \sum_{i=-\infty}^{\infty} u_i \{\delta^i\} \qquad (3.5)$$

onde u_i = [i-ésimo componente de {u}] e δ^i = [Delta de Kronecker atrasado de *i* passos].

Seja S o operador que mapeia a entrada {u} na saída {y}, ou seja,

$$\{y\} = S[\{u\}]. \qquad (3.6)$$

Como o sistema em questão é do tipo linear e invariante no tempo, tem-se que:

i) $\alpha S[\{u\}] + \beta S[\{v\}] = S[\alpha\{u\} + \beta\{v\}]$; (*Linearidade*) (3.7)

onde α e β são constantes arbitrárias e {u} e {v} são entradas arbitrárias.

ii) $\{y^\tau\} = S[\{u^\tau\}]$; (*Invariância no Tempo*) (3.8)

para qualquer $\tau \in Z$.

Portanto, a saída correspondente a uma entrada {u} arbitrária é:

$$\{y\} = S[\{u\}] \qquad (Equação\ 3.6) \qquad (3.9)$$

$$= S\left[\sum_{i=-\infty}^{\infty} u_i \{\delta^i\}\right] \qquad (Equação\ 3.5) \qquad (3.10)$$

$$= \sum_{i=-\infty}^{\infty} u_i S[\{\delta^i\}] \qquad (Linearidade) \qquad (3.11)$$

$$= \sum_{i=-\infty}^{\infty} u_i \{h^i\} \qquad (Invariância\ no\ Tempo) \qquad (3.12)$$

ou seja, cada componente y_k de {y} é dado por:

$$y_k = \sum_{i=-\infty}^{\infty} u_i h_k^i \qquad (3.13)$$

$$= \sum_{i=-\infty}^{\infty} u_i h_{k-i} \qquad (Definição\ de\ \{h^i\}) \qquad (3.14)$$

$$= (u*h)_k \qquad (Definição\ de\ Convolução) \qquad (3.15)$$

onde {u*h} é a seqüência obtida pela convolução de {u} e {h}.

Por outro lado, a expressão (3.15) pode, ainda, ser simplificada:

$$y_k = \sum_{i=-\infty}^{\infty} u_i h_k^i$$

$$= \sum_{i=0}^{\infty} u_i h_k^i \qquad (\textit{Assumindo } u_i = 0 \textit{ para } i < 0) \qquad (3.16)$$

$$= \sum_{i=0}^{k} u_i h_{k-i} \qquad (\textit{Por causalidade, } h_{k-i} = 0 \textit{ para } i > k) \qquad (3.17)$$

e, portanto, para sistemas lineares, invariantes no tempo, causais, de dimensão finita, o conhecimento de h_k e u_k para $k = 0,1,2,..., j$ permite a determinação de y_j. Ou seja, o conhecimento da resposta pulso $\{h\}$ equivale ao conhecimento do sistema.

Um sistema descrito por um modelo de ordem n, na forma de equação a diferenças (3.1) pode ser transformado em um conjunto de *n* equações de ordem 1. A vantagem de se fazer esse tipo de transformação é que para sistemas de *n* equações a diferenças de ordem 1 há fórmulas fechadas simples para a solução e, ainda, permite a introdução do conceito de estado.

Definindo-se as seqüências $\{x^1\}$ a $\{x^n\}$ a partir de $\{y\}$ e $\{u\}$ através de:

$$\begin{aligned} x_k^n &= -a_n y_{k-1} + b_n u_{k-1} \\ x_k^{n-1} &= -a_{n-1} y_{k-1} + b_{n-1} u_{k-1} + x_{k-1}^n \\ x_k^2 &= -a_2 y_{k-1} + b_2 u_{k-1} + x_{k-1}^3 \\ x_k^1 &= -a_1 y_{k-1} + b_1 u_{k-1} + x_{k-1}^2 \end{aligned} \qquad (3.18)$$

observa-se que (3.1) pode ser reescrito como

$$\begin{bmatrix} x_{k+1}^1 \\ x_{k+1}^2 \\ \vdots \\ x_{k+1}^{n-1} \\ x_{k+1}^n \end{bmatrix} = \begin{bmatrix} -a_1 & 1 & 0 & \cdots & 0 \\ -a_2 & 0 & 1 & \cdots & 0 \\ \vdots & \vdots & \vdots & \ddots & \vdots \\ -a_{n-1} & 0 & 0 & & 1 \\ -a_n & 0 & 0 & 0 & 0 \end{bmatrix} \begin{bmatrix} x_{k+1}^1 \\ x_{k+1}^2 \\ \vdots \\ x_{k+1}^{n-1} \\ x_{k+1}^n \end{bmatrix} + \begin{bmatrix} b_1 - a_1 b_0 \\ b_2 - a_2 b_0 \\ \vdots \\ b_{n-1} - a_{n-1} b_0 \\ b_n - a_n b_0 \end{bmatrix} u_k$$

$$y_k = \begin{bmatrix} 1 & 0 & \cdots & 0 & 0 \end{bmatrix} \begin{bmatrix} x_k^1 \\ x_k^2 \\ \vdots \\ x_k^{n-1} \\ x_k^n \end{bmatrix} + b_0 u_k$$

(3.19)

As equações (3.19) podem ser compactamente escritas como:

$$\begin{aligned} x_{k+1} &= Ax_k + Bu_k \\ y_k &= Cx_k \end{aligned} \qquad (3.20)$$

onde $x_k = \begin{bmatrix} x_k^1 & x_k^2 & \cdots & x_k^{n-1} & x_k^n \end{bmatrix}^T$ e as matrizes $A_{n \times n}$, $B_{n \times 1}$ e $C_{1 \times n}$ são facilmente identificados por inspeção de (3.19).

Dispondo-se do modelo na forma (3.20), é fácil calcular a saída y_k para um dado instante N a partir de k = 0 (supondo $b_0 = 0$, para simplicidade):

$$x_1 = Ax_0 + Bu_0$$
$$x_2 = Ax_1 + Bu_1 = A^2 x_0 + ABu_0 + Bu_1$$
$$\cdots$$
$$x_k = A^k x_0 + \sum_{i=0}^{k-1} A^{k-1-i} Bu_i \qquad (3.21)$$

e portanto

$$y_k = Cx_k = CA^k x_0 + \sum_{i=0}^{k-1} CA^{k-1-i} Bu_i \qquad (3.22)$$

Nota-se em (3.22) que, caso $\{u\} = \{\delta\}$ e $x_0 = 0$:

$$y_k = CA^{k-1} B \qquad (3.24)$$

o que fornece uma forma simples para o cálculo dos termos da resposta pulso $\{h\}$, já que $\{h\} = \{y\}$ quando $\{u\} = \{\delta\}$.

3.2 O processo de amostragem

Amostrar é focalizar a atenção sobre uma pequena porção de um todo. Assim, amostrar um sinal w(t), suposto definido para $\forall t \in R$, é obter informações sobre o valor de w(.) em alguns instantes t_1, t_2, ..., t_n, muitas vezes (mas não obrigatoriamente) distribuídos uniformemente na forma $t_k = kT$, onde $k \in Z$ e T é um número real constante, chamado de período de amostragem.

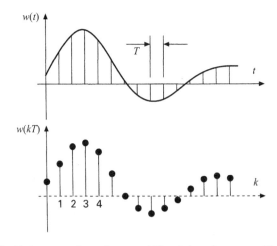

Figura 3.2 — O sinal w(t) é amostrado em instantes kT, originando uma seqüência {w}, cujo k-ésimo componente é $w_k = w(kT)$. Note que o eixo k está representado por linha tracejada para ressaltar que o sinal amostrado constitui uma seqüência.

A amostragem pode ser introduzida naturalmente ou intencionalmente. Um caso em que se adota amostragem intencional é na dosagem de substâncias no sangue de um paciente. De fato, seria extremamente inconveniente drenar sangue de um paciente de forma contínua. Por outro lado, quando se usa sistema de telemetria digital com multiplexagem, a amostragem surge naturalmente.

Quando se utiliza um computador digital para controle de sistemas que envolvem grandezas que variam continuamente no tempo, a amostragem surge tembém de forma natural. Esse fato se deve à necessidade de se aquisicionar os valores das grandezas medidas e realizar operações diversas que demandam tempo de execução.

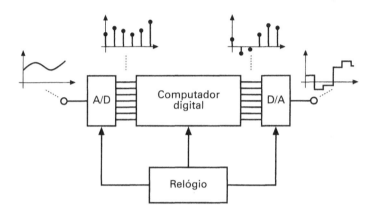

Figura 3.3 — Fenômeno de amostragem devido a utilização de computador digital como controlador.

Note que, após a amostragem e denotando $w_k := w(kT)$, o sinal é agora uma seqüência $\{w_k\}_{k=0,1,2,...}$ e pode ser facilmente ser armazenado em forma tabular (ou na memória do computador):

Tabela 3.1 *Exemplo de uma sequência $\{w\}$ organizada de forma tabular, apropriada para armazenamento em memória de computadores digitais.*

k	w_k
0	0,98
1	0,76
2	0,65
3	0,39

Para o caso de sinais elétricos, o amostrador pode ser representado por uma chave normalmente aberta e que fecha nos instantes de amostragem:

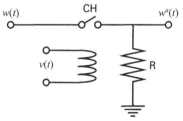

Figura 3.4 — A saída w^a do amostrador é mantida no potencial da terra através de R e acompanha w(t) quando CH está fechada.

Note-se que quanto mais estreitos os pulsos v(t), ou seja L↓, menor é o conteúdo energético de $w^a(t)$. Portanto, quando a amostragem é ideal, L ≈ 0, o sinal $w^a(t)$ não consegue excitar o sistema conectado na saída do amostrador. Para manter o sinal em um nível constante, no período entre amostragens, pode-se utilizar um segurador (ou retentor):

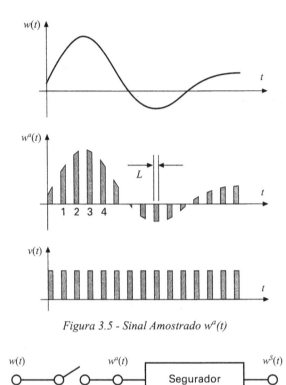

Figura 3.5 - Sinal Amostrado $w^a(t)$

Figura 3.6 — Unidade Amostrador-Segurador.

de modo que a saída $w^s(t)$ possui aspecto de degrau:

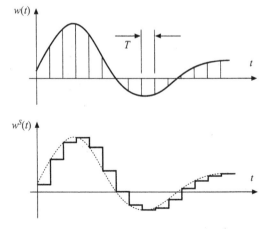

Figura 3.7 — Saída do Amostrador-Segurador $w^s(t)$.

3.3 Análise de sistemas discretizados

Muitos sistemas dinâmicos encontrados na prática são descritos por equações diferenciais. Assim, os movimentos de um satélite artificial poderiam ser descritos com base nas Leis de Newton. As variações de tensões e correntes em um circuito poderiam ser descritas pelas Leis de Kirchoff.

Para efeito de simplicidade, aqui são considerados apenas sistemas lineares, invariantes no tempo e de dimensão finita, ou seja, aqueles descritos por equações diferenciais ordinárias da forma:

$$\frac{dx(t)}{dt} = \overline{A}x(t) + \overline{B}u(t)$$
$$y(t) = \overline{C}x(t) \qquad (3.24)$$

onde $x(t) \in R^n$ é o vetor de estados, $u(t) \in R^m$ é o sinal de controle, $y(t) \in R^p$ é o sinal de saída e $\overline{A}, \overline{B}$ e $\overline{C}$ são matrizes constantes de dimensões $n \times n$, $n \times m$ e $p \times n$, respectivamente. O vetor de estados $x(t)$ possui como componentes grandezas tais que, quando conhecidas no instante t, permite o cálculo dos valores futuros $x(t + \Delta t)$ para $\Delta t > 0$, desde que sejam fornecidas as entradas $u(t)$ para $t \in [t, t + \Delta t)$. Exemplos de tais grandezas são tensões nos capacitores, correntes nos indutores, temperatura de um corpo, posição e velocidade de partículas, concentrações de reagentes químicos, população de uma dada cidade e outros.

Se o sinal de entrada $u(t)$ for a saída de um amostrador + segurador, $u(t) = u(kT)$ para $\forall t \in [kT, (k+1)T)$:

Figura 3.8 — Amostrador-Segurador na entrada de uma planta industrial.

A solução da equação diferencial ordinária (3.24) é conhecida e dada por:

$$x(t) = e^{\overline{A}(t-t_0)}x(t_0) + \int_{t_0}^{t} e^{\overline{A}(t-\tau)}\overline{B}u(\tau)d\tau \qquad (3.25)$$

Para o caso particular $t_0 = kT$, $t = (k+1)T$ e notando que $u(t)$ é constante neste intervalo de tempo, devido ao segurador,

$$x((k+1)T) = Ax(kT) + Bu(kT) \qquad (3.26)$$

onde:

$$A = e^{\overline{A}T}$$
$$B = \int_0^T e^{\overline{A}\tau}\overline{B}d\tau \qquad (3.27)$$

ou, usando a notação simplificada $x_k = x(kT)$, $y_k = y(kT)$ e $u_k = u(kT)$, além de se definir $C := \overline{C}$

$$x_{k+1} = Ax_k + Bu_k$$
$$y_k = Cx_k \qquad (3.28)$$

que é o modelo discretizado do sistema original descrito por (3.24), com período de amostragem T. A solução para (3.28) a partir de uma condição inicial x_0 e excitada por uma entrada $\{u\}$ é dada pela expressão (3.22):

$$y_k = CA^k x_0 + \sum_{i=0}^{k-1} CA^{k-1-i} Bu_i \qquad (3.29)$$

3.4 Transformada em z e Função de Transferência Pulsada

Um sistema físico pode ser modelado de diferentes formas. Expressões do tipo (3.28) são chamadas de Equações de Estado e constituem uma forma de representar sistemas discretos ou discretizados.

Uma outra forma de representação, similar ao caso de Transformada de Laplace em modelamento de sistemas de tempo contínuo, é através da utilização da Transformada em z. Enquanto no caso de tempo contínuo a Transformada de Laplace permitia caracterizar um sistema através de sua Função de Transferência, no tempo discreto, a Transformada em z permite que se conceitue uma Função de Transferência Pulsada.

Dada uma seqüência $\{w_k\}_{k=0,1,2,...}$, a sua Transformada em z, denotada por $W(z)$ ou $Z[\{w\}]$ é definida por:

$$W(z) = Z[\{w_k\}_{k=...,-2,-1,0,1,2,...}] = Z[\{w\}] := \sum_{k=-\infty}^{\infty} z^{-k} w_k \qquad (3.30)$$

onde se deve tomar os devidos cuidados para verificar se a série envolvida converge. Por convenção, dada uma sequência arbitrária $\{v_k\}_{k=...,-2,-1,0,1,2,...}$, a sua Transformada em z é denotada $V(z)$.

A utilidade da Transformada em z deriva de suas propriedades, facilmente demonstráveis a partir da definição:

Propriedade 1: Linearidade

$$Z[\alpha\{u\}+\beta\{v\}] = \alpha U(z) + \beta V(z) \quad \forall \alpha, \beta \in R \qquad (3.31)$$

Propriedade 2: Expressão para a Transformada em z da Seqüência Atrasada

$$U(z) = Z[\{u\}] \Rightarrow Z[\{u^\tau\}] = z^{-\tau} U(z) \quad \forall \tau \in Z \qquad (3.32)$$

Propriedade 3: Expressão para a Transformada em z da Somatória de Convolução

$$Z[\{u*v\}] = U(z).V(z) \qquad (3.33)$$

A partir da Propriedade 3 de Transformada em z e da expressão (3.15), obtém-se que:

$$\begin{aligned} Y(z) &= Z[\{y\}] & &(\text{Notação para } Z[.]) & (3.34)\\ &= Z[\{h*u\}] & &(\{y\} = \{h*u\} \text{ da Eq. 3.15}) & (3.35)\\ &= H(z).U(z). & &(\text{Propriedade 3, Eq. 3.33}) & (3.36) \end{aligned}$$

Portanto, a Transformada em z da saída de um sistema linear discreto invariante no tempo $Y(z)$

é dada pelo produto entre a Transformada em z da entrada U(z), multiplicada pela Função de Transferência Pulsada H(z), que é, de fato, a Transformada em z da Resposta a Pulso Unitário {h}. Assim, conhecendo-se H(z), a saída Y(z) fica caracterizada a partir da entrada U(z) através de uma mera operação de multiplicação: Y(z) = H(z).U(z). Usualmente, entretanto, não é necessária a determinação explícita de Y(z), sendo que a mera inspeção de H(z) já fornece informações importantes sobre o comportamento do sistema. De fato, tal qual o caso de sistemas contínuos onde a Função de Transferência é uma razão de polinômios, H(z) é também da forma

$$H(z) = \frac{b_1 z^{n-1} + b_2 z^{n-2} + \cdots + b_m z^{n-m}}{z^n + a_1 z^{n-1} + \cdots a_{n-1} z + a_n} \quad (3.37)$$

$$= \frac{num(z)}{den(z)} \quad (3.38)$$

Os valores de z que anulam o polinômio num(z) são chamados de <u>zeros</u> e os que anulam den(z) de <u>pólos</u> da Função de Transferência Pulsada H(z).

Admitindo-se que H(z) possui n polos distintos, ou seja

$$den(z) = (z-p_1)(z-p_2)\ldots(z-p_n) \quad (3.39)$$

a expressão (3.37) pode ter o termo à direita expandida em frações parciais:

$$H(z) = \frac{r_1}{z - p_1} + \frac{r_2}{z - p_2} + \cdots + \frac{r_n}{z - p_n} \quad (3.40)$$

Como {h} é a Transformada Inversa em z de H(z), tem-se que a Resposta a Pulso Unitário pode ser recuperada através de:

$$\{h\} = Z^{-1}[H(z)] \quad (3.41)$$

$$= Z^{-1}\left[\frac{r_1}{z - p_1} + \frac{r_2}{z - p_2} + \cdots + \frac{r_n}{z - p_n}\right]$$

A Transformada Inversa em z de cada um dos termos entre os colchetes em (3.42) pode ser obtida de Tabelas de Matemática:

$$Z^{-1}\left[\frac{r}{z - p}\right]_{k-\text{ésimo termo}} = r\, p^{k-1} \quad (3.42)$$

Utilizando a Linearidade da Transformada em z (Propriedade 1), tem-se a partir de (3.42):

$$h_k = r_1 p_1^{k-1} + r_2 p_2^{k-1} + \cdots + r_n p_n^{k-1} \quad (3.43)$$

ou seja, a saída do sistema {y} = {h} é constituída por uma combinação linear de potências de p_i.

Nota-se imediatamente de (3.43) que se $\|p_i\| > 1$ para algum i=1,2,...,n o sistema é instável, pois a potência p_i^{k-1} é crescente com k, ou seja, y_k tende a ∞ quando k → ∞.

Esses mesmos resultados podem ser obtidos a partir da Equação de Estados (3.28), aplicando-se a Transformada em z. Como:

$$\begin{aligned} x_k &= A x_{k-1} + B u_{k-1} \\ y_k &= C x_k \end{aligned} \quad (3.44)$$

tem-se que

$$X(z) = Z[\{x\}] = Z[\{Ax^1 + Bu^1\}] \quad (3.45)$$
$$= Az^{-1} X(z) + Bz^{-1} U(z) \quad (3.46)$$

ou seja,

$$zX(z) = AX(z) - BU(z) \quad (3.47)$$

que pode ser resolvida em termos de X(z):

$$X(z) = (zI-A)^{-1} BU(z) \quad (3.48)$$

e, portanto,

$$Y(z) = C(zI-A)^{-1}BU(z). \quad (3.49)$$

Comparando (3.49) com (3.36), conclui-se que

$$H(z) = C(zI-A)^{-1}B \quad (3.50)$$

Lembrando que, para se inverter uma matriz M (com $\det(M) \neq 0$), a fórmula a ser utilizada é:

$$M^{-1} = \frac{1}{\det(M)} \text{cof}^T(M) \quad (3.51)$$

onde $\text{cof}^T(M)$ é a matriz dos co-fatores de M, tem-se que

$$H(z) = \frac{1}{\det(zI - A)} C\text{cof}^T(zI - A)B \quad (3.52)$$

de onde, por comparação com (3.38), observa-se que

$$\text{den}(z) = \det(zI-A) \quad (3.53)$$

Os pólos são valores que anulam den(z). Logo, os pólos são também raízes de

$$\det(zI-A) = 0 \quad (3.54)$$

Como as raízes da equação (3.54) são os auto-valores de A, conclui-se que o comportamento do sistema pode ser inferido a partir do conhecimento dos pólos de H(z) ou dos auto-valores de A.

Uma alternativa para a determinação de {y} é a solução direta da equação a diferenças (3.1). Considerando-se, inicialmente, a equação homogênea

$$y_k + a_1 y_{k-1} + a_2 y_{k-2} + \ldots + a_{n-1} y_{k-n+1} + a_n y_{k-n} = 0 \quad (3.55)$$

e admitindo-se que y_k é da forma λ^k, para algum λ constante, tem-se que:

$$\lambda^k + a_1 \lambda^{k-1} + a_2 \lambda^{k-2} + \ldots + a_{n-1} y_{k-n+1} + a_n \lambda^{k-n} = 0 \quad (3.56)$$

ou seja,

$$(\lambda^n + a_1 \lambda^{n-1} + a_2 \lambda^{n-2} + \ldots + a_{n-1} \lambda + a_n) \lambda^{k-n} = 0 \quad (3.57)$$

Logo, para que $y_k = \lambda^k$ seja solução da equação homogênea 3.51, a constante λ deve ser raiz da equação característica:

$$\lambda^n + a_1 \lambda^{n-1} + a_2 \lambda^{n-2} + \ldots + a_{n-1} \lambda + a_n = 0 \quad (3.58)$$

Portanto, a solução da equação homogênea é uma combinação de potências das raízes da equação característica, denotadas p_i, i=1,2, ... ,n.

$$y_k = \sum_{i=1}^{n} C_i p_i^k \tag{3.59}$$

onde as constantes C_i são determinadas de acordo com as condições iniciais. De posse da solução particular, métodos como o de variação de parâmetros podem ser utilizados para a obtenção da solução particular.

Comparando-se as expressões (3.39), (3.54) e (3.58) observa-se que a saída y_k de um sistema dinâmico linear, discreto no tempo e de dimensões finitas é uma combinação de potências do tipo p_i^k, denominados de modos, onde p_i é obtido:

- como pólos de H(z) (vide 3.39),
- auto-valores de A (vide 3.54),
- raízes da equação característica (vide 3.58).

Ressalte-se, que um sistema físico linear, discreto, invariante no tempo e de dimensão finita, pode ser descrito por diferentes modelos matemáticos:

- Equação a Diferenças:

$$\begin{aligned} y_k = &-a_1 y_{k-1} - a_2 y_{k-2} - \ldots - a_n y_{k-n} + \\ &+ b_0 u_k + b_1 u_{k-1} + b_2 u_{k-2} + \ldots + b_m u_{k-m} \end{aligned} \tag{3.60}$$

- Equação de Estado:

$$\begin{aligned} x_{k+1} &= A x_k + B u_k \\ y_k &= C x_k \end{aligned} \tag{3.61}$$

- Resposta a Pulso Unitário:

$$\{h_k\}_{k=\ldots,-2,-1,0,1,2,\ldots} \tag{3.62}$$

- Função de Transferência Pulsada:

$$H(z) = \frac{b_1 z^{n-1} + b_2 z^{n-2} + \cdots + b_m z^{n-m}}{z^n + a_1 z^{n-1} + \cdots + a_{n-1} z + a_n} \tag{3.63}$$

Esses modelos, embora diferentes quanto a apresentação, representam as características de um sistema físico específico, cujas propriedades intrínsecas não são, obviamente, afetadas pelas equações que as descrevem. Assim, é de se esperar que um dado modelo possa ser convertido em outro através de transformações apropriadas.

3.5 Controladores discretos

Na literatura especializada em controladores discretos podem ser encontradas diversas arquiteturas e metodologias para projeto. Aqui, para efeito de ilustração, é apresentado apenas o controlador PID (Proporcional + Integral + Derivativo), o qual tem tido grande aceitação nas aplicações industriais.

Uma vez que o sistema constituído pelo computador digital e a planta está modelado de forma quantitativa, pode-se escrever um algoritmo de controle que produz a seqüência {u} (sinal a ser enviado aos atuadores) a partir de {y} e {r} (respectivamente, sinal dos sensores e sinal de referência), e que atenda as especificações de desempenho.

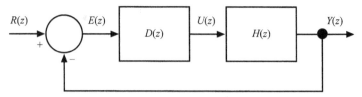

Figura 3.9 — Diagrama de blocos típico, onde H(z) é a planta a ser controlada e D(z) é o controlador (possivelmente computador digital dotado de interfaces A/D e D/A).

Uma das possibilidades, entre outras, é que a seqüência {u} seja gerada a partir da seqüência {e} = {r} - {y}, sendo que a relação entre {u} e {e} pode ser representada por um dos modelos apresentados em 3.4. Uma forma conveniente para condificação do algoritmo é a equação a diferenças:

$$u_k = -a_1^c u_{k-1} - a_2^c u_{k-2} - \ldots - a_n^c u_{k-n} + \\ + b_0^c e_k + b_1^c e_{k-1} + b_2^c e_{k-2} + \ldots + b_m^c e_{k-m} \tag{3.64}$$

onde os coeficientes a_i^c e b_i^c devem ser ajustados de forma que o sistema, em malha fechada, satisfaça as especificações de desempenho especificadas a priori.

Um tipo de controlador muito importante em aplicações industriais é o PID (Controlador Proporcional+Integral+Derivativo), cuja descrição no caso contínuo é:

$$u(t) = K_P e(t) + K_I \int_0^t e(\tau)d\tau + K_D \frac{de(t)}{dt} \tag{3.65}$$

No caso discreto, fazendo-se as aproximações de primeira ordem:

$$\int_0^{kT} e(\tau)d\tau = \sum_{i=0}^k e(iT)T \tag{3.66}$$

$$\frac{de(t)}{dt} = \frac{e(kT) - e((k-1)T)}{T} \tag{3.67}$$

tem-se para u(kT):

$$u(kT) = K_P e(kT) + K_I \sum_{i=0}^k e(iT)T + K_D \left(\frac{e(kT) - e((k-1)T)}{T} \right) \tag{3.68}$$

A fórmula (3.68) apresenta a inconveniência que a somatória no termo à direita pode assumir valores muito grandes, levando à saturação do sinal de controle. Esta situação pode ser remediada empregando-se a fórmula incremental:

$$u((k+1)T) - u(kT) = K_P [e((k+1)T) - e(kT)] + \\ + K_I T\, e((k+1)T) + \\ + \frac{K_D}{T} [e((k+1)T) - 2e(kT) + e((k-1)T)] \tag{3.69}$$

Ou, utilizando-se a notação $u_k = u(kT)$:

$$u_{k+1} = u_k + b_0^c e_{k+1} + b_1^c e_k + b_2^c e_{k-1} \tag{3.70}$$

onde

$$b_0^c = K_P + K_I T + \frac{K_D}{T}$$
$$b_1^c = -\left(K_P + 2\frac{K_D}{T}\right) \quad (3.71)$$
$$b_2^c = \frac{K_D}{T}$$

Uma forma de se ajustar os valores de K_P, K_I e K_D é através da utilização do Método de Ziegler-Nichols (vide, por exemplo, Isermann, 1981 ou Aström e Wittenmark, 1989).

Existem muitos outros tipos de algoritmos de controle digital, cuja descrição foge ao escopo do presente texto.

3.6 Sugestões para Leitura Complementar

O presente capítulo buscou apresentar as formas mais usuais de expressar quantitativamente as características de sistemas envolvendo computadores digitais, uma vez que estes são essenciais na utilização de técnicas de inteligência artificial em controle e automação. O projeto de controladores digitais é um campo extenso, cuja apresentação não caberia no presente texto e que se encontra tratado em diversos livros. Assim, recomenda-se complementar este capítulo com a leitura dos livros:

HEMERLY, E.M. - *Controle por Computador de Sistemas Dinâmicos*. Editora Edgard Blücher Ltda, São Paulo, 1996.

CASTRUCCI, P.B.L. e SALES, R.M. - *Controle Digital*. Editora Edgard Blücher Ltda, São Paulo, 1990.

BARCZAK, C.L. - *Controle Digital de Sistemas Dinâmicos*. Editora Edgard Blücher Ltda, São Paulo, 1995.

Exercícios do Capítulo 3

3.1 Cite 5 exemplos de situações onde existem vantagens em se utilizar um controlador digital para regular grandezas contínuas.

3.2 Comente sobre as características que um computador digital a ser empregado em controle de um satélite artificial deveria possuir, levando-se me consideração que este tipo de veículo opera em ambiente rarefeito, na presença de radiações cósmicas, com limitações severas no tocante ao suprimento de energia e acesso para manutenção.

3.3 Esboce as formas de onda nos diversos pontos indicados:

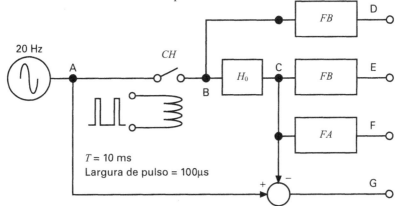

onde FA é um filtro passa-baixas com freqüência de corte em 1 kHz e FB é um filtro passa-baixas com freqüência de corte em 10 Hz.

3.4 A dinâmica de um sistema discreto, linear e invariante no tempo é governada pela seguinte equação de estados:

$$x_{k+1} = Ax_k + Bu_k$$
$$y_k = Cx_k$$

com:

$$A = \begin{bmatrix} 0 & 1 \\ -0,24 & -1 \end{bmatrix}$$

$$B = \begin{bmatrix} 0 \\ 1 \end{bmatrix} \quad e \quad C = \begin{bmatrix} 1 & 1 \end{bmatrix}$$

$$x_0 = \begin{bmatrix} 1 & 0 \end{bmatrix}^T$$

a) Obter a função de transferência pulsada.

b) Obter a resposta a pulso unitário.

c) Esboçar a resposta do sistema para $\{u\} \equiv$ degrau unitário:

$$u_k = \begin{cases} 0 & \text{para } k < 0 \\ 1 & \text{para } k \geq 0 \end{cases}$$

3.5 Repetir o exercício 3.4, mas com:

$$B = \begin{bmatrix} -0,8575 \\ 0,5145 \end{bmatrix}$$

sendo que as matrizes A e C são mantidas inalteradas.

3.6 Determinar os valores de K para os quais o sistema, em malha fechada, é estável:

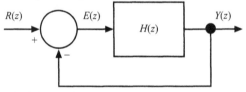

onde $H(z) = \dfrac{K(z - 0.7181)}{(z - 0.3679)(z - 1)}$.

3.7 Dimensione os valores de R_1, R_2 e C de modo que o seguinte circuito possa ser utilizado como um segurador-amostrador para sinais de áudio (faixas da ordem de 20Hz a 20kHz):

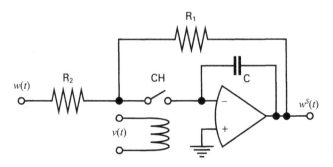

3.8 Investigar, consultando a literatura especializada, as implicações decorrentes de má seleção do período de amostragem (T).

3.9 Propor um programa de computador que implemente um controlador PID. Supor que são disponíveis rotinas tais que permitem ler e escrever dados nas interfaces análogo-digital:

```
X=AD_IN      /* LEITURA DE AD, SALVANDO EM X */
DA_OUT(Y)    /* ESCRITA DE TENSAO Y NO DA */
```

bem como rotinas que permitem inicializar e ler um relógio:

```
RESET_CLK    /* CARREGA 0 NO RELOGIO */
T=READ_CLK   /* LE O RELOGIO */
```

Supor que o relógio é incrementado de 1 em 1 ms, e que o número de operações para o cálculo da saída do controlador é suficientemente pequeno, para que as operações possam ser consideradas instantâneas. Discutir se haveria vantagem em se utilizar um mecanismo de interrupção associado ao relógio para marcar os instantes de amostragem.

3.10 Obter características de alguns conversores A/D e D/A encontrados comercialmente e discutir as vantagens e desvantagens de cada qual (notar a importância de se estabelecer critérios para a avaliação).

# LÓGICA E DEDUÇÃO

4.1 Cálculo sentencial

O objetivo básico do **cálculo sentencial** (ou cálculo proposicional) é a verificação da veracidade de sentenças complexas (ou proposições, ou fórmulas) a partir da veracidade ou falsidade de suas partes. As sentenças mais complexas são formadas a partir da combinação de sentenças mais simples, através do uso de conectivos sentenciais. As sentenças elementares são chamados de átomos.

No Cálculo Sentencial, a veracidade que se deseja estabelecer é quanto à legitimidade dos **argumentos** e não dos **átomos** em si. Portanto, usando a regra: "Se (chover) Então (a rua fica molhada)", concluir que (a rua está molhada), a partir da afirmação do átomo (choveu) é um processo legítimo. Aqui, pode ter acontecido que o átomo (choveu) era falso, talvez porque se confundiu o ruído do chuveiro com o de chuva. Ainda assim, do ponto de vista de Lógica, o argumento foi legítimo.

Considere os seguintes argumentos:

I)
(ave põe ovos)
(Águia é ave)
―――――――――
(Águia põe ovos) (4.1)

II)
(ave põe ovos)
(Mickey é ave)
―――――――――
(Mickey põe ovos) (4.2)

Ambos os argumentos (I) e (II) estão corretos. A verificação de se (Mickey é ave) não é o problema aqui tratado. Eventualmente, Mickey poderia ser o nome de um papagaio. Mesmo uma sentença aparentemente óbvia como (Mickey é camundongo) poderia ser questionada, uma vez que, dependendo do contexto, o significado pretendido poderia ser (Mickey é desenho) ou (Mickey é personagem_fictícia). De fato, biólogos poderiam dissecar camundongos, mas não Mickey (desenho). Assim, a investigação dos critérios para estabelecimento da verdade está além do escopo deste texto.

É importante observar que o uso de símbolos iguais para objetos diferentes pode resultar em conclusões surpreendentes. Assim, usando-se o símbolo Águia para designar um ás da aviação, como o famoso piloto de aviões de caça, Manfred Von Richtoffen, ter-se-ia:

(Águia é ave)
(Manfred_Von_Richtoffen é Águia)
―――――――――――――――――――
(Manfred_Von_Richtoffen é ave) (4.3)

Os conectivos sentenciais usualmente empregados são ∧, ∨, →, ↔, ¬ correspondentes a "e", "ou", "implica", "equivale" e "não". Porém, pode-se demonstrar que todas as sentenças podem ser reescritas apenas com o uso de 2 conectivos: {¬ , ∧ } ou {¬ ,∨ } ou {¬ , → }. De fato, no caso de sistemas digitais, basta que se disponha de portas NAND (NOT + AND) ou NOR {NOT + OR}.

Um exemplo de sentença é: "Se (a função f(.) é diferenciável) Então (a função f(.) é contínua)", ou simbolicamente, a → b, onde a = (a função f(.) é diferenciável) e b = (a função f(.) é contínua).

Em princípio, a veracidade ou não de uma sentença pode ser aferida com o uso de Tabelas Verdade, onde são apresentados os valores da expressão, na forma V = Verdade e F = Falso, para cada combinação de valores para os átomos. Para o caso dos conectivos principais; tem-se:

a	b	a ∧ b	a ∨ b	a → b	a ↔ b	¬a
V	V	V	V	V	V	F
V	F	F	V	F	F	F
F	V	F	V	V	F	V
F	F	F	F	V	V	V

Para a verificação da veracidade de a → (b ∨ c) em função de valores dos átomos a, b e c, pode-se construir a seguinte Tabela Verdade:

a	b	c	b ∨ c	a → (b ∨ c)
V	V	V	V	V
V	V	F	V	V
V	F	V	V	V
V	F	F	F	F
F	V	V	V	V
F	V	F	V	V
F	F	V	V	V
F	F	F	F	V

Nesse exemplo, nota-se que a expressão a → (b ∨ c) não assume o valor V para quaisquer valores de a, b, e c. Entretanto, existem expressões para o qual o valor é sempre V, independente do valor de seus átomos. Tais expressões são denominados de **tautologias**. Algumas tautologias importantes estão listadas a seguir:

1.	a → a	*Identidade*	(4.4)
2.	a ↔ a	*Equivalência*	(4.5)
3.	(a ∧ a) ↔ a	*Idempotência*	(4.6)
4.	(a ∨ a) ↔ a	*Idempotência*	(4.7)
5.	¬ (¬a) ↔ a	*Dupla Negação*	(4.8)
6.	(a ∨ (¬a))	*Terceiro Excluído*	(4.9)
7.	¬ (a ∧ (¬a))	*Não Contradição*	(4.10)
8.	¬a → (a → b)	*Negação do Antecedente*	(4.11)
9.	(a → b) ↔ (¬b → ¬a)	*Contraposição*	(4.12)
10.	¬ (a ∧ b) ↔ ((¬a) ∨ (¬b))	*De Morgan*	(4.13)

11. $\neg (a \lor b) \leftrightarrow ((\neg a) \land (\neg b))$ *De Morgan*   (4.14)
12. $(a \lor b) \leftrightarrow \neg ((\neg a) \land (\neg b))$ (4.15)
13. $(a \land b) \leftrightarrow \neg ((\neg a) \lor (\neg b))$ (4.16)
14. $\neg (a \to b) \leftrightarrow (a \land (\neg b))$ (4.17)
15. $(a \lor b) \leftrightarrow ((\neg a) \to b)$ (4.18)

Um tópico importante dentro do Cálculo Sentencial é o da Dedução.

Dedução é a obtenção de uma conclusão verdadeira, a partir de premissas consideradas verdadeiras e de axiomas válidos. Em princípio, pode também ser verificada através do uso de tabelas verdade.

Para denotar que "os axiomas $a_1 - a_m$ permitem deduzir b, a partir das premissas $p_1 - p_n$", é usada a grafia:

$$p_1, ..., p_n, a_1, ..., a_m \Rightarrow b \qquad (4.19)$$

Como exemplo, considere-se a verificação da legitimidade da dedução:

$$a \to b, \neg b \Rightarrow \neg a \qquad (4.20)$$

onde se pode, para ilustração, atribuir os seguintes significados para os átomos:

a = (tração excessiva no fio)
b = (fio se rompe)

ou seja, "Se (tração excessiva no fio) Então (fio se rompe)", "Não é verdade que (fio se rompeu)", de onde se deduz que "Não é verdade que (houve tração excessiva no fio)". A legitimidade dessa dedução pode ser verificada pela seguinte tabela verdade:

a	b	$\neg b$	$a \to b$	$\neg a$
V	V	F	V	F
V	F	V	F	F
F	V	F	V	V
F	F	V	V	V	←
		↑	↑	

Observa-se nessa tabela verdade que, quando $a \to b$ e $\neg b$ são simultaneamente V, tem-se que o valor de $\neg a$ é V.

Uma forma de reduzir o emprego de tabelas verdade de grandes dimensões é utilizar algumas formas já conhecidas de dedução:

1. Modus Ponens: $a, a \to b \Rightarrow b$ (4.21)
2. Modus Tollens: $a \to b, \neg b \Rightarrow \neg a$ (4.22)
3. Silogismo Hipotético: $a \to b, b \to c \Rightarrow a \to c$ (4.23)
4. Silogismo Disjuntivo: $\neg a, a \lor b \Rightarrow b$ (4.24)
5. Dilema Construtivo: $a \lor c, (a \to b) \land (c \to d) \Rightarrow b \lor d$ (4.25)

LÓGICA E DEDUÇÃO

6. Dilema Dedutivo: $((\neg b) \vee (\neg d)), (a \to b) \wedge (c \to d) \Rightarrow (\neg a) \vee (\neg c)$ (4.26)
7. Simplificação: $a \wedge b \Rightarrow a$ (4.27)
8. Conjunção: $a, b \Rightarrow a \wedge b$ (4.28)
9. Adição: $a \Rightarrow a \vee b$ (4.29)
10. Dedução por Absurdo: $\neg a, a \Rightarrow b$ (4.30)

A Dedução por Absurdo pode ser provada de forma bastante simples:

i. $\neg a, a$; *premissas* (4.31)
ii. a ; *simplificação de i* (4.32)
iii. $\neg a$; *simplificação de i* (4.33)
iv. $a \vee b$; *adição em ii* (4.34)
v. b ; *silogismo disjuntivo iii+iv* (4.35)

4.2 Cálculo de predicados

O cálculo de predicados também estuda a legitimidade ou não de sentenças, mas agora incluindo os efeitos dos quantificadores ($\forall$ e $\exists$), bem como os predicados (verbos e objetos).

Considere a seguinte dedução, com o quantificador universal $\forall$:

(todas as crianças estudam)
(Alice é uma criança)
―――――――――――――――――― (4.36)
(Alice estuda)

que pode ser representada simbólicamente por:

$\{(\forall x\,[\text{Criança}(x) \to \text{Estuda}(x)]) \wedge (\text{Criança}(\text{Alice}) = V)\} \Rightarrow \text{Estuda}(\text{Alice}) = V.$ (4.37)

A importância do quantificador pode ser facilmente ser percebida examinando-se a mesma estrutura anterior, mas com $\exists$ no lugar de $\forall$:

(existem crianças que estudam)
(Alice é uma criança)
―――――――――――――――――― (4.38)
(Alice estuda)

que pode ser representada simbolicamente por:

$\{(\exists x\,[\text{Criança}(x) \wedge \text{Estuda}(x)]) \wedge (\text{Criança}(\text{Alice}) = V)\} \Rightarrow \text{Estuda}(\text{Alice}) = V.$ (4.39)

Obviamente, essa segunda dedução é **incorreta**.

A importância do predicado é evidenciada pelo seguinte exemplo, onde "Filho(x,z)" significa que "x é filho de z" e "Irmão(x,y)" significa que "x é irmão de y":

∀x∀y {∃z [Filho(x,z) ∧ Filho(y,z)] → Irmão(x,y)}
Filho(Charles, Elizabeth) = V
Filho(Andrew, Elizabeth) = V

A partir dessas expressões devemos concluir que:

Irmão(Andrew, Charles) = V.

Até agora foram utilizadas nas representações as combinações (∀ com →) e (∃ com ∧), por exemplo:

∀x [Criança(x) → Estuda(x)] e ∃x [Criança(x) ∧ Estuda(x)].

Será avaliada, então, a conveniência ou não das combinações (∀ com ∧) e (∃ com →):

∃x [Criança(x) → Estuda(x)] e ∀x [Criança(x) ∧ Estuda(x)].

Lembrando que (a → b) ↔ ((¬a) ∨ b), o primeiro termo permite escrever

∃x [Criança(x) → Estuda(x)] ↔ ∃x [(¬Criança(x)) ∨ Estuda(x)],

ou seja, existe alguém que não seja criança ou que estude. É uma sentença de pouco interesse. Por outro lado, aplicando a propriedade que a ∧ b ⇒ a, tem-se a partir do segundo termo que "Criança(x) ∧ Estuda(x) ⇒ Criança(x)", de onde se conclui que:

∀x Criança(x),

que é também de pouco interesse.

Algumas expressões úteis envolvendo quantificadores universais ou existenciais estão listadas a seguir:

1.	∀x A(x) → ∃x A(x)	(4.40)
2.	∀x A(x) ↔ ¬(∃x (¬A(x)))	(4.41)
3.	¬(∀x A(x)) ↔ ∃x (¬A(x))	(4.42)
4.	∃x A(x) ↔ ¬(∀x (¬A(x)))	(4.43)
5.	¬(∃x A(x)) ↔ ∀x (¬A(x))	(4.45)
6.	∀x (A(x) ∧ B(x)) ↔ (∀x A(x) ∧ ∀x B(x))	(4.46)
7.	∃x (A(x) ∧ B(x)) → (∃x A(x) ∧ ∃x B(x))	(4.47)
8.	((∀x A(x)) ∨ (∀x B(x))) → ∀x (A(x) ∨ B(x))	(4.48)
9.	((∃x A(x)) ∨ (∃x B(x))) ↔ ∃x (A(x) ∨ B(x))	(4.49)
10.	∀x (A(x) → B(x)) → (∀x A(x) → ∀x B(x))	(4.50)

LÓGICA E DEDUÇÃO

O processo de dedução no cálculo de predicados é similar ao cálculo sentencial, exceto por passos adicionais para eliminação ou introdução de quantificadores.

A eliminação de $\forall$ recebe o nome de IU (Instanciação Universal) e a introdução de $\exists$ de GE (Generalização Existencial).

A regra IU não apresenta dificuldades, uma vez que a validade de $\forall x\ (A(x) \to B(x))$ permite efetuar uma substituição x' de x, de modo que a instância $A(x') \to B(x')$ seja válida.

Também GE não apresenta dificuldades, pois se $(A(x) \wedge B(x))$ é válida para x genérico, então $\exists x\ (A(x) \wedge B(x))$.

Por outro lado deve-se tomar cuidado com a introdução de $\forall$ que recebe o nome de GU (Generalização Universal) e a eliminação de $\exists$, ou IE (Instanciação Existencial).

De fato, GU é feito rotineiramente em cursos de matemática. É o caso de se demonstrar a fórmula para a determinação das raízes de uma equação do 2.º grau usando coeficientes literais e aplicar depois tal fórmula para quaisquer equações do 2.º grau. No caso, a validade é assegurada pelo fato de se ter tomado uma fórmula literal, geral, para demonstração, desde que a ≠ 0,

$$(ax^2 + bx + c = 0) \to \left(x = \frac{-b \pm \sqrt{b^2 - 4ac}}{2a} \right) \tag{4.51}$$

e, aplicando-se então GU para utilizar a fórmula em quaisquer equações do 2.º grau:

$$\forall a\ \forall b\ \forall c\ \left[(ax^2 + bx + c = 0) \wedge (a \neq 0) \to \left(x = \frac{-b \pm \sqrt{b^2 - 4ac}}{2a} \right) \right] \tag{4.52}$$

De um modo mais rigoroso, GU é permitida se as variáveis a serem quantizadas forem livres, ou não ligadas.

Na expressão:

$$\forall x[\ \exists y(F(\underset{\uparrow}{x},y) \to H(y))\ ] \to H(\underset{\uparrow}{x}) \tag{4.53}$$

a primeira ocorrência de *x* é ligada e a segunda é livre, ou seja, foge do escopo do quantificador $\forall$ e, poderia ser substituída por H(w).

Também IE é realizada rotineiramente, na medida em que, a partir do fato $\exists x\ A(x)$, escreve-se A(x''), com a argumentação: se existe *x* para o qual uma certa propriedade é válida, seja x'' a notação específica para tal x (ou seja, foi feita uma ligação, ou *binding*). Obviamente, uma vez que x foi particularizado para o valor x'', esta variável não pode figurar no escopo de um quantificador $\forall$, e portanto, também deve ficar livre.

Como exemplo, considere-se a dedução:

$$\begin{array}{c} \forall x\ [\ \text{Tem\_Penas}(x) \to \text{Ave}(x)\ ] \\ \forall x\ [\ \text{Ave}(x) \to \text{Põe\_Ovos}(x)\ ] \\ \hline \forall x\ [\ \text{Tem\_Penas}(x) \to \text{Põe\_Ovos}(x)\ ] \end{array} \tag{4.54}$$

a validade da dedução pode ser justificada por:

i.	$\forall x[\ \text{Tem\_Penas}(x) \rightarrow \text{Ave}(x)\ ]$	; *premissa*	(4.55)
ii.	$\forall x[\ \text{Ave}(x) \rightarrow \text{Põe\_Ovos}(x)\ ]$	; *premissa*	(4.56)
iii.	$\text{Tem\_Penas}(x') \rightarrow \text{Ave}(x')$	; *IU em i.*	(4.57)
iv.	$\text{Ave}(x') \rightarrow \text{Põe\_Ovos}(x')$	; *IU em ii.*	(4.58)
v.	$\text{Tem\_Penas}(x') \rightarrow \text{Põe\_Ovos}(x')$	; *Silogismo Hipotético iii + iv.*	(4.59)
vi.	$\forall x[\text{Tem\_Penas}(x) \rightarrow \text{Põe\_Ovos}(x)]$	; *GU em v.*	(4.60)

Para ilustrar o efeito de não se ter cautela em dedução, considere o contraexemplo, onde Filho(x,z) significa que x é filho de z, ou alternativamente z é mãe de x:

I.	$\forall x\ [\exists z\ \text{Filho}(x,z)]$	; *premissa*	(4.61)
ii.	$\exists z\ \text{Filho}(x',z)$	; *IU em i.*	(4.62)
iii.	$\text{Filho}(x',z')$	; *IE em ii.*	(4.63)
iv.	$\forall x\ \text{Filho}(x,z')$	; *GU <u>incorreto</u> em iii, pois anteriormente, em iii, ligou-se a variável z' a x', afirmando no caso, que x' é filho de z'.*	(4.64)
v.	$\exists z\ [\forall x\ \text{Filho}(x,z)]$	; *GE em iv.*	(4.65)

Enquanto a interpretação de (i) é "todos tem uma mãe", a (v) é "existe uma mãe de todos".

Ao se buscar a automatização das deduções, é possível utilizar o conceito de **unificação**. A unificação é o processo de encontrar substituições de variáveis que tornam idênticas as expressões de interesse.

Como ilustração, suponha que se deseja verificar a partir das premissas p_1 a p_n se Napoleão era mortal:

$p_1, \ldots, p_i = \text{Homem}(\text{Napoleão}), \ldots, p_n = \forall x[\text{Homem}(x) \rightarrow \text{Mortal}(x)]$

$$\Rightarrow \text{Mortal}(\text{Napoleão}) \qquad (4.66)$$

Em algum ponto da dedução há a necessidade de se fazer a substituição "x = Napoleão" para se ter:

$$\text{Homem}(\text{Napoleão}) \rightarrow \text{Mortal}(\text{Napoleão}). \qquad (4.67)$$

Muitas vezes, mas não sempre, a unificação pode ser realizada por um processo de casamento de padrões (*pattern matching*).

Uma forma de verificar a legitimidade ou não de uma sentença é a utilizar o processo de resolução. Para ilustrar o conceito fundamental envolvido na **resolução**, sejam as premissas:

$$(\neg \text{Musculoso}(x)) \vee \text{Forte}(x) \qquad (4.68)$$
$$\text{Musculoso}(\text{Tyson}) \qquad (4.69)$$

das quais pode-se concluir que Forte(Tyson), pois não é admissível ter Musculoso(Tyson) e ¬Musculoso(Tyson). A resolução envolve, portanto, a utilização de premissas envolvendo conectivos e critérios do tipo A e ¬A.

As sentenças constituídas de disjunções são ditas estarem na forma de cláusulas. As sentenças bem formadas podem sempre ser colocadas na forma de cláusula (as sentenças malformadas usualmente não fazem sentido, como $\forall x[A(x) \neg \rightarrow \exists \neg x]$).

O processo de redução de uma sentença à forma de cláusula pode ser ilustrada com o seguinte exemplo:

$$\forall x\{A(x) \rightarrow \{[\forall y\, A(y)] \vee [\neg \forall y\, [\neg B(x,y)]]\}\} \quad (4.70)$$

Passo 1: Eliminar $\rightarrow$ usando $(a \rightarrow b) \leftrightarrow ((\neg a) \vee b)$

$$\forall x\{\neg A(x) \vee \{[\forall y\, A(y)] \vee [\neg \forall y\, [\neg B(x,y)]]\}\} \quad (4.71)$$

Passo 2: Trazer ¬ junto aos átomos:

$$\forall x\{\neg A(x) \vee \{[\forall y\, A(y)] \vee [\exists y\, B(x,y)]\}\} \quad (4.72)$$

Passo 3: Eliminar a repetição de símbolos iguais empregados para variáveis não relacionadas:

$$\forall x\{\neg A(x) \vee \{[\forall y\, A(y)] \vee [\exists z\, B(x,z)]\}\} \quad (4.73)$$

Passo 4: Eliminar os quantificadores existenciais. Em uma expressão do tipo $\forall x[\exists z\, B(x,z)]$, para cada x, existe um z, possivelmente dependente de x, que afirma B(x,z). Portanto, pode-se definir um mapa que associa a cada x, o seu z correspondente, $h: x \rightarrow z$, ou seja, $z = h(x)$. Esse tipo de mapa é chamado de **função de Skolem**. No presente caso,

$$\forall x\{\neg A(x) \vee [(\forall y\, A(y)) \vee B(x,h(x))]\} \quad (4.74)$$

Passo 5: Converter à forma prenex. A forma prenex é aquela em que os quantificadores estão no início da expressão. Já que cada quantificador universal possui a sua própria *dummy* variable, não há possibilidade de embaralhamento das variáveis ao se mover o símbolo $\forall$ para o início da sentença. A expressão entre os colchetes, recebe o nome de matriz

$$\forall x \forall y\, \{\neg A(x) \vee [A(y) \vee B(x,h(x))]\} \quad (4.75)$$

Passo 6: Colocar a matriz na forma conjuntiva normal, ou seja,

$$[(\,a_{11} \vee a_{12} \vee \ldots \vee a_{1n}\,) \wedge \ldots \wedge (\,a_{m1} \vee a_{m2} \vee \ldots \vee a_{mp}\,)] \quad (4.76)$$

que, no caso em questão se reduz à eliminação de parênteses:

$$\forall x \forall y\ [\neg A(x) \lor A(y) \lor B(x,h(x))] \qquad (4.77)$$

Estando na forma conjuntiva normal, pode-se escrever, após IU:

$$\begin{array}{l} 1: a_{11} \lor a_{12} \lor \ldots \lor a_{1n} \\ \quad \vdots \\ m: a_{m1} \lor a_{m2} \lor \ldots \lor a_{mp} \end{array} \qquad (4.78)$$

onde se aplica, facilmente, o processo de resolução.

Considere o seguinte exemplo de dedução, a ser avaliada quanto à sua legitimidade:

$$\begin{array}{l} \forall x[\text{Musculoso}(x) \to \text{Forte}(x)] \\ \forall x[\text{Jóquei}(x) \to (\neg \text{Forte}(x))] \\ \exists x[\text{Jóquei}(x) \land \text{Alto}(x)] \\ \Rightarrow \\ \exists x[\text{Alto}(x) \land (\neg \text{Musculoso}(x))] \end{array} \qquad (4.79)$$

A avaliação da legitimidade pode ser feita por refutação, ou seja, negando a tese e verificando que isso leva a contradição. Esse método de prova (prova por absurdo) é muito usado em cursos de matemática.

i.	$\forall x[\text{Musculoso}(x) \to \text{Forte}(x)]$	; *premissa*	(4.80)
ii.	$\forall y[\text{Jóquei}(y) \to (\neg \text{Forte}(y))]$	; *premissa*	(4.81)
iii.	$\exists z[\text{Jóquei}(z) \land \text{Alto}(z)]$	; *premissa*	(4.82)
iv.	$\forall w[\neg \text{Alto}(w) \lor \text{Musculoso}(w)]$	; *premissa obtida por negação da tese*	(4.83)
v.	$(\neg \text{Musculoso}(x)) \lor \text{Forte}(x)$	; *cláusula derivada de i.*	(4.84)
vi.	$(\neg \text{Jóquei}(y)) \lor (\neg \text{Forte}(y))$	; *cláusula derivada de ii.*	(4.85)
vii.	$\text{Jóquei}(z') \land \text{Alto}(z')$	; *cláusula derivada de iii.*	(4.86)
viii.	$\text{Jóquei}(z')$	; *simplificação de vii.*	(4.87)
ix.	$\text{Alto}(z')$	; *simplificação de vii.*	(4.88)
x.	$\neg \text{Alto}(w) \lor \text{Musculoso}(w)$	; *cláusula derivada de iv.*	(4.89)
xi.	$\text{Musculoso}(z')$	; *resolução ix, x.*	(4.90)
xii.	$\text{Forte}(z')$	; *resolução v,xi.*	(4.91)
xiii.	$\neg \text{Jóquei}(z')$	; *resolução vi, xii*	(4.92)
xiv.	$\exists x[\text{Alto}(x) \land (\neg \text{Musculoso}(x))]$	; *por absurdo, viii, xiii*	(4.93)

4.3 Falácias

A linguagem informal, usada no dia a dia, pode embutir alguns argumentos que, do ponto de vista de Lógica, são incorretos:

a) $\qquad\qquad b, a \to b \Rightarrow a \qquad (4.94)$

LÓGICA E DEDUÇÃO 47

Também chamado de abdução, é usado com frequência em diagnósticos. Por exemplo, Se (gripe) Então (coriza, febre e dor_de_garganta). Como o paciente apresenta (coriza, febre e dor_de_garganta), "deduz-se" (*incorretamente*) que se trata de (gripe). Uma forma de utilizar este tipo de raciocínio sem violar as leis da Lógica é invocar a Teoria de Probabilidades, no caso Teoria de Bayes.

b) $$\neg a, a \rightarrow b \Rightarrow \neg b \qquad (4.95)$$

Facilmente compreensível através de um exemplo: Se (chover) Então (a rua fica molhada). Sabendo-se que (não choveu), "deduz-se" (*incorretamente*), que (a rua não ficou molhada). No entanto, talvez tivesse ocorrido um vazamento no encanamento da rua, pois observou-se que (a rua ficou molhada).

4.4 Sugestões para Leitura Complementar

São textos bastante acessíveis e em língua portuguesa:
> HEGENBERG, L. - *Lógica: O Cálculo Sentencial*. Editora Herder, São Paulo, 1973.
> HEGENBERG, L. - *Lógica: O Cálculo de Predicados*. Editora Herder, São Paulo, 1973.

Tópicos mais avançados podem ser encontrados em:
> KLEENE, S.C. - *Mathematical Logic*. John Wiley & Sons, NY, 1967.
> MENDELSON, E. - *Introduction to Mathematical Logic*. Van Nostrand, NY, 1979.

Uma introdução ao Cálculo de Predicados voltada a aplicações específicas em Inteligência Artificial pode ser vista em:
> NILSSON, N.J. - *Principles of Artificial Intelligence*. Morgan Kaufmann, Los Altos, California, 1980.

Exercícios do Capítulo 4

4.1 Mostre que as sentenças da lista abaixo são tautológicas:

1. $a \rightarrow a$ — Identidade
2. $a \leftrightarrow a$ — Equivalência
3. $(a \wedge a) \leftrightarrow a$ — Idempotência
4. $(a \vee a) \leftrightarrow a$ — Idempotência
5. $\neg(\neg a) \leftrightarrow a$ — Dupla Negação
6. $(a \vee (\neg a))$ — Terceiro Excluído
7. $\neg(a \wedge (\neg a))$ — Não Contradição
8. $\neg a \rightarrow (a \rightarrow b)$ — Negação do Antecedente
9. $(a \rightarrow b) \leftrightarrow (\neg b \rightarrow \neg a)$ — Contraposição
10. $\neg(a \wedge b) \leftrightarrow ((\neg a) \vee (\neg b))$ — De Morgan
11. $\neg(a \vee b) \leftrightarrow ((\neg a) \wedge (\neg b))$ — De Morgan
12. $(a \vee b) \leftrightarrow \neg((\neg a) \wedge (\neg b))$
13. $(a \wedge b) \leftrightarrow \neg((\neg a) \vee (\neg b))$

14. $\neg (a \to b) \leftrightarrow (a \wedge (\neg b))$
15. $(a \vee b) \leftrightarrow ((\neg a) \to b)$

4.2 Prove que as deduções abaixo são corretas:

1.	$a, a \to b \Rightarrow b$	Modus Ponens
2.	$a \to b, \neg b \Rightarrow \neg a$	Modus Tollens
3.	$a \to b, b \to c \Rightarrow a \to c$	Silogismo Hipotético
4.	$\neg a, a \vee b \Rightarrow b$	Silogismo Disjuntivo
5.	$a \vee c, (a \to b) \wedge (c \to d) \Rightarrow b \vee d$	Dilema Construtivo
6.	$((\neg b) \vee (\neg d)), (a \to b) \wedge (c \to d) \Rightarrow (\neg a) \vee (\neg c)$	Dilema Dedutivo
7.	$a \wedge b \Rightarrow a$	Simplificação
8.	$a, b \Rightarrow a \wedge b$	Conjunção
9.	$a \Rightarrow a \vee b$	Adição
10.	$\neg a, a \Rightarrow b$	Dedução por Absurdo (!!)

4.3 Verifique se são equivalentes os pares de sentenças abaixo:

a) Se o céu está encoberto, então vai chover.
   O céu não está encoberto ou não vai chover.

b) Se está quente e úmido, então vai cair uma tempestade.
   Se não está quente nem úmido, então não vai cair uma tempestade.

4.4 Simbolize as premissas e a conclusão e verifique se é possível deduzir a conclusão partindo das premissas:

a) Se José comprar ações e o mercado baixar, então ele perderá dinheiro. Mas o mercado não vai baixar. Portanto, ou José compra ações ou perde dinheiro.

b) Se João mantém a promessa, então, e as entregas forem feitas a tempo, a mercadoria está boa. A mercadoria não está boa. Logo, se as entregas forem feitas a tempo, João não cumpre a promessa.

c) Se João precisa de dinheiro, então reduzirá os preços ou fará um empréstimo. Sei que João não fará um empréstimo. Logo, se João não reduzir os preços é porque ele não precisa de dinheiro.

4.5 Simbolize as premissas e a conclusão e deduza a conclusão partindo das premissas:

a) Quem apóia Ivan, vota em João. Antônio votará apenas em quem for amigo de Hugo. Nenhum amigo de Caio é amigo de João. Logo, se Hugo é amigo de Caio, Antônio não apoiará Ivan.

b) Há um professor que é apreciado por todos os alunos que apreciam algum professor. Cada aluno aprecia um ou outro professor. Em conseqüência, há um professor que é apreciado por todos os alunos.

c) É crime vender armas sem registro a quem quer que seja. Todas as armas de Rui foram adquiridas de Lauro ou de Mário. Se uma das armas de Rui não está registrada, então, no caso de Rui jamais haver adquirido algo de Mário, Lauro é criminoso.

4.6 Considere as seguintes sentenças:

João gosta de todo tipo de comida.

Maçãs são um tipo de comida.
Frango é um tipo de comida.
Qualquer coisa que alguém coma e que não cause sua morte é um tipo de comida.
Paulo come amendoim e ainda está vivo.
Susana come tudo o que Paulo come.

a) Traduza essas sentenças em fórmulas do cálculo de predicados.
b) Converta as fórmulas da parte (a) para a forma clausal.
c) Usando resolução, prove que João gosta de amendoim.

4.7 Considere as seguintes sentenças:
Qualquer pessoa que saiba ler é uma pessoa alfabetizada.
Os índios da tribo Caiapó não são alfabetizados.
Alguns índios da tribo Caiapó são inteligentes.

Prove, usando resolução, que algumas pessoas que são inteligentes não são alfabetizadas.

REPRESENTAÇÃO DE CONHECIMENTOS

Intuitivamente, **conhecimento** é um conjunto de informações que permite articular os conceitos, os juízos e o raciocínio, usualmente disponíveis em um particular domínio do atuação. Empregando-se um sistema de símbolos, esse conhecimento pode ser representado de modo a permitir atividades como inferência ou memorização. A representação (descrição) pode ser feita de múltiplas formas, como através de textos, fórmulas matemáticas, figuras, maquetes, filmes, discos, protótipos e muitas outras alternativas. Um texto específico pode ser composto de sentenças do cálculo de predicados. Ainda, esse texto pode estar na forma binária em memória de computador, para processamento digital. Alternativamente, o conhecimento pode estar embutido nos valores de determinados componentes em um circuito, como é o caso de redes neurais.

5.1 Representação utilizando Lógica de Predicados

Uma opção muito comum para representar conhecimentos heurísticos é usar regras de produção, tipicamente na forma "Se (condições) Então (conclusões)". Embora regras de produção sejam apenas casos particulares de sentenças tratáveis pela Lógica de Predicados, muitos sistemas práticos empregam essa estrutura de representação. Muitos sistemas especialistas utiizam regras de produção aliadas a uma máquina de inferência para realizar a sua tarefa. Como exemplo de regras de produção considere a clássica representação de conhecimentos sobre alguns animais.

i. Se (produz_leite ∧ tem_pêlos) Então (mamífero)
ii. Se (mamífero ∧ come_carne) Então (carnívoro)
iii. Se (mamífero ∧ possui_presas ∧ possui_garras) Então (carnívoro)
iv. Se (mamífero ∧ possui_casco) Então (ungulado)
v. Se (carnívoro ∧ pardo ∧ pintado) Então (onça)
vi. Se (carnívoro ∧ pardo ∧ listrado) Então (tigre)
vii. Se (ungulado ∧ pardo ∧ pintado) Então (girafa)
viii. Se (ungulado ∧ branco ∧ listrado) Então (zebra)

onde, a regra "Se (produz_leite ∧ tem_pêlos) Então (mamífero)" pode ser entendida como uma instanciação de $\forall x\ [(produz\_leite(x) \land tem\_pêlos(x)) \rightarrow mamífero(x)]$, como visto no capítulo 4.

A partir de fatos conhecidos sobre um dado animal A, do tipo {tem_pêlos(A), produz_leite(A), come_carne(A), pardo(A), pintado(A)}, pode-se concluir que A é uma (onça). Quando se busca, a partir dos dados, verificar qual a conclusão a ser obtida, diz-se que o encadeamento é progressivo (acompanha a direção apontada pela →).

Uma outra forma de usar os conhecimentos na forma de regras de produção é partir das conclusões que poderão ser provadas ou não. Conjecturando que A é (girafa), verifica-se a partir de vii que se necessitam das condições {ungulado, pardo, pintado}. As condições {pardo, pintado} já estão fornecidas. Entretanto, há necessidade de verificar se a condição {ungulado} é satisfeita. Para tal, deve-se examinar a regra iv que agora requer as condições {mamífero, possui_casco}. Como não há nenhuma regra que permita verificar se {possui_casco) é verdadeira e como esse fato também não é fornecido como dado, a tentativa de provar que A é (girafa) resulta em falha. Por outro lado, o mesmo procedimento aplicado a (onça) fornece condições que podem ser deduzidas dos dados fornecidos. Quando se busca, a partir dos objetivos (*goals*), as condições necessárias para a sua dedução, até que se casem com os dados fornecidos, diz-se que o encadeamento é retroativo (a busca ocorre no sentido oposto ao indicado pela →).

5.2 Representações estruturadas

A rede semântica é uma coleção de nós conectados por arcos. Os nós representam objetos, conceitos ou eventos e os arcos representam as relações. Usualmente os nós e os arcos são etiquetados para indicar o que representam:

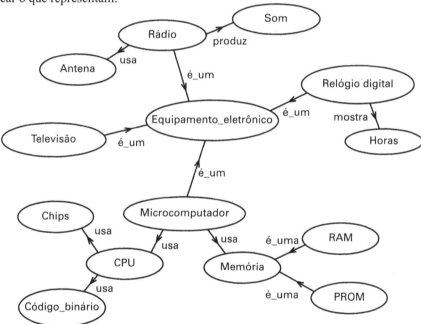

Figura 5.1 — Uma rede semântica representando conhecimentos sobre equipamentos eletrônicos.

Uma forma de organizar uma rede semântica simples é utilizar triplas (atributo, objeto, valor):

	Atributo	Objeto	Valor
Se	corrente	cabo_29	<10mA
	luminosidade	lâmpada_piloto	baixa
	resposta	tecla_TESTE	negativa
Então	carga	bateria	esgotada

Os *frames* ou quadros são estruturas de dados com lacunas que podem ser preenchidas com informações declarativas ou processuais. No exemplo da figura 5.2, tanto XYZ quanto ABC são manipuladores mecânicos. No caso do manipulador XYZ, o efetor é do tipo garra, tipo bidigital, com sensor tátil, capacidade de 10kg e acionado por tendão. No caso do manipulador ABC, o efetor é uma pistola de pintura.

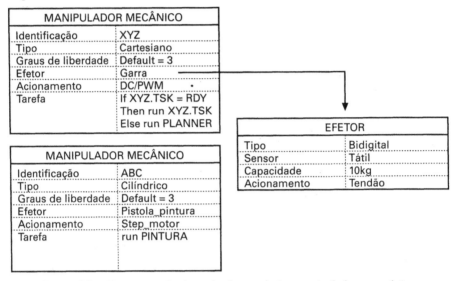

Figura 5.2 — Representação de conhecimentos sobre manipuladores mecânicos através de frames.

5.3 Métodos de busca

Muitos problemas de IA necessitam de métodos de casamento (*matching*) e busca (*search*), durante o processo de solução.

Considere-se o problema de obter exatamente 1 litro de água em uma das jarras, a partir de uma jarra com 5 litros de capacidade, inicialmente cheia, e uma de 2 litros, inicialmente vazia. Representando as duas jarras por um par ordenado (x,y), onde x é o número de litros de água na primeira jarra e y na segunda, os passos para a solução do problema podem ser apresentados na seguinte forma gráfica:

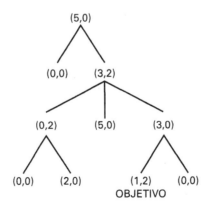

Figura 5.3 — Árvore correspondente ao problema de jarras d'água.

O problema das jarras pode, portanto, ser resolvido mediante o uso de um algoritmo de busca em árvores. Aqui, a partir do nó (5,0), far-se-ia uma busca que terminaria ao se encontrar o nó objetivo (1,2).

Considerando a representação de conhecimentos na forma de regras de produção, pode-se verificar que algoritmos de busca em árvores são também aplicáveis. Por exemplo, a verificação da conjectura se um dado animal é (onça) pode ser feita percorrendo-se o seguinte grafo:

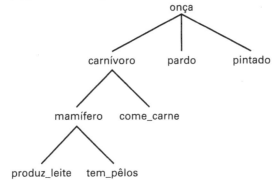

Figura 5.4 — Representação de conhecimentos sobre animais na forma de árvore.

Nesse caso, o algoritmo de busca verificaria se as folhas {produz_leite, tem_pêlos, come_carne, pardo, pintado} correspondem aos dados disponíveis.

Como mencionado anteriormente, a busca pode ser realizada nos sentidos de encadeamento progressivo ou retroativo. A vantagem de um ou outro depende da particular estrutura de árvore a ser pesquisada. Em termos intuitivos, a verificação de se uma dada pessoa é avô de uma outra é mais facilmente feita no sentido neto→ pais → avô do que no sentido avô → pais → neto. Isto se deve ao fato de que cada um (neto) tem apenas 2 avôs (materno e paterno), portanto, apenas 2 candidatos a serem pesquisados. Por outro lado, se um avô gerou 5 filhos, e cada filho gerou 5 netos, tem-se que para verificar se uma dada pessoa é neto deste avô, haveria necessidade de pesquisa entre 25 candidatos.

O desenrolar de jogos como xadrez, damas e jogo da velha, também pode ser caracterizado por árvo-res. Para que se possa selecionar as opções mais promissoras para o jogo, há a necessidade de uma heurística que permita fornecer, a cada jogada, um índice que reflita a vantagem posicional alcançada pelo movimento escolhido. No caso do jogo da velha, uma heurística possível é contar, em cada situação, **a diferença entre o número de alinhamentos possíveis para cada jogador**. Para simplificar a explicação, considere-se uma notação análoga à utilizada em teoria de matrizes, ou seja, a posição na i-ésima linha e j-ésima coluna é denotada (i,j). Nestas condições, a situação ilustrada na figura 5.5 possui um símbolo (○) na posição (1,2) e um símbolo (×) na posição (2,2). A partir dessa situação, o jogador que utiliza o símbolo (○) pode obter 4 alinhamentos enquanto o que utiliza (×) consegue 6. Portanto, o jogador (×) atribui um valor 2 = 6 – 4 para essa situação.

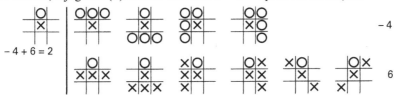

Figura 5.5 — A primeira linha apresenta os alinhamentos possíveis (4) para o jogador (○) e a segunda os possíveis (6) para o jogador (×). A diferença – 4 + 6 = 2 é o índice para a configuração no canto superior esquerdo.

A árvore mostrada na figura 5.6 ilustra o mecanismo que o jogador (×) utiliza para posicionar a sua ficha. Caso o jogador (×) posicione a ficha na posição (1,1), considerando a diferença entre o número de alinhamentos possíveis para cada jogador, o jogador (○) poderá obter valor –1 através da ocupação de (2,2), que é a situação mais favorável para (○). Se o jogador (○) ocupar a posição (1,2), por exemplo, ele obterá apenas valor +1, ou seja, pior para (○). Note-se que o melhor caso para (○) será também o pior caso para (×). Assim, considerando-se as possibilidades para a primeira jogada de (×), os valores associados são:

(×) em (1,1) → valor –1, pois –1 = min{–1, 0, 1}
(×) em (2,2) → valor 1, pois 1 = min{1, 2}
(×) em (2,1) → valor –2, pois –2 = min{–2, –1, 0}.

Portanto, considerando o melhor dos piores casos, o jogador (×) deve optar por colocar a sua ficha em (2,2), que corresponde ao máximo entre –1, 1 e –2. Por outro lado, o valor –1 corresponde ao mínimo entre 1, 0, 1, 0 e –1 da sub-árvore à esquerda da figura 5.6. Analogamente, o valor –2 corresponde ao mínimo entre –1, –2, 0, 0, e –1, da sub-árvore à direita da figura 5.6. Esta estratégia de decisão é chamada de **max-min**, ou seja, **maximizar o ganho considerando os piores casos** (calcular o máximo dos mínimos).

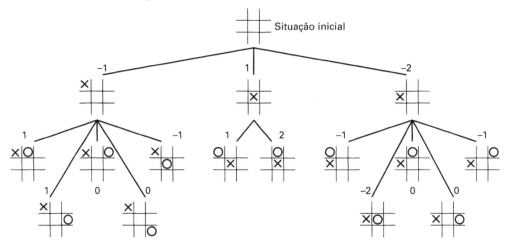

Figura 5.6 — Construção da árvore correspondente ao jogo da velha, utilizando a heurística de diferenças entre o número de alinhamentos possíveis para cada jogador, a partir do tabuleiro vazio (situação inicial). Note que as demais alternativas de jogadas não são mostradas pois são simétricas em relação às posições ilustradas.

Como um último exemplo de problemas tratáveis por métodos de busca em árvores, considere a figura 5.7 onde o objetivo é a seleção de uma rota que permita partir de S e chegar em F, com o menor custo possível, sendo que os números junto aos ramos indicam a taxa cobrada no pedágio:

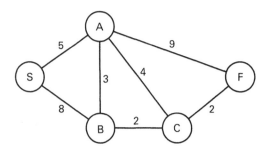

Figura 5.7 — Problema de minimização de despesas com pedágio na viagem de S para F.

A árvore correspondente a este problema encontra-se ilustrada na figura 5.8 e permite concluir que a melhor rota é S→A→C→F.

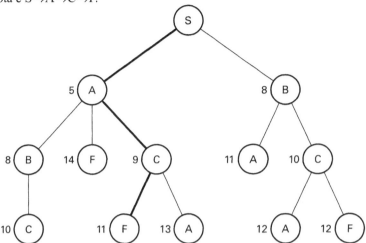

Figura 5.8 — Árvore que pode ser utilizado para a solução do problema de minimização de despesas com pedágio.

De um modo geral, os processos de busca podem ser, conforme mencionado anteriormente, do tipo encadeamento progressivo (*data driven*) ou retroativo (*goal driven*). Ainda, dependendo de como se executa o controle sobre a busca, pode ser do tipo profundidade primeiro ou largura primeiro. Por outro lado, entrar na categoria de métodos de busca o *hill climbing*, *branch & bound*, *alfa-beta* e *means-ends analysis*, foge ao escopo deste texto.

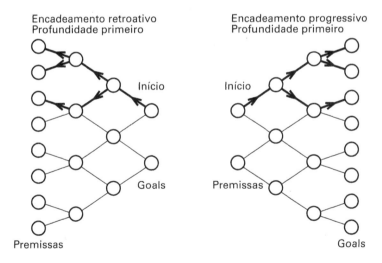

Figura 5.9 — Ilustração das formas de encadeamento retroativo e progressivo para o caso de busca em profundidade.

Como um exemplo de método de busca, será detalhado o muito usado **algoritmo A***. Esse algoritmo é aplicável quando se dispõe de uma função de avaliação heurística do custo, denotada f'(.). Em muitas aplicações, o custo incorrido ao percorrer, a partir de S, um certo caminho até o nó N, pode ser calculado através de uma função g(.). Se for disponível uma função heurística h'(.) que permite estimar o custo para percorrer a árvore de N até o nó buscado (*goal*), então, f'(N) = g(N) + h'(N). No caso de navegação de um robô móvel, a distância direta (sem considerar obstáculos como morros e lagos) poderia ser considerada uma função heurística h'(.) para avaliar a conveniência ou não de se tomar uma decisão sobre a direção a ser seguida.

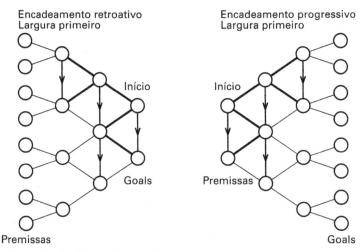

Figura 5.10 — Ilustração das formas de encadeamento retroativo e progressivo para o caso de busca em largura.

Algoritmo A*:

Passo 0. Criar um grafo de busca G, inicialmente contendo somente o nó de partida S.

Passo 1. Inicializar uma lista chamada OPEN com o nó de partida S e uma lista chamada CLOSED com ∅. (OPEN é a lista dos nós ainda não selecionados para expansão, enquanto CLOSED é a lista dos nós já expandidos)

Passo 2. LOOP:
Se OPEN = ∅
Então FIM e reportar Falha.

Passo 3. Tomar um nó de OPEN com o menor f'.
Chamar este nó de N.
Retirá-lo de OPEN e colocá-lo em CLOSED.

Passo 4. Se N é o nó buscado (goal)
Então FIM e fornecer a solução percorrendo os ponteiros de N a S.

Passo 5. Expandir N, gerando o conjunto de nós sucessores SUCESSORES e adicionar estes nós no grafo G.

Passo 6. Para cada membro M de SUCESSORES:
Se M ∉ {OPEN, CLOSED}
Então adicionar M em OPEN;
Se M ∈ OPEN

Então chamar a cópia de M em OPEN de M^{old}; verificar se $g(M) < g(M^{old})$:
em caso afirmativo, tem-se que é melhor chegar a M através do caminho atual do

que a indicada pelo ponteiro de M^{old}. Portanto, descarta-se M^{old} e faz-se o M apontar para N.

em caso negativo, basta que se remova M.

Se M ∈ CLOSED

Então chamar a cópia de M em CLOSED de M^{old}; de modo similar ao caso (M ∈ OPEN), verificar qual o melhor caminho para M e atualizar os valores de g e f'.

Passo 7. Reordenar OPEN com base no f'.

Passo 8. Return LOOP;

5.4 Sugestões para Leitura Complementar

Métodos de Busca são tratados em diversos livros incluindo:

NILSSON, N.J. - *Principles of Artificial Intelligence*. Morgan Kaufmann, 1986.

RICH, E. - *Artificial Intelligence*. McGraw Hill, 1983.

Exercícios do Capítulo 5

5.1 Escreva um programa de computador para resolver o problema de navegação autonôma usando o algoritmo A*, descrito neste capítulo. O veículo auto guiado, quando está em um ponto (i,j), pode se deslocar para qualquer um dos pontos vizinhos (i ± 1, j ± 1), desde que esta posição esteja livre. Inicialmente é fornecida uma lista das posições em que existem obstáculos, e portanto, não pode ser ocupada pelo veículo. Para medir o custo de movimentação de um ponto ao seu vizinho, adota-se:

$$\text{custo} = \begin{cases} 1, \text{ se movimento na vertical ou horizontal,} \\ xd, \text{ se movimento na diagonal.} \end{cases}$$

Faça inicialmente $xd = \sqrt{2}$. Coloque uma opção no seu programa para que o usuário possa variar xd. Investigue e discuta o efeito da variação de xd na rota encontrada pelo algoritmo ($xd > 0$). Adote como heurística para medir o custo do movimento entre a posição atual e a posição final a distância direta entre 2 posições, ignorando os possíveis obstáculos. O programa de computador deve fornecer como saída (se possível na forma gráfica para facilitar a visualização) a rota que permite sair do ponto inicial e chegar ao ponto final com um baixo custo total de movimentação.

5.2 Altere o programa do exercício 5.1 de forma tal que a "suavidade" da trajetória seja considerada. (Dica: considere um custo adicional para as rotações).

5.3 Fazer um programa de computador para o Jogo da Velha, utilizando a heurística min-max descrita neste capítulo. Considerando a busca com apenas um nível de profundidade, analise as situações em que a heurística não é adequada nesse jogo e proponha soluções para estes casos.

CONTROLADORES BASEADOS EM CONHECIMENTOS

Regras de produção do tipo **Se (condições) Então (ações)** podem ser utilizadas para incorporar à máquina a experiência heurística do operador humano. Muitas vezes, mesmo sob a ausência de um modelo matemático preciso ou de algoritmos bem definidos, o operador humano é capaz de agir sobre uma dada planta, utilizando a experiência acumulada ao longo dos tempos. Entre as tarefas que podem ser realizadas por sistemas baseados em conhecimento estão: interpretação de dados, predição, diagnose, síntese, planejamento, monitoração, correção de falhas, treinamento e controle ativo.

A arquitetura mais simples de um sistema baseado em conhecimentos envolve um banco de conhecimentos, onde as regras estão armazenadas; um banco de dados, onde as informações sobre as condições da planta a ser controlada e as medidas estão armazenadas e uma máquina de inferência que deverá deduzir as ações a serem tomadas, em função das informações dos bancos de dados e de conhecimentos. A figura 6.1 apresenta um diagrama de blocos de um sistema baseado em conhecimentos com interface para interação com o meio ambiente.

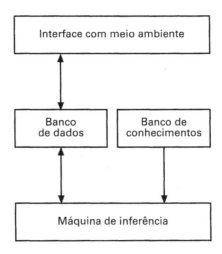

Figura 6.1 — Arquitetura típica de um sistema baseado em conhecimentos.

A máquina de inferência executa, usualmente, os seguintes passos:

Passo 1: Busca de regras no banco de conhecimentos que tenham as condições satisfeitas, em termos do conteúdo do banco de dados (casamento do antecedente).

Passo 2: Se houver uma ou mais regras com as condições satisfeitas
Então selecionar uma (resolução de conflito)
Senão, retornar ao Passo 1.

Passo 3: Executar a ação descrita na regra selecionada e retornar ao Passo 1.

As regras de produção podem ser utilizadas em sistemas de controle em três níveis hierárquicos conforme a ilustração:

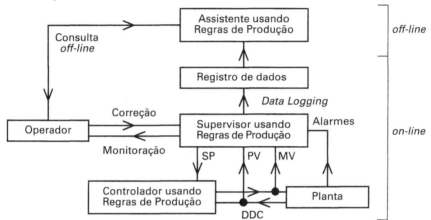

Figura 6.2 — Esquema de um sistema de controle empregando representação de conhecimentos na forma de regras de produção. As siglas utilizadas são SP = Set Point, PV = Process Variable, MV = Manipulated Variable e DDC = Direct Digital Control.

O nível hierárquico inferior corresponde ao Controle Direto Digital, empregando controladores baseados em conhecimentos, no caso representados por regras de produção.

O nível hierárquico intermediário compreende a utilização de bases de conhecimentos para supervisionar a operação geral da planta controlada, em tempo real, aquisicionando sinais de alarmes e de controle, podendo interagir com o operador humano em termos de correção e monitoração do sistema. O supervisor pode ter funções de decisão como reconfiguração de controlador após testes de desempenho do sistema, partida e *shutdown* inteligentes, detecção e acomodação de falhas, entre outras.

O nível hierárquico superior corresponde à operação *off-line* para dar assistência ao operador, quer na forma de consulta sobre procedimentos operacionais de rotina, quer no treinamento de novos recursos humanos. Pode, por exemplo, auxiliar equipes de manutenção, propondo diagnósticos a partir dos dados armazenados durante a operação da planta.

6.1 Exemplo de controlador usando regras de produção

Como exemplo de um controlador usando regras de produção, será apresentada uma versão desenvolvida no trabalho de Cardozo e Yoneyama, 1987 e Yoneyama, 1988, onde se considera uma planta não linear descrita por uma equação diferencial ordinária e invariante no tempo:

$$\frac{dx_1(t)}{dt} = x_2(t)$$
$$\frac{dx_2(t)}{dt} = -\beta[x_2(t)]^3 + u(t)$$
(6.1)

onde, $\beta = 1$ é uma constante e, no instante inicial t=0 o sistema está em repouso ($x_1(t) = 0$ e $x_2(t) = 0$). Tome-se como MV o sinal u(t) e como PV o sinal $y = x_1(t)$. Suponha um sinal do tipo degrau para a variável de referência, $y_r(t) = 1$, $\forall t \in [0,\infty)$, ou seja, SP = $y_r(t)$.

Nessas condições, um controlador que pode ser utilizado para essa planta é da forma:

$$u(t) = -k \times sat[K, y(t) - y_r(t)] \qquad (6.2)$$

onde a função sat[.,.] é dada por:

$$sat[M, z] = \begin{cases} z, & \text{se } |z| \leq M \\ M \ sign(z), & \text{se } |z| > M \end{cases} \qquad (6.3)$$

De modo heurístico, foram propostas as seguintes regras para ajuste *on-line* de k e K, admitindo que o nível de saturação do controle é K = 5,0 e velocidades adequadas estão na faixa de V = 0,18:

REGRA 1:   Se   ($x_2(t) \leq V$) ∧   (6.4)
                  (|y(t) - y_r(t)| < 0,2) ∧
                  ($x_1(t) < 1,0$)
            Então (k ← - 50,0)

REGRA 2:   Se   ($x_2(t) > V$) ∧   (6.5)
                  (|y(t) - y_r(t)| < 0,2) ∧
                  ($x_1(t) > 1,0$)
            Então (k ← 50,0)

REGRA 3:   Se   ($x_2(t) \leq -V$) ∧   (6.6)
                  (|y(t) - y_r(t)| < 0,2) ∧
                  ($x_1(t) > 1,0$)
            Então (k ← - 50,0)

REGRA 4:   Se   (|$x_2(t)$| $\leq$ -V) ∧   (6.7)
                  (|y(t) - y_r(t)| < 0,2)
            Então (k ← 1,0)

REGRA 5:   Se   (|$x_2(t)$| $\leq$ -V) ∧   (6.8)
                  ($x_1(t) < 1,0$)
            Então (k ← 1,0)

Uma vez que as regras 1 a 5 promovem um controle com saída levemente oscilatória, é introduzida uma regra adicional:

REGRA 6:   Se   (t > 2,0)   (6.9)
            Então (aux ← aux + 0,05) ∧
                  (V ← V/aux)

onde aux é uma variável que permite ajustar dinâmicamente a faixa de variação V da velocidade.

6.2 Exemplo de um supervisor inteligente

Como exemplos de supervisores inteligentes são apresentados os sistemas desenvolvidos em Pereira, Yoneyama e Cardozo, 1990a, Pereira, Cardozo e Yoneyama, 1991 e Fujito e Yoneyama, 1992. A grande virtude de se utilizar supervisores inteligentes é a possibilidade de realizar processamentos simbólico e numérico de forma simultânea, valendo-se das vantagens de ambos.

O primeiro exemplo consiste de um supervisor inteligente para sintonização fina automática de controladores PID.

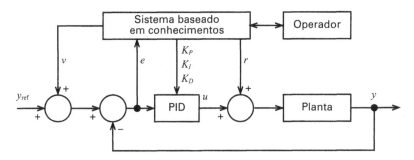

Figura 6.3 — Sintonização fina automática de Controladores PID usando base de conhecimentos.

Considera-se aqui que o controlador já foi sintonizado inicialmente, utilizando métodos como o de Ziegler-Nichols, mencionados no Capítulo 3. A utilização do método de Ziegler-Nichols também poderia ser automatizada através da utilização de um sistema baseado em conhecimentos. Por exemplo, para utilizar o método da curva de reação (ou seja, resposta a entrada degrau) de Ziegler-Nichols, bastaria fazer K_P, K_I, $K_D = 0$ e $r(t)$ = degrau, observando-se, a seguir, $y(t)$:

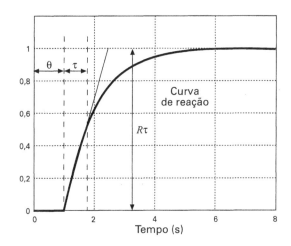

Figura 6.4 — Curva de Reação com os parâmetros θ e R utilizados na aplicação do método de Ziegler-Nichols.

De posse de θ, τ e a inclinação R da reta tangente à curva de reação (extraídos da figura 6.4), os ganhos do controlador PID são obtidos através de:

Ganhos	Fórmula
K_P	$1.2/R\theta$
K_I	$0.6/R\theta^2$
K_D	$0.6/R$

Nessas condições, pretende-se obter uma sintonização fina através do emprego de regras heurísticas:

i) Aplica-se um sinal v(t) = degrau e a partir de e(t), calcula-se y(t)

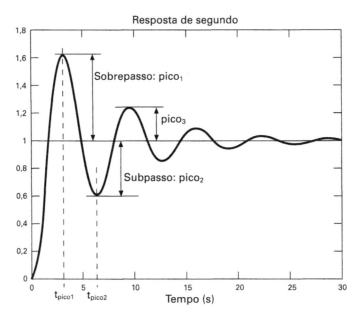

Figura 6.5 — Parâmetros para o refinamento da heurística na sintonização de controladores PID.

ii) Detectam-se os três primeiros picos na saída y(t) e calculam-se os parâmetros:
- Sobrepasso Máximo da Variável de Saída
- Subpasso Máximo da Variável de Saída
- Período de Oscilação Amortecida

$$T_0 = 2(t_{pico2} - t_{pico1}) \tag{6.10}$$

- Razão entre os dois primeiros picos:

$$r_{12} = \frac{|pico_2|}{|pico_1|} \tag{6.11}$$

- Índice de Convergência:

$$cnv = \frac{|pico_2| + |pico_3|}{|pico_1| + |pico_2|} \tag{6.12}$$

iii) Verifica-se a adequação da atual resposta do sistema. Em caso afirmativo, o supervisor entra no estado *standby*. Senão, calcula-se a contribuição de fase, na freqüência $2\pi/T_0$:

$$\phi_{PID} = \tan^{-1}\left\{\frac{2\pi K_D}{T_0 K_P} - \frac{T_0 K_I}{2\pi K_I}\right\} \qquad (6.13)$$

e reajustam-se K_D e K_I de modo que ϕ_{PID} seja minimizado.

iv) K_P é multiplicado pela razão entre o sobrepasso desejado e o sobrepasso medido.
v) Recalcula-se K_I e K_D e retorna-se ao passo i.

Aplicando-se essas regras ao sistema:

$$G(s) = \frac{10\exp(-0.5s)}{s+3} \qquad (6.14)$$

onde se especificou um sobrepasso máximo de 15% e subpasso máximo de 7,5%, resultou:

Iteração	K_P	K_I	K_D	Sobrepasso	Subpasso
1º	0,268	0,417	0,051	23,5%	17,6%
2º	0,268	0,625	0,052	55,3	30,7
3º	0,147	0,342	0,029	6,25	0,84

Um exemplo de regra de produção escrita em OPS 5 para o caso apresentado é:

```
(p ajusta_picos

(desvio ↑deltasob {<dsob> < 0}   deltasub {<dsub> > 0})
(desempenho    ↑razão {<r12> > 1.0}
               ↑convergência {<cnv> < 1.0}
               ↑variacao {> -0.1  < 0.1})
-->
(remove 1)
(bind <pcsob> (compute <dsob> // 100 ))
(bind <nkp> (compute <kp> - ( <kp> * <pcsob> )))
(bind <nki> (compute <nkp> // <tint> ))
(bind <nkd> (compute <nkp> * <tdif> ))
(call passa_ganhos <nkp> <nki> <nkd> ))
```

significando que acontecendo as condições especificadas de (desvio) e (desempenho), então (-->) são calculados novos K_P, K_I, K_D (ou seja <nkp>, <nki>, <nkd>), que são passados para o módulo controlador através da rotina `passa_ganhos`.

Uma dificuldade com esse tipo de enfoque é a necessidade de regras heurísticas de qualidade para que a planta seja operada com segurança, o que não é sempre atendida. Ainda, é importante observar que regras podem ser omissas na ocorrência de imprevistos ou até mesmo existirem regras conflitantes, uma vez que a base de dados pode, eventualmente crescer de forma significativa.

O segundo exemplo apresenta um sistema mais elaborado que supervisiona o fluxo de dados, a identificação de parâmetros do processo, a otimização de parâmetros do controlador, o *startup* e outras funções.

Enquanto o exemplo anterior apresentou um supervisor que atua fundamentalmente na partida inicial do processo, o segundo exemplo (Pereira, Yoneyama e Cardoso, 1990b) busca explorar a potencialidade da combinação processamento simbólico + numérico para combinar sofisticados algoritmos de identificação e otimização com regras heurísticas, de modo a ter um todo supervisionado por um sistema computadorizado autônomo, reduzindo as intervenções do operador humano.

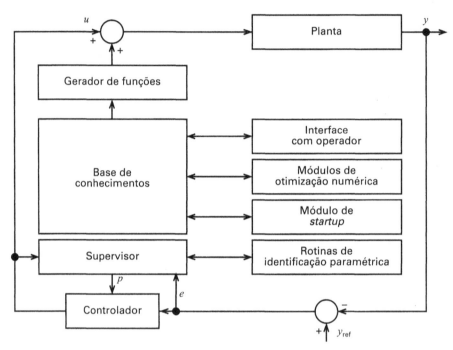

Figura 6.6 — Supervisor inteligente com módulos para a partida (startup), otimização na mudança de set-points e identificação paramétrica.

O terceiro exemplo é um sistema para detecção e acomodação de falhas de sensores e atuadores usando regras de produção. A idéia básica é utilizar a combinação de realimentação de estados e observadores para controle em malha fechada. Entretanto, se há falha de algum dos sensores ou dos atuadores, tanto o observador quanto a matriz de ganhos de realimentação podem se tornar inadequados, pois dependem dos parâmetros do modelo. Toma-se então uma função de paridade, de modo que as falhas possam ser detetadas com base em redundância analítica. Entretanto, esse processo de decisão sobre a ocorrência da falha depende de critérios de detecção, os quais podem ser codificados como regras de produção. Em se detectando uma falha, uma segunda decisão é quanto à reconfiguração do sistema para ativação de sistemas *warm backup*, ou operação degradada ou mesmo *shutdown* gracioso.

O diagrama de fluxo apresentado a seguir mostra as ações executadas na ocorrência de falhas que, de fato, devem ser classificadas quanto ao tipo para permitir um bom funcionamento do sistema especialista. Usualmente, os tipos mais comumente encontrados de falha são aberto (saídas do sensor = 0 ou ruído, e do atuador = 0 ou travado), curto (saída do sensor = 0 se for para terra), polarização (atuador travado ou sensor com bias) e deriva (saídas tipo rampa). Quando a falha não é grave, pode haver a possibilidade de compensação, como o da eliminação de derivas identificáveis. Em princípio, também as falhas na planta poderiam ser detectadas com métodos similares.

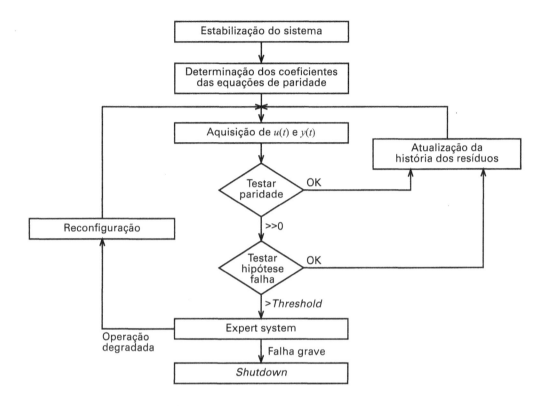

Figura 6.7 — Fluxograma de um programa para detecção de falhas em sistemas.

6.3 Exemplo de um assistente inteligente

Como exemplo de um assistente inteligente é apresentado o TOAST (vide Talukdar *et al*, 1986), que possui capacidades para simulação de eventos e diagnósticos de falhas em sistemas elétricos de potência (assistentes poderiam, também, serem operados em tempo real, caso em que são chamados de Fase 2. Os Assistentes de Fase 1 são aqueles operando *off-line* e utilizados para pesquisa, treinamento e demonstração de conceitos, podendo evoluir, mais tarde, para Fase 2). O TOAST é um assistente de Fase 1, desenvolvido em 1985 na Universidade Carnegie-Mellon.

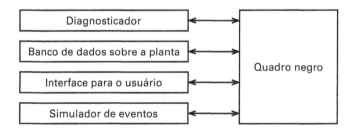

Figura 6.8 — Arquitetura de um assistente inteligente (TOAST).

O Diagnosticador é um sistema especialista que permite identificar a falha que ocasionou a alteração acidental na configuração da rede de distribuição de energia elétrica. É escrito em OPS 5 e possui cerca de 150 regras. O Simulador de Eventos é utilizado para fornecer a assinatura de eventos que seriam decorrentes de uma dada falha tomada como hipótese diagnóstica. É escrito em OPS 5 e LISP, contendo cerca de 150 regras e 25 funções LISP. A Interface com o usuário é também inteligente, proporcionando ao usuário ou *trainee*, facilidades de interação com a máquina. Escrito em OPS 5, possui cerca de 175 regras.

6.4 Sugestões para Leitura Complementar

Um texto introdutório muito interessante nesta área é aquele que acompanhou o minicurso '*Inteligência Artificial em Automação e Controle*', ministrado em 1988 pelo Prof. Eleri Cardozo durante o 7º Congresso Brasileiro de Automática, realizado pela Sociedade Brasileira de Automática, no ITA em São José dos Campos, SP.

Exercícios do Capítulo 6

6.1 Utilizando uma linguagem apropriada para desenvolvimento de sistemas especialistas (são disponíveis diversas na forma de domínio público), construir um sistema baseado em conhecimento que identifique qual o evento que ocasionou o alarme do sistema de detecção de falhas implementado na caldeira a vapor descrita a seguir.

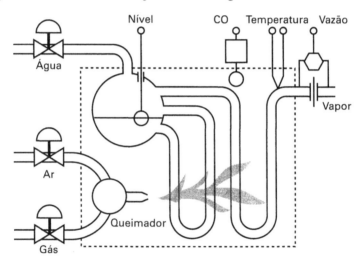

Esquema simplificado da caldeira a vapor considerada neste problema.

As regras devem ser escritas em função da seguinte descrição dada por um operador experiente, coletada em entrevista:

Operador: *"Bom, o alarme geral é acionado quando acontece um dos seguintes eventos: ou há falta de ar, gás ou água, ou a chama do queimador está apagada. Para detectar se está faltando ar é só verificar se a concentração de CO está alta e a temperatura do vapor T está caindo, apesar de não ter havido aumento da vazão de vapor. Analogamente, para ver se está faltando gás, é só verificar se a concentração de O_2 está alta e a temperatura do vapor T está caindo, apesar de não ter havido aumento da vazão de vapor. A falta de água é sinalizada por um contato seco ON/OFF. Usualmente, quando a chama do queimador está apagada, não há energia suficiente para produzir vapor e, portanto, tanto a vazão como a temperatura do vapor caem muito, enquanto a concentração de O_2 aumenta muito por falta de combustão."*

As informações quanto ao analisador de gases ($[O_2]$ e $[CO]$), temperatura do vapor $[T]$, nível de água (N) e vazão de vapor (V) são consideradas introduzidas no sistema de identificação de falhas através de teclado, pelo operador. (Em aplicações reais, essas informações poderiam ter sido obtidas automaticamente, através de sensores conectados a interfaces do computador).

Existem diversos ambientes para desenvolvimento de sistemas especialistas como o XXXPERT, ES, CLIPS, RULEBASE e outros, sendo que alguns são do tipo *freeware* ou *shareware*.

LÓGICA NEBULOSA

A lógica nebulosa (*Fuzzy Logic*) permite o tratamento de expressões que envolvem grandezas descritas de forma não exata. Como exemplo, considere-se a descrição das ações de um motorista sobre o pedal de freio de um automóvel que se aproxima de uma curva:

Se {(velocidade=muito grande) ∧ (raio_de_curvatura=pequena)}
Então {força_sobre_pedal=grande}

Se {(velocidade=mediana) ∧ (raio_de_curvatura=grande)}
Então {força_sobre_pedal=pequena}

Nessas expressões, as variáveis velocidade, raio_de_curvatura, força_sobre_pedal poderiam ser numéricas, do tipo velocidade = 98,743 km/s, 7,184 m e 5,39 N, respectivamente. Entretanto, instrutores de auto-escola costumam utilizar expressões que envolvem incertezas do tipo muito grande, bem devagar, pouco à esquerda e outros termos de natureza linguística. O tratamento de expressões que envolvem variáveis linguísticas pode ser realizado através da utilização da lógica nebulosa que, por sua vez, se baseia em conceitos de conjuntos nebulosos.

7.1 Conjuntos nebulosos

Um conjunto é uma coleção de objetos. Na teoria clássica, um objeto possui apenas duas possibilidades quanto à sua relação com um conjunto, ou seja, um dado objeto é ou não é um elemento do conjunto. Na teoria de conjuntos nebulosos, um objeto possui variados graus de pertinência. Pode-

Figura 7.1 — Representação de condições (afebril/febril, baixo/mediano/alto) por faixas precisamente definidas

LÓGICA NEBULOSA 69

se ilustrar a utilidade de tal tipo de teoria examinando exemplos do dia a dia. Na teoria clássica, um paciente é dito estar com febre se a sua temperatura axilar ultrapassa 37,8°C. Assim, alguém que tenha 37,7°C não pertence ao conjunto de pacientes febris. Também, homens com alturas entre 1,65m e 1,75m são considerados de estatura mediana e, acima de 1,75m, estatura alta. Nestas condições, 1,76m é a estatura de homem alto, mas 1,74m é a de um homem mediano.

Por outro lado, usando o conceito de conjuntos nebulosos, as incertezas quanto ao que seria estado febril (ou ao que seria alto) ficariam representados por um grau de pertinência:

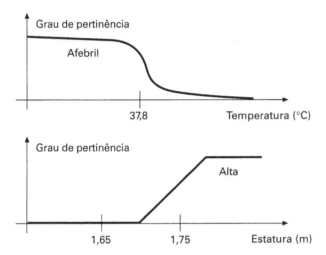

Figura 7.2 — Representação de condições afebril e estatura alta utilizando graus de pertinência.

A formalização do conceito de conjuntos nebulosos pode ser obtida estendendo-se a teoria clássica de conjuntos. Assim, na teoria clássica, um conjunto pode ser caracterizado pela sua função indicadora, ou seja, dado um conjunto A no universo X, define-se $I_A: X \to \{0,1\}$ por:

$$I_A(x) = \begin{cases} 1 & \text{se} \quad x \in A \\ 0 & \text{se} \quad x \notin A \end{cases} \quad (7.1)$$

Se X for o conjunto R^+ e A um intervalo fechado, a função indicadora de A assume o aspecto ilustrado na figura 7.3.

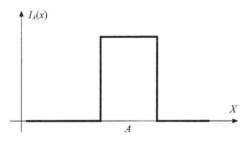

Figura 7.3 — Função indicadora do conjunto A.

Portanto, um conjunto clássico pode ser representado por $A = \{x \in X \mid I_A(x) = 1\}$, ou abreviadamente, $A \equiv \{x, I_A\}$. De forma análoga, os conjuntos nebulosos são definidos por $A = \{x \in X \mid \mu_A(x) = \xi, 0 \leq \xi \leq 1\}$, onde $\mu_A(x): X \to [0,1]$ é a função de pertinência que expressa o quanto um dado elemento x pertence a A.

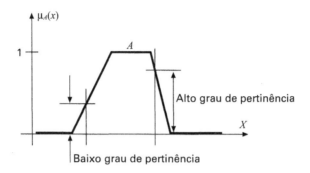

Figura 7.4 — Função de pertinência para um conjunto nebuloso A.

A teoria de conjuntos nebulosos busca, portanto, traduzir em termos formais a informação imprecisa que ocorre de maneira natural na representação dos fenômenos da natureza, como descrito por humanos utilizando uma linguagem corriqueira.

Na teoria clássica, quando um elemento x pertence a um conjunto A ou a um conjunto B, diz-se que $x \in A \cup B$. Quando um elemento x pertence simultaneamente aos conjuntos A e B, diz-se que $x \in A \cap B$. Também no caso de conjuntos nebulosos deseja-se fazer associações semânticas análogas e que resultariam em interpretações úteis para expressões do tipo $(\alpha \vee \beta)$, $(\alpha \wedge \beta)$, $(\neg \alpha)$. Portanto, necessita-se que sejam definidas, para conjuntos nebulosos, as operações com conjuntos: $A \cup B$, $A \cap B$ e A^c.

Dados conjuntos nebulosos A e B sobre um universo X e caracterizados pelas funções de pertinência μ_A e μ_B, podem ser definidas as seguintes operações:

a) União: o conjunto nebuloso $C = A \cup B$ é caracterizado pela função de pertinência:

$$\forall x \in X, \mu_C(x) = \max\{\mu_A(x), \mu_B(x)\} \tag{7.2}$$

A expressão (7.2) representa apenas uma forma particular de definir μ_C, com $C = A \cup B$, a partir de μ_A e μ_B, como será detalhado mais adiante.

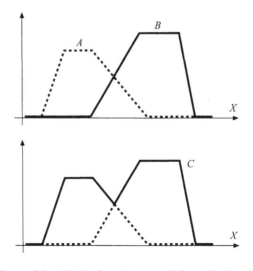

Figura 7.5 — União de conjuntos nebulosos $C = A \cup B$.

b) Intersecção: o conjunto D = A ∩ B é caracterizado pela função de pertinência:

$$\forall x \in X, \mu_D(x) = \min\{\mu_A(x), \mu_B(x)\} \qquad (7.3)$$

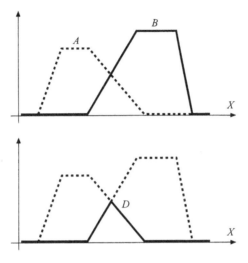

Figura — 7.6 Intersecção de conjuntos nebulosos D = A ∩ B.

c) Complementação: o conjunto E = A^c é caracterizado pela função de pertinência:

$$\forall x \in X, \mu_E(x) = 1 - \mu_A(x) \qquad (7.4)$$

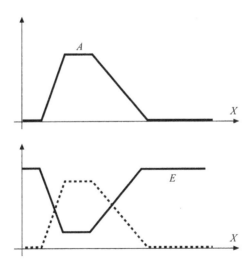

Figura 7.7 — Complementação de um conjunto nebuloso E = A^c.

d) Produto: o conjunto F = A × B é caracterizado pela função de pertinência:

$$\forall x \in X, \mu_F(x) = \mu_A(x) \cdot \mu_B(x) \qquad (7.5)$$

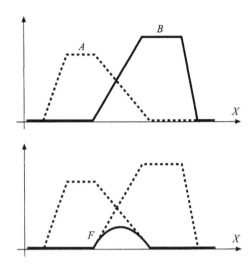

Figura 7.8 — Produto de dois conjuntos nebulosos $F = A \times B$.

No caso particular de $\mu_A(x)$ e $\mu_B(x)$ serem idênticos a $I_A(x)$ e $I_B(x)$, respectivamente, as operações com conjuntos nebulosos reproduzem as operações clássicas com conjuntos (em inglês, conjuntos no sentido clássico são referidos como *crisp sets*).

Pode-se verificar que as operações com conjuntos nebulosos satisfazem as seguintes propriedades:

a)	$(A^c)^c = A$	; *Involução*	(7.6)
b)	$(A \cap B)^c = A^c \cup B^c$	; *De Morgan*	(7.7)
c)	$(A \cup B)^c = A^c \cap B^c$	; *De Morgan*	(7.8)
d)	$A \cap (B \cup C) = (A \cap B) \cup (A \cap C)$	; *Distributividade da* $\cap$	(7.9)
e)	$A \cup (B \cap C) = (A \cup B) \cap (A \cup C)$	; *Distributividade da* $\cup$	(7.10)
f)	$(A \cap B) \cup A = A$	; *Absorção*	(7.11)
g)	$(A \cup B) \cap A = A$	; *Absorção*	(7.12)
h)	$A \cup A = A$	; *Idempotência*	(7.13)
i)	$A \cap A = A$	; *Idempotência*	(7.14)

Definindo-se $\mu_X(x) = 1$ para $\forall x \in X$ e $\mu_\emptyset(x) = 0$ para $\forall x \in X$, tem-se ainda as propriedades:

j)	$A \cap \emptyset = \emptyset$	(7.15)
k)	$A \cap X = A$	(7.16)
l)	$A \cup \emptyset = A$	(7.17)
m)	$A \cup X = X$	(7.18)

Atentar, porém, que para conjuntos nebulosos algumas operações legítimas com conjuntos clássicos não são necessariamente válidas:

n)	$A \cup A^c \neq X$		(7.19)
o)	$A \cap A^c \neq \emptyset$	; *Não vale o princípio da exclusão*	(7.20)

LÓGICA NEBULOSA

Os conceitos de União, Intersecção e Complementação associados a (7.2), (7.3) e (7.4) podem ser tratados de forma mais geral através do emprego de operações conhecidas como normas e co-normas triangulares.

Uma operação t:$[0,1] \times [0,1] \rightarrow [0,1]$ é dita ser uma **t-norma** se:

a)	$t(0,0) = 0$	; condição de contorno	(7.21)
b)	$t(a,b) = t(b,a)$	; comutatividade	(7.22)
c)	$t(a,t(b,c)) = t(t(a,b),c)$	; associatividade	(7.23)
d)	$(a \leq c) \wedge (b \leq d) \Rightarrow t(a,b) \leq t(c,d)$	; monotonicidade	(7.24)
e)	$t(a,1) = a$	; condição de contorno	

Se uma operação s possui as propriedades {a,b,c,e} e ainda satisfaz:

a')	$s(1,1) = 1$	(7.25)
b')	$s(b,0) = b$	(7.26)

então é chamada de **t-co-norma**.

Pode-se verificar que min(a,b) é uma t-norma e max(a,b) é uma t-co-norma, de forma tal que a união e intersecção expressas em (7.2) e (7.3) são instâncias particulares de uma família de operações. Algumas das outras operações que satisfazem as propriedades de t-norma e t-co-norma estão apresentadas na tabela 7.1.

Tabela 7.1 — Definição de t-normas e t-co-normas

Nome	t-norma	t-co-norma
Zadeh	$\min\{a, b\}$	$\max\{a,b\}$
Probabilístico	$a \cdot b$	$a + b - ab$
Lukasiewicz	$\max\{0, a+b-1\}$	$\min\{1, a+b\}$
Yager, $w \in (0, \infty)$	$1 - \min\{[(1-a)^w + (1-b)^w]^{1/w}, 1\}$	$\min\{[a^w + b^w]^{1/w}, 1\}$
Dubois e Prade, $\alpha \in (0,1)$	$\dfrac{ab}{\max\{a,b,\alpha\}}$	$\dfrac{a+b-ab-\min\{a,b,1-\alpha\}}{\max\{1-a,1-b,\alpha\}}$

Um operador n:$[0,1] \rightarrow [0,1]$ é dito ser de negação se

$$n(0) = 1 \qquad (7.27)$$
$$n(1) = 0 \qquad (7.28)$$
$$a > b \Rightarrow n(a) < n(b) \qquad (7.29)$$
$$n(n(a)) = a, \forall a \in [0,1] \qquad (7.30)$$

São exemplos de negações:

a) $n(a) = 1 - a$ (7.31)

b) $n(a) = \dfrac{1-a}{1+\lambda a}$, $\lambda \in (-1, \infty)$;negação de Sugeno (7.32)

c) $n(a) = (1 - a^w)^{\frac{1}{w}}$, $w \in (0, \infty)$;negação de Yager (7.33)

Assim, na equação (7.4), tem-se um caso particular de complementação, caracterizada por:

$$\mu_{A^c}(x) = n(\mu_A(x)) = 1 - \mu_A(x)$$ (7.34)

7.2 Lógica nebulosa

Conceitos nebulosos expressos em universos distintos podem apresentar relações entre si. Assim, o conjunto {feijão_velho, feijão_novo} apresenta uma estreita relação com o conjunto {cozimento_rápido, cozimento_lento}. Eventualmente podem estar envolvidos mais de dois universos, como o caso em que se considera adicionalmente {chama_alta, chama_media, chama_baixa} quanto ao estado do fogão utilizado para cozinhar o feijão.

Sejam $X_1, X_2, \ldots, X_n$ universos de discurso. Uma relação nebulosa R em $X_1 \times X_2 \times \ldots \times X_n$ é definida pelo mapeamento:

$$\mu_R: X_1 \times X_2 \times \ldots \times X_n \to [0,1]$$ (7.35)

Quando se tem duas relações que devem ser encadeadas, por exemplo $A \to B$ e $B \to C$, seria interessante que fosse disponível um mecanismo de composição. Suponha que X, Y e Z são três universos de discurso distintos, R1 uma relação sobre $X \times Y$ e R_2 uma outra relação sobre $Y \times Z$. Para se obter a composição $R_1 \circ R_2$ que relaciona X e Z, estende-se, inicialmente, R_1 e R_2 para $X \times Y \times Z$. Agora, uma vez que R_1 e R_2 passaram a ter o mesmo 'domínio', a relação entre X e Z é obtida mediante restrição,

$$\mu_{R_1 \circ R_2}(x,z) = \sup_{y \in Y} \left[\min\left\{ \mu_{R_1}^{ext}(x,y,z), \mu_{R_2}^{ext}(x,y,z) \right\} \right]$$ (7.36)

onde

$$\mu_{R_1}^{ext}(x,y,z) = \mu_{R_1}(x,y) \quad \forall z \in Z$$
$$\mu_{R_2}^{ext}(x,y,z) = \mu_{R_2}(y,z) \quad \forall x \in X$$ (7.37)

Essa operação é conhecida como **extensão cilíndrica** e a composição expressa em (7.36) é denominada de **sup-min**.

Uma relação muito importante é a expressa por "Se A Então B". Por exemplo, se $A \subset W \equiv$ temperatura_baixa e $B \subset Y \equiv$ tensão_grande, onde W poderia ser um conjunto de temperaturas medidas por um termistor, enquanto Y poderia ser um conjunto de tensões a serem aplicadas na resistência de aquecimento de uma estufa. Assim, uma forma de expressar a relação R: $A \to B$ seria:

$$R = A^c \cup B \quad ; \mu_R(w,y) = \max\{\, 1 - \mu_A(w)\,, \mu_B(y)\,\} \tag{7.38}$$

em vista de A → B ser equivalente a B ∨ (¬A) que é associado a $A^c \cup B$.

Existem, entretanto, outras associações úteis. Para se utilizar conjuntos nebulosos em dedução, é conveniente que se disponha de uma forma de realizar *modus ponens* em versão nebulosa. Originalmente, *modus ponens* consiste em obter B a partir de A ∧ (A → B). Como se sabe que A ∧ (A → B) ↔ (A ∧ B), e por sua vez faz-se a associação (A ∧ B) com A ∩ B, uma versão nebulosa interessante para R seria

$$\mu_R(w,y) = \min\{\, \mu_A(w)\,, \mu_B(y)\,\} \tag{7.39}$$

que é conhecida como a **regra de Mamdani**.

Uma vez que a relação R: A → B esteja caracterizada, a inferência nebulosa (ou *modus ponens generalizado*):

> Se (**a** é A) Então (**b** é B)
> Tem-se A'
> _____
> Portanto, B'

pode ser obtida fazendo-se a composição de R com A', usando, por exemplo, 'sup-min'.

Quando se dispõe de várias regras envolvendo a mesma variável, por exemplo denotada **a**, necessita-se de uma forma de amalgamar as conclusões implicadas por cada regra:

> R1: Se (**a** é A_1) Então (**b** é B_1)
> ...
> RM: Se (**a** é A_m) Então (**b** é B_m)

Uma heurística para combinar as regras seria tomar como conclusão $B = B'_1 \cup ... \cup B'_m$.

7.3 Sugestões para Leitura Complementar

Um texto didático em português, disponível na INTERNET (http://www.ele.ita.br/cnrn/)

SANDRI, S.A. e CORREA, C. - *Lógica Nebulosa*. Minicurso, V Escola de Redes Neurais, São José dos Campos, 19 jul. 1999, pp. 73-90.

São também excelentes textos:

KLIR, G. e FOLGER, T. - *Fuzzy Sets, Uncertainty and Information*. Prentice Hall, 1988.

PEDRYCZ, W. - *Fuzzy Control and Fuzzy Systems*. John Wiley, 1993.

Exercícios do Capítulo 7

7.1 Citar 20 exemplos de variáveis nebulosas utilizadas no dia-a-dia.

7.2 Propor funções de pertinência para os seguintes casos:

    a)   velocidade muito alta (se tratando de automóvel de passageiros em estrada)

b) velocidade muito alta (se tratando de automóvel de corrida em um autódromo),
c) temperatura moderadamente baixa (se tratando de temperatura do ponto de vista climático, em uma cidade do nordeste do Brasil),
d) temperatura moderadamente baixa (se tratando de *freezer*),
e) pressão alta (se tratando de pressão arterial de um paciente humano),
f) pressão alta (se tratando de uma caldeira).

7.3 Propor regras nebulosas que poderiam ser de auxílio na escolha de alimentos para uma pessoa fazendo dieta.

7.4 Propor regras nebulosas que poderiam ser utilizadas para transformar uma bicicleta em um veículo auto-pilotado (ou seja, o ciclista ainda comanda a direção a ser seguida, mas não necessita mais se preocupar com o equilíbrio da bicicleta).

7.5 Verificar que min(a,b) é uma t-norma e max(a,b) é uma t-co-norma.

7.6 Verificar que t(a,b) = ab é uma t-norma.

7.7 Verificar que n(a) = 1 − a é um operador de negação.

CONTROLADORES EMPREGANDO LÓGICA NEBULOSA

A lógica nebulosa, na forma como é utilizada aqui, é uma extensão do conceito de sistemas de produção, no sentido de incluir imprecisões na descrição dos processos controlados. Portanto, regras nebulosas podem ser empregadas para controle direto, supervisão ou assistência ao operador. Aqui, será dedicada maior atenção ao controle direto, uma vez que é a modalidade que apresenta maiores diferenças em relação aos sistemas tratados no capítulo 4.

O problema típico de controle direto consiste em obter, a partir do modelo da planta, uma lei de controle que atenda às especificações fornecidas a priori:

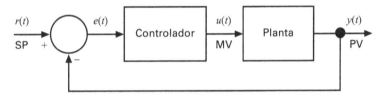

Figura 8.1 — Esquema clássico onde o controlador calcula o valor da variável manipulada (Manipulated Variable) a partir do sinal de erro e = SP - PV, onde SP é o valor de referência (Set-Point) e PV é o variável sendo controlada (Process Variable).

Para efeito de comparação, sejam três tipos possíveis de controladores que poderiam ser empregados como ilustrado na figura 8.1:

a) Controlador baseado em equação:

$$u(t) = \sqrt[3]{e(t)} \qquad (8.1)$$

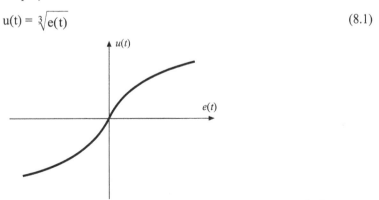

Figura 8.2 — Característica entrada-saída de um controlador não-linear contínuo e sem dinâmica.

b) Controlador baseado em regras de produção não nebulosas:

$$\text{Se } (|e(t)| < k_1) \qquad \text{Então } (u(t) = 0)$$

$$\text{Se } (|e(t)| \in [k_1, k_2]) \qquad \text{Então } (u(t) = \text{sign}(e(t)) \sqrt[3]{k_1})$$

$$\text{Se } (|e(t)| \in [k_2, k_3]) \qquad \text{Então } (u(t) = \text{sign}(e(t)) \sqrt[3]{k_2})$$

$$\text{Se } (|e(t)| > k_3) \qquad \text{Então } (u(t) = \text{sign}(e(t)) \sqrt[3]{k_3})$$

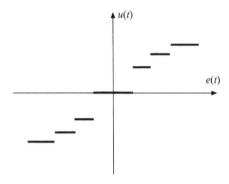

Figura 8.3 — Característica entrada-saída de um controlador baseado em regras de produção e sem incertezas.

c) Controlador baseado em regra de produção nebulosa:

$$\text{Se } (e(t) \sim \text{EQZ}) \quad \text{Então } (u(t) \sim \text{UQZ})$$
$$\text{Se } (e(t) \sim \text{EMP}) \quad \text{Então } (u(t) \sim \text{UMP})$$
$$\text{Se } (e(t) \sim \text{EMN}) \quad \text{Então } (u(t) \sim \text{UMN})$$
$$\text{Se } (e(t) \sim \text{EGP}) \quad \text{Então } (u(t) \sim \text{UGP})$$
$$\text{Se } (e(t) \sim \text{EGN}) \quad \text{Então } (u(t) \sim \text{UGN})$$

onde QZ significa Quase_Zero, MP = Médio_Positivo, MN = Médio_Negativo, GP = Grande_Positivo e GN = Grande_Negativo.

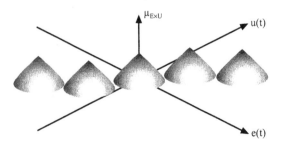

Figura 8.4 — Tentativa de ilustrar a característica entrada-saída de um controlador nebuloso.

8.1 Estrutura de controladores empregando lógica nebulosa

Os controladores empregando lógica nebulosa possuem, de modo geral, três blocos:

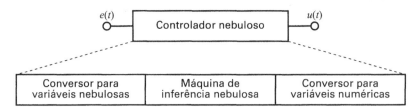

Figura 8.5 — Estrutura típica de um controlador nebuloso.

8.1.1 Conversor para variáveis nebulosas ("Nebulizador, Fuzzyficador")

O sinal e(t) é, usualmente, do tipo numérico. Em um servomecanismo posicionador, onde o ângulo de saída é medido através de um potenciômetro, e(t) poderia ser uma tensão variando, por exemplo, entre –10 a +10V.

Por outro lado, as regras são expressas em termos da pertinência ou não dessas grandezas a conjuntos nebulosos. Assim, há a necessidade de se converter e(t) para uma entidade apropriada para inferência nebulosa. Tipicamente, são calculados os valores das funções de pertinência $\mu_{A_i}(e(t))$ para cada um dos A_i associados à grandeza e(t).

Considere-se que os conjuntos associados a e(t) são A_1 = EP (erro pequeno), A_2 = EM (erro moderado) e A_3 = EG (erro grande). Da figura 8.6, para os instantes t_1, t_2 e t_3 tem-se:

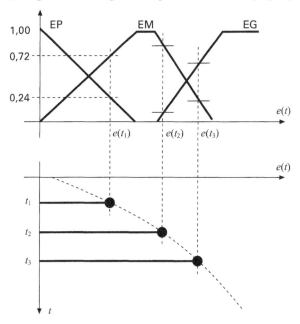

Figura 8.6 — Valores da função de pertinência para o sinal de erro em diferentes instantes de tempo.

Para e(t1), tem-se, no caso, a partir da figura 8.6:

$$e(t_1) \in \begin{cases} EP & com\ \mu_{EP} = 0,24 \\ EM & com\ \mu_{EM} = 0,72 \end{cases} \quad (8.2)$$

8.1.2 Máquina de inferência nebulosa

A máquina de inferência deve receber as informações sobre e(t), já convertidas em termos associados a variáveis lingüísticas, especificamente graus de pertinência a conjuntos nebulosos e gerar, a partir de regras fornecidas pelo usuário, uma saída também do tipo linguístico, na forma de funções de pertinência ($\mu_U(.)$) que deve ser, posteriormente, convertido para uma variável numérica u(t).

Ressalte-se que não há restrições quanto a e(t) ser do tipo vetorial e nem em se realizar operações auxiliares. Um exemplo de operação auxiliar é o cálculo de $\Delta e(t) = e(t) - e(t - \Delta t)$, o que permitiria regras do tipo:

$$\text{Se } \{(e(t) \sim EP) \wedge (\Delta e(t) \sim \Delta EPG))\} \text{ Então } (u(t) \sim UNG)$$

onde ΔEPG poderia significar Δe positivo grande e UNG, u negativo grande.

As regras podem envolver operações intricadas como:

$$\text{Se } \left\{ \sum_{k=0}^{p} |e(t - k\Delta t)| \exp(-kT) \sim SG \right\} \text{ Então } (\Delta u(t) \sim \Delta UN)$$

significando que se a soma dos módulos do erro, com esquecimento exponencial, numa janela de comprimento p+1, for grande (SG = Somatória Grande), então o controle deve ser diminuído (ΔUN = Delta u Negativo), ou seja $u^{novo} = u^{antigo} + \Delta u$ com $\Delta u < 0$.

Uma forma de se representar o conjunto de regras envolvendo apenas uma variável, por exemplo o erro e(t), é através de tabela do tipo:

Tabela 8.1 — *Tabela que apresenta, de forma compacta, 5 regras, onde NG = Negativo-Grande, NM = Negativo-Mediano, Z = Quase Zero, PM = Positivo-Moderado e PG = Positivo-Grande. Uma das regras seria, por exemplo, Se (e ~ Z) Então (u ~ Z).*

		e			
	NG	NM	Z	PM	PG
u	PG	PM	Z	NM	NG

No caso de se ter 2 variáveis, por exemplo e(t) e Δe(t), pode-se expressar as regras na forma da tabela:

Tabela 8.2 — *Tabela apresentado regras com 2 entradas (e, Δe). Um exemplo de regra é Se {(e ~NM) ∧ (Δe ~ N)} Então (u ~PM).*

				e		
			NG	NM	Z	PM	PG
	N	PG	PM	Z	NM	NG
Δe	Z	PM	PM	Z	NM	NM
	P	Z	Z	Z	NM	NG

Para ilustrar um mecanismo de inferência, considere-se um caso em que há apenas 2 regras:

Regra 1: Se (e ~ EP) Então (u ~ UP)

Regra 2: Se (e ~ EG) Então (u ~ UG)

onde as funções de pertinência $\mu_{EP}(.)$, $\mu_{UP}(.)$, $\mu_{EG}(.)$, $\mu_{UG}(.)$ associados a Erro-Pequeno, U-Pequeno, Erro-Grande e U-Grande estão ilustrados na figura 8.7. Para a relação Se (.) Então (.) é utilizada a regra min de Mamdani e para a relação (Regra 1) ou (Regra 2) é utilizada a forma max.

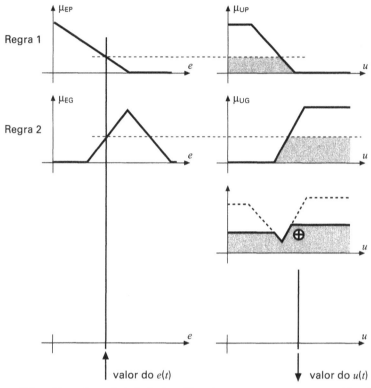

Figura 8.7 — Mecanismo de inferência utilizando o esquema proposto por Mamdani.

8.1.3 Conversor para Variável Numérica ("Desnebulizador", Defuzzificador)

As regras nebulosas produzem como saída conjuntos nebulosos. Como, na prática, necessita-se de um valor bem definido para u(t), define-se o processo de "desnebulização" (às vezes também referido como "defuzzificação"). Esse processo consiste em obter um valor para u(t) a partir de $\mu_U(u)$.

Os processos mais conhecidos de conversão para variáveis numéricas são:

a) **Centro de Área (COA)**: É como imaginar a área sob a curva $\mu_U(u)$ como uma placa e determinar a coordenada u do seu centro de massa:

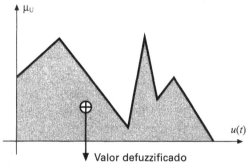

Figura 8.8 — Conversão para variável numérica empregando centro de massa.

b) **Média dos Máximos (MOM)**: É valorizar os picos de $\mu_U(u)$, sendo que no caso de ser único, o valor defuzzificado é a própria abcissa deste pico:

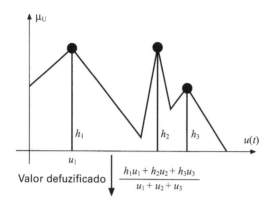

Figura 8.9 — Conversão para variável numérica empregando média dos máximos.

8.2 Controladores com e(t) e u(t) quantizados

Considerando-se que, muitas vezes, o universo de discurso X é discreto, ou seja, assumindo e $\in \{1, 2, 3, \ldots, n_e\}$ e u $\in \{1, 2, 3, \ldots, n_u\}$, após escalonamento conveniente, ter-se-ia $X = \{1, 2, 3, \ldots, n_e\} \times \{1, 2, 3, \ldots, n_u\}$. Observa-se, então, que uma forma compacta de representar $\mu_R(e,u)$ é como uma matriz [R] onde o elemento $r_{ij} = \mu_R(i,j)$. Neste caso, $\mu_E(e)$ seria representado por uma matriz linha [E] com elemento $e_i = \mu_E(i)$, permitindo a obtenção rápida de $\mu_U(u)$ usando regra de multiplicação de matrizes, com o produto substituído pela operação min e a soma pela max: $[U] = [E] \otimes [R]$.

Como exemplo, considere as regras:

R1: Se (e ~ EP) Então (u ~ UG)
R2: Se (e ~ EG) Então (u ~ UP)

onde:

EP significa Erro_Pequeno, caracterizado pela matriz [EP] = [0,5 1 1 0 0],
EG significa Erro_Grande, [EG] = [0 0 0,5 1 0,5],
UG significa Controle_Grande, [UG] = [0 0 0,5 1 1],
UP significa Controle_Pequeno, [UP] = [1 1 1 0,5 0].

A regra R_1, usando min de Mamdani, é dada por:

R_1	u_1	u_2	u_3	u_4	u_5
e_1	0	0	0,5	0,5	0,5
e_2	0	0	0,5	1	1
e_3	0	0	0,5	1	1
e_4	0	0	0	0	0
e_5	0	0	0	0	0

A regra R_2, de forma análoga, é dada por:

R_2	u_1	u_2	u_3	u_4	u_5
e_1	0	0	0	0	0
e_2	0	0	0	0	0
e_3	0,5	0,5	0,5	0,5	0
e_4	1	1	1	0,5	0
e_5	0,5	0,5	0,5	0,5	0

Tomando-se a regra $R = R_1 \vee R_2$, o conjunto nebuloso correspondente, também denotado R, com $\mu_R(e,u)$ obtido usando máx, fica representado pela matriz R:

R	u_1	u_2	u_3	u_4	u_5
e_1	0	0	0,5	0,5	0,5
e_2	0	0	0,5	1	1
e_3	0,5	0,5	0,5	1	1
e_4	1	1	1	0,5	0
e_5	0,5	0,5	0,5	0,5	0

Supondo que, em um dado instante obteve-se a informação de que o sinal de erro é descrito por:

$$[E] = [\ 0,2\ \ 0,7\ \ 0,2\ \ 0,1\ \ 0\ ]$$

Neste caso, as regras indicam que deve ser gerado um sinal de controle dado por:

$$[U] = [\ 0,2\ \ 0,7\ \ 0,2\ \ 0,1\ \ 0\ ] \otimes [R]$$
$$= [\ 0,2\ \ 0,2\ \ 0,7\ \ 0,7\ \ 0,7\ ]$$

ou seja, o sinal de controle a ser aplicado deve ser algo grande.

Na prática, o valor do sinal de êrro é calculado a partir de saídas de sensores, assumindo a forma:

$$[E] = [\ 0\ \ 0\ \ 0\ \ 1\ \ 0\ ]$$

que é do tipo não nebuloso, no sentido que e(t) = 4 (valor normalizado). Nesse caso, a operação $[U] = [E] \otimes [R]$ resulta, simplesmente, na 4ª linha de [R].

8.3 Estabilidade no controle nebuloso em malha fechada

A relação entrada-saída de um controlador nebuloso é, de modo geral, não-linear. Assim, a análise de estabilidade de sistemas em malha fechada empregando controladores nebulosos requer o uso de métodos sofisticados, como o de Lyapunov (vide Khalil, 1996).

Como ilustração, considere o caso de um controlador nebuloso de uma entrada e uma saída apenas, com as regras conforme a tabela 8.3.

Tabela 8.3 — Regras utilizadas no exemplo de estudo de estabilidade

	e				
	NG	NM	Z	PM	PG
u	PG	PM	Z	PM	PG

As funções de pertinência empregadas nas regras apresentadas na tabela 8.3 estão ilustradas na figura 8.10.

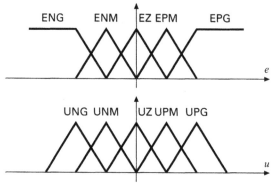

Figura 8.10 —Funções de pertinência do exemplo de estudo de estailidade, onde N significa negativo, P positivo, M moderado, G grande e Z quase zero.

A partir das regras apresentadas na tabela 8.3 é possível calcular a saída u a partir de uma dada entrada e. O gráfico da relação u=ϕ(e) é apresentado na figura 8.11.

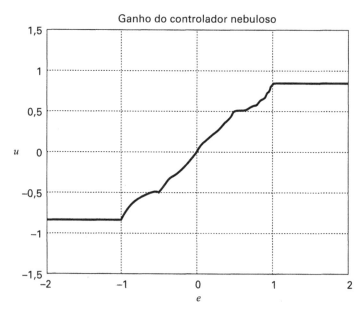

Figura 8.11 — Relação entrada-saída (u=f(e)) para o exemplo de análise de estabilidade.

CONTROLADORES EMPREGANDO LÓGICA NEBULOSA

Uma vez que a característica entrada-saída do controlador nebuloso é conhecida, pode-se buscar uma metodologia de análise de estabilidade de sistemas não-lineares que seja aplicável para o caso em questão.

Para o exemplo considerado, é aplicável a teoria de estabilidade absoluta de Lur'e (vide Bühler, 1994).

Considerando $r(.) \equiv 0$, o diagrama de blocos da figura 8.1 assume a forma ilustrada na figura 8.12.

Caso o gráfico de $\phi(.)$ esteja contido em um setor limitado por retas de inclinações a e b, conforme ilustrado na figura 8.13, existem condições que garantem a estabilidade de sistemas como a da figura 8.12. Um setor limitado por retas de inclinações a e b é denotado setor(a,b).

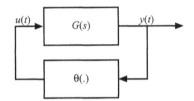

Figura 8.12 — Diagrama de blocos de um sistema para o qual podem ser estabelecidas condições de estabilidade

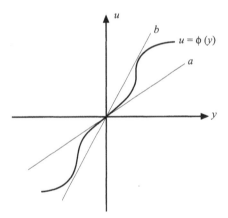

Figura 8.13 — Não linearidade do tipo setor, onde o gráfico de $\phi(.)$ está contido na região limitada por retas de inclinações a e b.

Teorema 8.1: Se $G(s)$ é estável (ou seja, não possui pólos no semi-plano direito), $G(s)$ é estritamente próprio (ou seja, o grau do denominador é estritamente maior que o do numerador), $\phi(.)$ está contido no setor $(0,k)$ com $k > 0$, então o sistema em malha fechada (figura 8.12) é estável se:

$$\text{Re}[1 + kG(j\omega)] > 0, \quad \forall \omega \in R. \tag{8.3}$$

Demonstração: vide Khalil, 1996.

No caso particular do exemplo, se o controlador nebuloso caracterizado pelas regras da tabela 8.3 for utilizado com uma planta $G(s)$ estável e estritamente própria, basta que:

$$\text{Re}[1 + G(j\omega)] > 0, \quad \forall \omega \in R. \tag{8.4}$$

8.4 Características de controladores nebulosos

a) **Aspectos favoráveis**:
- Não necessidade de modelamento do sistema a ser controlado.
- Possibilidade de incorporar conhecimentos heurísticos do operador humano.
- Aplicabilidade a sistemas de dinâmica complicada, incluindo não linearidades.
- Possibilidade de explorar a característica não linear dos controladores nebulosos para obter maior desempenho.
- Disponibilidade de componentes dedicados.

b) **Aspectos desfavoráveis**:
- Ausência de diretrizes precisas para o projeto do controlador, resultando em enfoque artesanal e pouco sistematizado.
- Impossibilidade de demonstração, nos casos gerais, de propriedades como a estabilidade, não se podendo garantir, por exemplo, ausência de ciclos limite.
- Precisão de regulagem eventualmente insuficiente.
- Consistência das regras não garantidas *a priori*.

c) **Capacidade de aproximação universal**

Um controlador nebuloso pode assumir a forma de um sistema aditivo nebuloso como a ilustrada na figura 8.14:

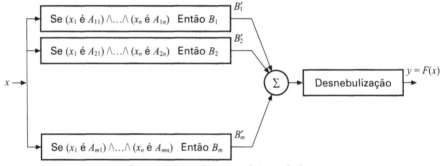

Figura 8.14 — Sistema aditivo nebuloso

O vetor de entradas x, em função do grau de pertinência do componente x_j ao conjunto A_{ij} produz saídas B'_i que, combinadas, resultam no conjunto B. Aplicando-se a desnebulização sobre o conjunto B obtém-se um valor numérico y. Assim, a saída y é uma função de x, ou seja y = F(x), sendo que as características de F(.) podem ser modificadas através da alteração das funções de pertinência dos conjuntos A_{ij} e B_i nas regras "Se $(x_1$ é $A_{i1}) \wedge ... \wedge (x_n$ é $A_{in})$ Então B_i".

No caso de um controlador lógico nebuloso empregando a Regra de Mamdani, o mapa y = F(x) é da forma:

$$F(x) = \frac{\sum_{i=1}^{m} \min_j \{\mu_{A_{ij}}(x_j)\} a_i c_i}{\sum_{i=1}^{m} \min_j \{\mu_{A_{ij}}(x_j)\} a_i}$$

onde a_i é a área de B_i e c_i é a abcissa do centro de massa de B_i. Portanto, uma vez que os conjuntos A_{ij} e B_i são conhecidos, a saída y pode ser calculada para cada x através de $y = F(x)$.

Uma questão interessante é sobre a existência ou não de solução para o problema inverso: "Dada uma função $F(.)$, seria possível construir um controlador lógico nebuloso, de modo que $y = F(x)$?"

Em vista dos resultados de Wang e Mendel (vide Mendel, 1995), é possível construir um controlador lógico nebuloso tal que $y = F_a(x)$, de modo que $F_a(.)$ aproxima $F(.)$ em termos de norma $\|.\|_\infty$, no espaço de funções contínuas, desde que o universo de discurso X seja compacto (ou seja, no caso de $X \subset R^n$, bastaria que X fosse fechado e limitado e $F(.)$ uma função contínua).

Portanto, controladores lógicos nebulosos são "aproximadores universais" para uma certa classe de funções, mas persiste a dificuldade em se caracterizar os conjuntos A_{ij} e B_i, bem como o número de regras necessárias. Uma forma de tentar determinar essas características de forma numérica é através do emprego de métodos de otimização como o de "Poliedros Flexíveis" e "Algoritmos Genéticos", brevemente discutidos no capítulo 9.

8.5 Controle nebuloso de um manipulador *pick and place*

Como um exemplo aplicativo de controladores nebulosos apresenta-se o caso do posicionamento de manipuladores tipo *pick and place*. O problema consiste em projetar um controlador nebuloso capaz de operar o braço mecânico, de forma a obter o menor ciclo de trabalho possível, aumentando a produtividade.

A operação do braço mecânico consiste em carregar peças (m_L) que passam por uma esteira rolante até a posição superior onde as mesmas serão descarregadas.

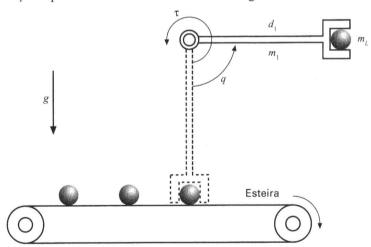

Figura 8.15 — Esquema do manipulador pick and place a ser acionado por um controlador nebuloso.

Os parâmetros indicados na figura 8.15 são:
- d_1 = comprimento do braço mecânico, 0,5 m;
- m_1 = massa da barra do braço, 0,25 kg;
- m_L = massa da carga do braço, 0,5 kg;
- b_1 = coeficiente de atrito viscoso, 0,1 Nms;
- g = aceleração da gravidade local, 9,8 m/s^2;
- τ = torque aplicado no braço.

Para que as peças sobre a esteira possam ser acopladas ao braço mecânico, é necessário que o mesmo fique posicionado durante 1 segundo dentro de uma faixa de 6° centrada em –90°, isto é, q ∈ [–93°, –87°]. Da mesma forma, para que a peça possa ser descarregada, é necessário que o braço fique posicionado durante 1 segundo dentro de uma faixa centrada em 0°, isto é, q ∈ [–3°,+3°].

O tempo de ciclo do braço (T_{ciclo}) é então definido como :

$$T_{ciclo} = T_1 + T_2 + T_3 + T_4 \qquad (8.5)$$

onde:

T1 = 1s para acoplamento da peça ao braço mecânico , q ∈ [–93°, –87°];

T2 = tempo necessário para deslocar o braço mecânico de dentro da faixa em torno de -90° , q ∈ [–93°, –87°], para o início da faixa em torno de 0°, q ∈ [–3°, +3°];

T3 = 1s para a retirada da peça do braço mecânico, q ∈ [–3°, +3°];

T4 = tempo necessário para deslocar o braço mecânico de dentro da faixa em torno de 0°, θ ∈ [–3°, +3°], para o início da faixa em torno de –90° , q ∈ [–93°, –87°].

Da dinâmica de corpos rígidos tem-se que:

$$I \frac{d^2q}{dt^2} = \tau_{total} \qquad (8.6)$$

onde τ_{total} é o torque total e I = momento de inércia do sistema, dado, no caso, por:

$$I = \left(\frac{m_1}{3} + m_L\right)d_1^2 \qquad (8.7)$$

Os torques presentes são: Torque de Controle ≡ τ , Torque da Força peso ≡ τ_{peso} dado por:

$$\tau_{peso} = -g\left(\frac{m_1}{2} + m_L\right)d_1 \cos(q) \qquad (8.8)$$

e Torque de Atrito ≡ τ_{atrito}.

Modelando o torque devido ao atrito como proporcional a velocidade angular do sistema:

$$\tau_{atrito} = -b_1 \frac{dq}{dt} \qquad (8.9)$$

e substituindo em (1) tem-se, então:

$$\left(\frac{m_1}{3} + m_L\right)d_1^2 \frac{d^2q}{dt^2} = \tau - g\left(\frac{m_1}{2} + m_L\right)d_1 \cos(q) - b_1 \frac{dq}{dt} \qquad (8.10)$$

ou
$$\tau = \left(\frac{m_1}{3} + m_L\right)d_1^2 \frac{d^2q}{dt^2} + g\left(\frac{m_1}{2} + m_L\right)d_1 \cos(q) + b_1 \frac{dq}{dt} \qquad (8.11)$$

que é a equação utilizada para simular o sistema.

As regras utilizadas foram:
1. Se (Erro é Grande_Negativo) e (Var_Erro é Decrescente) Então (Torque é Alto_Negativo)
2. Se (Erro é Grande_Positivo) e (Var_Erro é Crescente) Então (Torque é Alto_Positivo)
3. Se (Erro é Grande_Positivo) e (Var_Erro é Decrescente) Então (Torque é Baixo_para_Chegada)
4. Se (Erro é Grande_Negativo) e (Var_Erro é Crescente) Então (Torque é Baixo_para_Chegada)
5. Se (Erro é Adequado) e (Var_Erro é Pouca) Então (Torque é Baixo_para_Manutenção)

onde as funções de pertinência são:

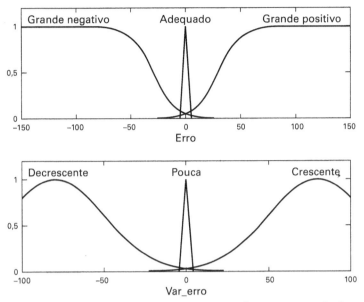

Figura 8.16 — Funções de pertinência para as entradas erro e variação do erro.

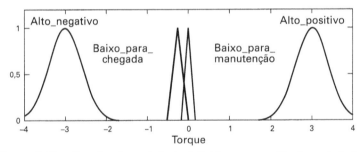

Figura 8.17 — Funções de pertinência definidas para a saída do controlador.

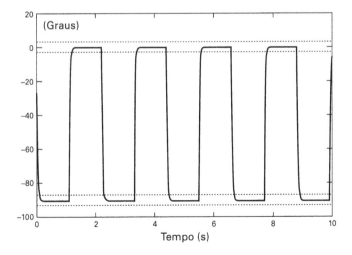

Figura 8.18 — Resposta do manipulador utilizando controlador nebuloso.

8.6 Sugestões para Leitura Complementar

SHAW, I. e SIMÕES, M.G. - *Controle e Modelagem Fuzzy*. Ed. Edgard Blücher, S.Paulo, 1999.

BÜHLER, H. - *Réglage par Logique Floue*. Presses Polytechniques et Universitaires Romandes, Lausanne, 1994.

KLIR, G.J. e FOLGER, T.A. - *Fuzzy Sets, Uncertainty and Information*. Prentice Hall, Englewood Cliffs, NJ, 1988.

PEDRYCZ, W. e GOMIDE, F. - *An Introduction to Fuzzy Sets: Analysis and Design*. MIT Press, Boston, 1998.

Exercícios do Capítulo 8

8.1 Estender o exemplo do texto para o caso onde o braço mecânico tenha 2 graus de liberdade. A posição de captura da carga é $[q_1, q_2] = [0°, 90°]$ (braço em L, cotovelo p/ baixo) e de liberação da carga é $[q_1, q_2] = [90°, 0°]$ (braço horizontalmente esticado).

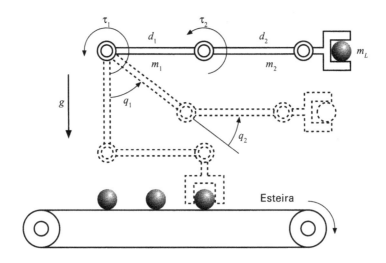

O modelo dinâmico do braço mecânico conforme ilustrado acima é dado por:

$\tau_1 = D_{11}\ddot{q}_1 + D_{12}\ddot{q}_2 + H_1(2\dot{q}_1\dot{q}_2 + \dot{q}_2^2) + B_1 + G_1$,

$\tau_2 = D_2\ddot{q}_1 + D_{22}\ddot{q}_2 - H_1\dot{q}_1^2 + B_2 + G_2$,

onde:

$D_{11} = (m_1 + m_2)d_1^2 + m_2 d_2^2 + 2m_2 d_1 d_2 \cos(q_2)$

$D_{12} = D_{21} = m_2 d_2^2 + m_2 d_1 d_2 \cos(q_2)$,

$D_{22} = m_2 d_2^2$,

$H_1 = m_2 d_1 d_2 \text{sen}(q_2)$,

$B_1 = b_{1v}\dot{q}_1 + b_{1c} \text{sign}(\dot{q}_1)$,

$B_2 = b_{2v}\dot{q}_2 + b_{2c} \text{sign}(\dot{q}_2)$,

$G_1 = (m_1 + m_2)gd_1 \text{sen}(q_1) + m_2 g d_2 \text{sen}(q_1 + q_2)$,

$G_2 = m_2 g d_2 \text{sen}(q_1 + q_2)$,

e:

τ_1, τ_2 = torques aplicados em cada junta,

q_1, q_2 = ângulos de cada junta,

m_1, m_2 = massas das juntas, assumidas concentradas nas extremidades dos elos,

d_1, d_2 = comprimentos dos elos,

$b_{1v}, b_{2v}, b_{1c}, b_{2c}$ = coeficientes de atrito viscoso e de Coulomb,

g = aceleração da gravidade local.

Nesse modelo simplificado assume-se que a massa dos elos é desprezível.

Utilize os seguintes parâmetros nas simulações:

$m_1 = 0{,}25$ kg,

$m_2 = m_L$ quando o braço transporta a carga, e $m_2 = 0{,}25$ kg no caso contrário,

m_L = massa da carga = 0,25 kg,

$d_1, d_2 = 0{,}5$ m,

$b_{1v}, b_{2v} = 0{,}1$ Nms,

$b_{1c}, b_{2c} = 0$ Nms (sem atrito seco),

$g = 9{,}8$ m/s^2.

8.2 Um controlador lógico nebuloso pode ser implementado em um computador digital, de forma que a saída y_k no instante kT seja $F(x_{k-1})$, onde x_{k-1} corresponde à entrada no instante (k–1)T, sendo T o período de amostragem. Proponha uma forma de realizar

$y_k = F(y_{k-1}, x_{k-1})$

e discuta a sua utilidade.

MÉTODOS DE OTIMIZAÇÃO NUMÉRICA

São várias as aplicações dos métodos de otimização numérica na implementação de sistemas incorporando técnicas de inteligência artificial. Podem ser mencionados o treinamento de redes neurais artificiais, o ajuste adaptativo de controladores nebulosos, a utilização de otimização da produção em sistemas supervisionados por estações inteligentes e outras.

Em vista de existirem diversos textos especializados em otimização, não se pretende aqui aprofundar demasiadamente no tema, e o objetivo deste capítulo é apenas oferecer algumas noções sobre as várias técnicas disponíveis, no caso particular de minimização irrestrita (ou seja, sem vínculos de restrição tipo igualdade ou desigualdade).

9.1 Conceituação e utilidade em sistemas inteligentes

Otimização é, no presente contexto, a determinação de uma ação que proporciona um máximo de benefício, medido por um critério de desempenho pré-estabelecido. Muitas vezes a ação é a seleção de um vetor de parâmetros $w = (w_1, w_2, \ldots, w_n) \in R^n$, onde n é um número natural fixo, e o critério de desempenho é uma função $J: R^n \to R$ que deve ser minimizada caso represente um custo ou, então, ser maximizada caso esteja associada a retorno.

Como exemplo, considere-se w a taxa de investimentos em manutenção preventiva. Um critério de desempenho que permite selecionar o valor de w é uma função J(w) que representa o montante de investimentos aplicados na manutenção preventiva e o custo associado à perda de produção, devido às falhas nas máquinas. Se uma empresa investe pouco em manutenção preventiva, os custos devidos à perda de produção são grandes. Por outro lado, se vastas somas são dispendidas em manutenção preventiva, os benefícios conseguidos com tal esforço poderão não compensar os ganhos.

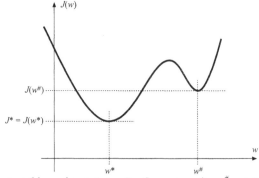

Figura 9.1 — Exemplo de um problema de minimização. Os pontos w^* e $w^\#$ minimizam, localmente, a função J(.), mas $J(w^*)$ é menor que $J(w^\#)$.

Uma ampla classe de problemas de otimização envolve expressões do tipo:

$$\min J(w)$$
$$w \in R^n$$
sujeito a (9.1)
$$g_i(w) \leq 0 \quad i = 1, 2, ..., n_g$$
$$h_j(w) = 0 \quad j = 1, 2, ..., n_h$$

onde $g_i: R^n \to R$ são chamadas de restrições (ou vínculos) de desigualdade e $h_j: R^n \to R$ são chamadas de restrições (ou vínculos) de igualdade. O problema expresso formalmente em (9.1) é determinar um ponto $w \in R^n$ tal que resulte em um mínimo valor de $J(.)$, enquanto as desigualdades $g_i(w) \leq 0$, $i = 1, 2, ..., n_g$ e as igualdades $h_j(w) = 0$, $j = 1, 2, ..., n_h$ são satisfeitas.

Exemplo: Para $n = 1$, $n_g = 1$, $n_h = 1$, $w = (w_1, w_2) \in R^2$ e

$$J(w) = 3w_1 + 2w_2$$
$$g(w) = w_1^2 + w_2^2 - 4 \quad (9.2)$$
$$h(w) = w_1 - 1$$

O problema pode ser escrito, assumindo como objetivo a minimização de $J(.)$, como sendo:

$$\min \{3w_1 + 2w_2\}$$
$$w \in R^2$$
sujeito a (9.3)
$$w_1^2 + w_2^2 - 4 \leq 0$$
$$w_1 - 1 = 0$$

cuja solução pode ser obtida graficamente ou analiticamente, fornecendo o ponto de ótimo $w^* = (1, -\sqrt{3})$.

Quando as funções $J(.)$, $g(.)$ e $h(.)$ são não lineares e n é um número grande, pode ser impraticável a obtenção de soluções por métodos gráficos e as técnicas analíticas podem se tornar muito trabalhosas. Nesses casos, é interessante que se disponha de métodos numéricos que possam ser codificados para utilização em computador digital. De fato, métodos numéricos de otimização podem ser empregados no treinamento de redes neurais, no ajuste de funções de pertinência de sistemas difusos, no ajuste sistematizado de parâmetros de controladores ou na construção de leis subótimas de controle.

O problema de otimização pode apresentar diversas dificuldades, como ilustradas a seguir:

a) Caso clássico irrestrito (sem dificuldades maiores):

$$J(w) = w^2 - 2w + 2$$
$$\left.\frac{dJ}{dw}\right|_{w=w^*} = 0 \quad (9.4)$$

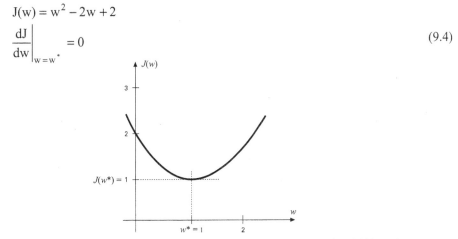

Figura 9.2 — O ponto de mínimo, neste caso, corresponde a w^* tal que $dJ(w^*)/dw = 0$.

b) Caso clássico restrito:

$$J(w) = w^2 - 2w + 2$$
$$g_1(w) = w - 0.5$$
$$g_2(w) = -w$$
$$\left.\frac{dJ}{dw}\right|_{w=w^*} \neq 0 \tag{9.5}$$

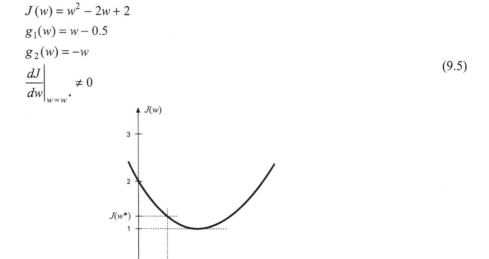

Figura 9.3 — Um problema de minimização com restrições, onde $dJ(w)/dw \neq 0$ no ponto w^*.

c) Caso não diferenciável:

$$J(w) = |w - 1| + 1 \tag{9.6}$$

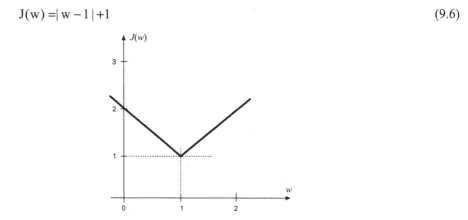

Figura 9.4 — Um caso de minimização onde existe o ponto de mínimo, mas este não é caracterizado por $dJ(w^*)/dw = 0$.

9.2 Métodos de otimização unidimensional

Considera-se aqui a otimização (minimização ou maximização) de funções $J: R \to R$, ou seja, aquele em que w é um número real. Variantes como o caso onde w é restrito a ser um número inteiro fogem do escopo do presente texto.

i) Método da busca uniforme

Uma forma de se resolver numericamente um problema de minimização unidimensional é gerar uma seqüência $w_0, w_1, ..., w_n$ de modo que $J(w_n) \to J(w^*)$ à medida que $n \to \infty$. Para tal, pode-se

MÉTODOS DE OTIMIZAÇÃO NUMÉRICA

prover um mecanismo para obtenção de um novo ponto w_{k+1} a partir de um ponto w_k arbitrário, de modo que $J(w_{k+1}) \leq J(w_k)$, de preferência com a desigualdade no sentido estrito.

Passo 0: Arbitrar w_0 e $h_0 \in R$.
Arbitrar um número pequeno tol.
Fazer k=0.

Passo 1: Calcular $w_{k+1} = w_k + h_k$

Passo 2: Calcular delta = $J(w_k) - J(w_{k+1})$

Passo 3: Critério de parada:
Se (ABS(delta) < tol) Então ($w^*_{aprox.} = w_{k+1}$ e fim).

Passo 4: Critério para redução do passo e mudança de sentido:
Se (delta < 0) Então ($h_{k+1} = -h_k/2$)

Passo 5: Retorna para nova iteração:
Fazer $w_{k+1} = w_k$ e k = k+1
Retornar ao Passo 1.

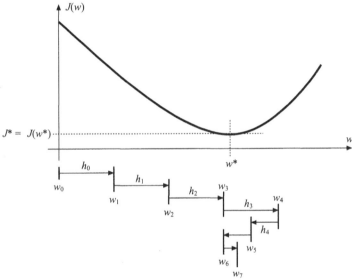

Figura 9.5 — Busca uniforme

ii). Método da secção áurea

Este método consiste em estimar, em um dado passo k, um intervalo [w_k^{min}, w_k^{min}] onde estaria localizado w^* e seccioná-lo, usando a razão áurea. Se o comprimento do intervalo inicial é L, a secção áurea produz dois intervalos de comprimentos m = $(3-\sqrt{5})L/2$ e M = $(\sqrt{5}-1)L/2$ de modo que M:L::m:M (ou seja, M está para L assim como m está para M). Utilizando-se essa secção, obtém-se dois intervalos $I_1 = [w_k^{min}, w_k^{min} + M]$ e $I_2 = [w_k^{min} + m, w_k^{max}]$. A partir de um critério de menores valores de J(.) nos extremos seleciona-se I_1 ou I_2 que será o próximo intervalo [w_{k+1}^{min}, w_{k+1}^{max}] e, assim sucessivamente, até que o critério de parada seja ativado.

Passo 0: Arbitrar w_0^{min}, w_0^{max}.
Escolher um número real tol.
Fazer k=0.

Passo 1: Calcular:
L = $w_k^{máx}$, w_k^{min}

Passo 2   Critério de parada:

Se (L < tol) Então ($w_{aprox}^{*} = w_k^{min} + \dfrac{L}{2}$ e fim)

Passo 3   Calcular:

$$m = \dfrac{3-\sqrt{5}}{2} L$$

$$M = \dfrac{\sqrt{5}-1}{2} L \qquad (9.7)$$

$$J_m = J(w_k^{min} + m)$$

$$J_M = J(w_k^{min} + M)$$

Passo 4   Seleção do próximo intervalo

Se $(J_m \leq J_M)$ Então ($w_{k+1}^{min} = w_k^{min}$ e $w_{k+1}^{max} = w_k^{min} + M$)

Se $(J_m > J_M)$ Então ($w_{k+1}^{min} = w_k^{min} + m$ e $w_{k+1}^{max} = w_k^{max}$)

Passo 5   Fazer k = k + 1 e retornar ao Passo 1.

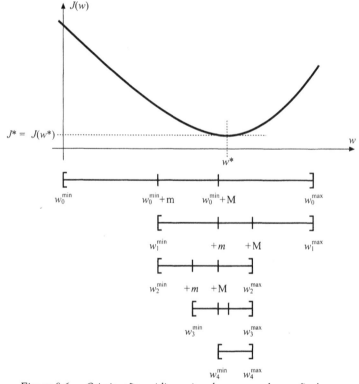

Figura 9.6 — Otimização unidimensional empregando secção áurea.

iii) Método de Davis-Swan-Campey

A idéia fundamental neste método é aproximar a função original J(.) por uma parábola

$P(w) = a\,w^2 + b\,w + c$. O mínimo de $P(w)$ é atingido quando $w = w^P = -b/(2a)$ e, considerando-se a aproximação, toma-se $w^*_{aprox} = w^P$.

Passo 0: Arbitrar w_0 e h_0.
Fazer $k=0$

Passo 1: Verificação da adequação da direção de busca:
Se $(J(w_0 + h_0) - J(w_0)) > 0$ Então $(h_0 = -h_0)$

Passo 2: Verificação da adequação do valor de h_0:
Se $(J(w_0 + h_0) - J(w_0)) > 0$ Então $(h_0 = h_0/2$ e retornar ao Passo 1)

Passo 3: Calcular $w_{k+1} = w_k + h_k$

Passo 4: Calcular delta $= J(w_{k+1}) - J(w_k)$

Passo 5: Critério para parada no mecanismo de ajuste do intervalo utilizado para ajuste da parábola:
Se (delta ≤ 0) Então $(h_{k+1} = 2h_k$, $k = k+1$ e retornar ao Passo 3)
Senão $(h_{k+1} = -h_k/2$, $k = k+1$ e avançar ao Passo 6)

Passo 6: Calcular $w_{k+1} = w_k + h_k$ e $h = ABS(h_k)$

Passo 7: Selecionar os três melhores entre os quatro últimos pontos:
Se $(J(w_{k+1}) - J(w_{k-2})) \leq 0$ Então $(a = w_{k-1}, b = w_{k+1}$ e $c = w_k)$
Senão $(a = w_{k-2}, b = w_{k-1}$ e $c = w_k)$

Passo 8: Interpolar uma parábola passando por $[a, J(a)]$, $[b, J(b)]$ e $[c, J(c)]$ e achar o seu mínimo:

$$w^*_{aprox} = w^P = b + \frac{h(J(a) - J(c))}{2(J(a) - 2J(b) + J(c))} \tag{9.8}$$

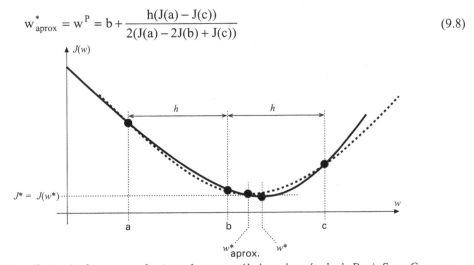

Figura 9.7 — Ilustração do processo de ajuste de uma parábola, pelo método de Davis Swan Campey.

9.3 Métodos de busca empregando gradiente

Em muitos problemas de otimização é possível a determinação do gradiente de J no ponto w, denotado por $\nabla J(w)$, $w \in R^n$ e definido por:

$$\nabla J(w) = \left[\frac{\partial J}{\partial w_1}(w) \quad \cdots \quad \frac{\partial J}{\partial w_n}(w) \right]^T \tag{9.9}$$

De fato, utilizando-se a fórmula para expansão em série de Taylor, verifica-se que quando se realiza um deslocamento de h a partir de um certo ponto w, a função J(.) varia segundo a expressão:

$$J(w+h) = J(w) + [\nabla J(w)]^T h + o\left(\|h\|^2\right) \quad (9.10)$$

ou seja,

$$J(w+h) - J(w) \cong \langle \nabla J(w) | h \rangle \quad (9.11)$$

onde $\langle \cdot | \cdot \rangle$ denota produto escalar.

Lembrando que o produto escalar é calculado através de

$$\langle x | y \rangle = \|x\| \, \|y\| \cos(\phi) \quad (9.12)$$

onde ϕ é o ângulo entre x e y, conclui-se que

$$J(w+h) - J(w) = 0 \quad \text{se } h \perp \nabla J(w) \quad (9.13)$$
$$J(w+h) - J(w) \equiv \max \quad \text{se } h \,/\!/\, \nabla J(w) \quad (9.14)$$

Conclui-se, portanto, que $\nabla J(w) = J(w+h) - J(w)$ é máximo quando o deslocamento h está na direção de $\nabla J(w)$. Ou seja, $\nabla J(w)$ aponta na direção de máximo crescimento de J(.) a partir do ponto w.

Por outro lado, $\nabla J(w)$ é nulo se h é perpendicular a $\nabla J(w)$. Ou seja, a função J(.) não varia à medida que caminhamos (infinitesimalmente) na direção h a partir de w. Como o lugar geométrico $\Gamma = \{w \in R^n \mid J(w) = \text{constante}\}$ é uma curva de nível, verifica-se que $\nabla J(w)$ é perpendicular às curvas de nível de J(.).

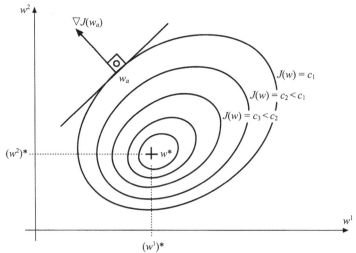

Figura 9.8 — Curvas de nível e gradientes de uma função $J:R^2 \to R$.

i) Método da máxima declividade

Uma vez que o gradiente $\nabla J(w)$ aponta na direção de máximo crescimento de J(.), uma idéia é realizar buscas do ponto de mínimo através de deslocamento em sentidos negativos na direção de $\nabla J(w)$.

Passo 0: Arbitrar w_0 e tol.
Fazer k=0.

Passo 1: Calcular $h_k = \nabla J(w_k)$

Passo 2: Critério de parada:
Se ($\|h_k\| \le$ tol) Então ($w^*_{aprox} = w_k$ e fim)

Passo 3: Obter λ^*_k, a solução do problema auxiliar de otimização unidimensional na variável λ
min $J(w_k + \lambda h_k)$
$\lambda \in R$

Passo 4: Fazer $w_{k+1} = w_k + \lambda^*_k h_k$, $k = k + 1$ e retornar ao Passo 1.

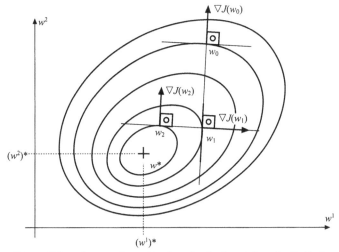

Figura 9.9 —Algumas iterações do método da máxima declividade.

ii) Método de Newton

É de se esperar que um algoritmo de otimização que empregue aproximação quadrática tenda a possuir uma velocidade de convergência maior que um utilizando aproximação linear. De fato, para funções quadráticas, o ponto estacionário pode ser calculado resolvendo-se a equação que se obtém igualando a sua derivada a zero. Se a matriz H for positivo definida, o ponto estacionário será um ponto de mínimo.

Seja uma função quadrática

$$Q(h) = \frac{1}{2}h^T H h + b^T h + c \qquad (9.15)$$

Assumindo que H seja positivo definida, o ponto de mínimo de Q(.) é dado pela solução de

$$Hh + b = 0 \qquad (9.16)$$

ou seja,

$$h = -H^{-1}b. \qquad (9.17)$$

No caso de uma função não necessariamente quadrática, pode-se utilizar novamente a expansão em série de Taylor:

$$J(w+h) = J(w) + [\nabla J(w)]^T h + \frac{1}{2}h^T H(w)h + o\left(\|h\|^3\right) \qquad (9.18)$$

onde a matriz H(w) é a Hessiana calculada no ponto *w*:

$$H(w) = \begin{bmatrix} \dfrac{\partial^2 J}{\partial w_1 \partial w_1}(w) & \cdots & \dfrac{\partial^2 J}{\partial w_n \partial w_1}(w) \\ \vdots & \ddots & \vdots \\ \dfrac{\partial^2 J}{\partial w_1 \partial w_n}(w) & \cdots & \dfrac{\partial^2 J}{\partial w_n \partial w_n}(w) \end{bmatrix} \qquad (9.19)$$

O valor de *h* que minimiza $Q(h):= J(w+h)$ é, portanto

$$h = -H^{-1}(w)\, \nabla J(w) \qquad (9.20)$$

Utilizando-se estes conceitos, pode-se descrever o método de Newton. A idéia é, em torno de cada ponto w_k, utilizar uma aproximação quadrática para calcular h_k, empregando expressões do tipo (9.20):

Passo 0: Arbitrar w_0 e tol.
Fazer k=0.

Passo 1: Calcular $h_k = -H^{-1}(w_k)\, \nabla J(w_k)$
Critério de parada:
Se ($\|h_k\| \leq$ tol) Então ($w^*_{aprox} = w_k$ e fim)

Passo 2: Obter λ^*_k, a solução do problema auxiliar de otimização unidimensional na variável λ
$$\min_{\lambda \in R} J(w_k + \lambda h_k)$$

Passo 3: Fazer $w_{k+1} = w_k + \lambda^*_k h_k$ e retornar ao Passo 1.

A dificuldade em se utilizar o método de Newton está na necessidade de derivadas segundas para caracterizar a Hessiana H(.) e de inversão de matrizes para o cálculo de $H^{-1}(.)$.

9.4 Métodos de busca sem empregar gradiente
i) Método da busca direta

Uma versão de busca direta é a realização de explorações, a partir de um dado ponto w_k, em direções paralelas aos eixos de coordenadas. Após a realização de explorações em todas as coordenadas é gerada uma direção h_k para busca unidimensional do passo λ^*_k, permitindo a atualização $w_{k+1} = w_k + \lambda^*_k h_k$.

Passo 0. Arbitrar w_0 e Δx_0. Escolher um número positivo tol.
Fazer k=0.

Passo 1. Iniciar exploração na direção da coordenada i.
Fazer i=1

Passo 2: Verificar se o sentido indicado por Δx^i_k é adequada:

$$\text{Se } J\left(\begin{pmatrix} w^1_k \\ \vdots \\ w^i_k + \Delta x^i_k \\ \vdots \\ w^n_k \end{pmatrix} \right) \leq J\left(\begin{pmatrix} w^1_k \\ \vdots \\ w^i_k \\ \vdots \\ w^n_k \end{pmatrix} \right) \text{ Então } (h^i_k = \Delta x^i_k)$$

Senão ($\Delta x_k^i = -\Delta x_k^i$).

Passo 3: Caso tenha sido mudado o sinal de Δx_k^i, verificar se o seu valor é adequado:

$$\text{Se } \left(J\begin{pmatrix} w_k^1 \\ \vdots \\ w_k^i + \Delta x_k^i \\ \vdots \\ w_k^n \end{pmatrix} \leq J\begin{pmatrix} w_k^1 \\ \vdots \\ w_k^i \\ \vdots \\ w_k^n \end{pmatrix} \right) \text{ Então } (h_k^i = \Delta x_k^i)$$

Senão $\Delta x_k^i = \dfrac{\Delta x_k^i}{2}$

Passo 4: Se ($\|\Delta x_k^i\| \leq$ tol)
Então ($h_k^i = 0$, $i = i + 1$ e retornar ao Passo 2 se $i \leq n$).

Passo 5: Critério de parada:
Se ($\|h_k\| \leq$ tol) Então ($w^*_{aprox} = w_k$ e fim)

Passo 6: Obter λ_k^*, a solução do problema auxiliar de otimização unidimensional na variável λ
min $J(w_k + \lambda h_k)$
$\lambda \in R$

Passo 7: Fazer $w_{k+1} = w_k + \lambda_k^* h_k$, $k = k + 1$ e retornar ao Passo 2.

ii) Método dos poliedros flexíveis

A idéia básica no método dos poliedros flexíveis é deformar, a cada iteração, um poliedro, de modo que este caminhe em uma direção decendente.

Passo 0: Escolher n + 1 pontos w_0^1, ..., w_0^{n+1}. (Chamados doravante de vértices).
Fazer $k = 0$.
Escolher números reais positivos tol, α, β, γ e δ.

Passo 1: Determinar os vértices com pior (w_k^H) e melhor (w_k^L) custo associado J(.):

w_k^H tal que $J(w_k^H) = \max\limits_{i=1,\ldots,n+1} \{J(w_k^i)\}$

w_k^L tal que $J(w_k^L) = \min\limits_{i=1,\ldots,n+1} \{J(w_k^i)\}$

Passo 3: Critério de parada:

Calcular $P = \sum\limits_{i=1}^{n+1} |w_k^i - w_k^L|$

Se (P < tol) Então $\left(w^*_{aprox} = \dfrac{1}{n+1}\sum\limits_{i=1}^{n+1} w_k^i \text{ e fim} \right)$

Passo 4: Determinar o centróide da face oposta ao vértice w_H:

$$c = \frac{1}{n}\left[\sum_{i=1}^{n+1} w_k^i - w_k^H\right] \tag{9.21}$$

Passo 5: Reflexão:
$$w_k^R = c + \alpha(c - w_k^H)$$

Passo 6: Expansão, se for o caso:

Se $(J(w_k^R) < J(w_k^L))$ Então $\left(w_k^E = c + \gamma(w_k^R - c)\right)$

e

Fazer $w_{k+1}^i = \begin{cases} w_k^E & \text{se i corresponde a } w_k^H \\ w_k^i & \text{para os demais vertices} \end{cases}$

Passo 7: Redução, se for o caso:

Se $(J(w_k^R) \geq J(w_k^H))$

Então $\begin{pmatrix} w_{k+1}^i = w_k^L + \delta(w_k^i - w_k^L) & \forall w_k^i \neq w_k^L \\ w_{k+1}^i = w_k^i & \text{para } w_k^i = w_k^L \end{pmatrix}$

Passo 8: Contração, se for o caso:

Se $(J(w_k^R) > J(w_k^i) \forall w_k^i \neq w_k^H)$ Então $\left(w_k^C = c + \beta(w_k^H - c)\right)$

e

Fazer $w_{k+1}^i = \begin{cases} w_k^C & \text{se i corresponde a } w_k^H \\ w_k^i & \text{para os demais vertices} \end{cases}$

Passo 9: Fazer k = k+1 e retornar ao Passo 1

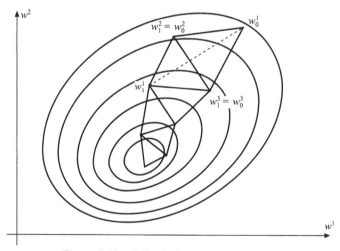

Figura 9.10 — Método dos poliedros flexíveis.

iii) Métodos de busca aleatória

iii.1) Direções aleatórias

Passo 0: Arbitrar w_0, tol e números reais $\alpha, \beta \in (0,1)$
Fazer o vetor (n×1) $v_0 = 0$ e o inteiro k = 0.

Passo 1: Gerar um vetor aleatório (n×1) r_k tal que $\|r_k\| = 1$.

Passo 2: Geração de uma direção de busca aleatória.

Se $(\|v_k\| \neq 0)$ Então $\left(h_k = \alpha \dfrac{v_k}{\|v_k\|} + (1-\alpha)r_k\right)$

Senão $(h_k = r_k)$

Passo 3: Busca unidimensional na direção h_k.
Obter λ^*_k, a solução do problema auxiliar de otimização unidimensional na variável λ
mín $J(w_k + \lambda h_k)$
$\lambda \in R$

Passo 4: Verificação de se a busca unidimensional foi satisfatória
Fazer $w_{k+1} = w_k + \lambda^*_k h_k$
Se $(|\lambda^*_k| \leq tol)$ Então (retornar ao Passo 1)

Passo 5: Critério de parada
Calcular: delta = $J(w_{k+1}) - J(w_k)$

Se $\left(|delta| \leq \dfrac{tol}{|\lambda^*_k|}\right)$ Então $(w^*_{aprox} = w_{k+1}$ e fim)

Passo 6: Atualização do vetor de memória v_k
$v_{k+1} = v_k + \beta(w_{k+1} - w_k)$

Passo 7: Retornar ao Passo 1.

iii.2) Algoritmos genéticos

Os algoritmos genéticos utilizam um conceito análogo ao de seleção natural da teoria da evolução de Darwin. A idéia básica, no caso da minimização de funcionais de custo J(w) em relação a *w*, é codificar o valor de w em uma cadeia de dados que recebe o nome de cromossomo. Em uma dada população de cromossomos existem aqueles associados a w que resultam em valores baixos de J(w). Esses cromossomos são considerados mais aptos para reprodução. A reprodução consiste em selecionar pares de cromossomos que sofram os efeitos de crossover e mutação. O crossover consiste em trocar segmento da cadeia de dados de um cromossomo com o seu par, eventualmente originando cadeias novas de dados que ainda não existiam na população. A mutação é a alteração aleatória de algum dado codificado no cromossomo.

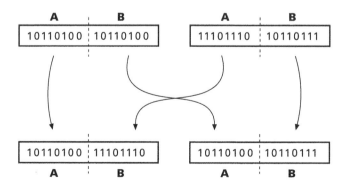

Figura 9.11 — Mecanismo de crossover nos algoritmos genéticos.

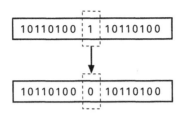

Figura 9.12 — Mecanismo de mutação nos algoritmos genéticos.

Passo 0: Selecionar os tamanhos da população inicial N e população máxima M.
Fazer k = N.
Escolher um número real positivo tol e um número inteiro $0 < t < N$ para teste de convergência.

Passo 1: Geração da população inicial:
$P = \{ (cromo_1, J(w_1)), ..., (cromo_N, J(w_N)) \}$
onde $cromo_i = w_i^1 : w_i^2 : \cdots : w_i^n$

Passo 2: Ordenar a lista P de modo que $J(w_{i-1}) \leq J(w_i)$.

Passo 3: Seleção do par de cromossomos para reprodução:
Gerar dois números aleatórios r_1 e r_2 distribuídos sobre o intervalo $(0,1)$, com elevada densidade próximo a 0 e baixa próximo a 1.
Calcular os índices dos cromossomos sorteados
$m = IFIX(r_1 * N) + 1$
$f = IFIX(r_2 * N) + 1$

Passo 4: Mutação:
Alterar, aleatoriamente, 1 bit de $cromo_m$ e 1 bit de $cromo_f$.

Passo 5 *Crossover*:
Quebrar $cromo_m$ em dois fragmentos $frag_m^1$ e $frag_m^2$ de comprimento aleatório.
Quebrar $cromo_f$ em dois fragmentos $frag_f^1$ e $frag_f^2$ de comprimentos idênticos aos $frag_m^1$ e $frag_m^2$.
Montar $cromo_{d1} = frag_f^1$ e $frag_m^2$ e $cromo_{d2} = frag_m^1$ e $frag_f^2$.

Passo 6: Fazer $k = k + 2$ e inserir $cromo_{d1}$ e $cromo_{d2}$ na lista P, na posição correta da ordenação.

Passo 7: Seleção Natural: eliminação dos cromossomos de pior desempenho em termos de J(.)
Se $(k \geq M)$
Então $[P = P - \{(cromo_{N+1}, J(w_{N+1})), ..., (cromo_k, J(w_k))\}$ e $k = M]$.

Passo 8: Critério de parada:
Se $(J(w_t) - J(w_1)) < tol$ Então $(w^*_{aprox} = w_1)$
Senão (retornar ao Passo 2).

9.5 Métodos estendidos

i) Zona tabu

Muitos algoritmos de otimização possuem a tendência de serem capturados por pontos de mínimo local, ou seja, convergem para pontos w_L tal que $\exists \rho \ J(w_L) \leq J(w), \ \forall w \in V(w_L,\rho)$, onde $V(w_L,\rho)$ denota vizinhança aberta de w_L de diâmetro ρ. Entretanto, esse pode não ser ainda o ponto de **mínimo global**.

Uma forma de se tentar determinar o ponto de mínimo global é repetir o algoritmo que tende a convergir para um ponto de mínimo local, mas a partir de diferentes pontos iniciais. O método da zona tabu tenta disciplinar a geração de novos pontos iniciais para a aplicação dos algoritmos de busca de mínimo local.

A idéia fundamental no método da zona tabu é a construção de listas de pontos iniciais que tendem a resultar em convergência para pontos de mínimo piores que o melhor já conhecido.

Passo 0: Arbitrar w_0.
Selecionar um número real $p \in (0.5,1)$.
Selecionar σ, tol e o comprimento máximo de listas M
Selecionar um algoritmo de minimização local min_local:
$w^*_{local} = $ min_local (w_0)

Passo 1: Montar a lista ZT = vazio (lista de Zona Tabu)
Montar a lista MP = $(w_0, J(w_0))$ (lista de Melhores Pontos)

Passo 2: Se (ZT = vazio) Então (selecionar um elemento qualquer de MP)
Senão (selecionar um elemento qualquer $(w_S, J(w_S))$ de MP com probabilidade p ou de ZT com probabilidade (1-p))

Passo 3: Promover espalhamento em torno de w_S:
Gerar vetor aleatório r de distribuição normal $N(0, \sigma^2 I)$
Fazer $w_C = w_S + r$

Passo 4: Obtenção de um mínimo local a partir de w_C:
$w_C^* = $ min_local (w_C)

Passo 5: Avaliação de w_C^*:
Se $(J(w_C^*) < J(w_S))$ Então (transferir todos os elementos de MP para TZ e inserir $(w_C, J(w_C))$ em MP)
Se $(|J(w_C^*) - J(w_S)| < $ tol $)$ Então (inserir $(w_C, J(w_C))$ em MP)
Se $(J(w_C^*) > J(w_S))$ Então (inserir $(w_C, J(w_C))$ em ZT)

Passo 6: Critério de parada
Se (comprimento(MP) $\geq$ M) Então ($w^*_{aprox} = w_k \in $ MP)
Senão (retornar ao Passo 2)

ii) Recozimento simulado

O mecanismo de recozimento simulado (*simulated annealing*) procura evitar que um algoritmo de busca descendente seja capturado por um ponto de mínimo local e, para tal, promove a geração de direções não localmente favoráveis, com uma probabilidade não nula. A analogia física que se faz é com relação a agitação térmica. Entretanto, à medida que o algoritmo de busca se aproxima do ponto de mínimo, possivelmente global, a temperatura deve ser reduzida, de modo a diminuir a agitação térmica.

O mecanismo de recozimento simulado pode ser incorporado em diversos algoritmos de busca. Como exemplo, é apresentado, a seguir, a adaptação para o caso do método de máxima declividade.

Passo 0: Arbitrar w_0 e tol.
Fazer k=0.
Escolher um número real T (Temperatura Inicial).
Escolher um número real $\rho \in (0,1)$ (Taxa de Resfriamento)

Passo 1: Calcular $h_k = -\nabla J(w_k)$

Passo 2: Critério de parada:
Se ($\|h_k\| \le tol$) Então ($w^*_{aprox} = w_k$ e fim)

Passo 3: Geração de uma direção alternativa, por exemplo aleatória, h_A

Passo 4: Critério de aceitação (ou de Metropolis):
Calcular a diferença de desempenho entre h_k e h_A:
$\delta = J(w_k + h_A) - J(w_k + h_k)$
Calcular a probabilidade de aceitação p_a pela fórmula:

$$p_a = \begin{cases} 1 & \text{se } \delta < 0 \\ e^{-\frac{\delta}{T}} & \text{se } \delta > 0 \end{cases}$$

Passo 5: Escolha da direção de busca:
Gerar um número aleatório uniformemente φ distribuído entre [0,1]
Se ($\varphi \le p_a$) Então ($h_k = h_A$)

Passo 6: Obter λ^*_k, a solução do problema auxiliar de otimização unidimensional na variável λ

Passo 7: Fazer $w_{k+1} = w_k + \lambda^*_k h_k$, $k = k + 1$, $T = \rho T$ e retornar ao Passo 1.

Existem outras formas de promover o 'resfriamento' diferentes daquela incluída no Passo 7: $T = \rho T$, tais como o $T = T - \rho_1$, $T = \rho_1/(1+\rho_2 * T)$ e $T = \rho_1/\log(1+t)$, onde ρ_1 e ρ_2 são constantes convenientemente escolhidas.

iii) Times assíncronos

O objetivo de um time assíncrono é o de promover um sinergismo entre diversos algoritmos diferentes, cada qual apresentando propriedades que o tornam interessante em determinadas situações, mas não em todas.

Os membros do time assíncrono devem interagir fortemente entre si, apesar de serem autônomos. Uma forma de representar as interações é através de grafos, onde os arcos representam a transferência de dados e os nós representam os agentes. Os agentes podem ser eliminados ou inseridos no time, em função das necessidades. Usualmente os agentes possuem mecanismos de comunicação e de controle, além do operador, que poderia ser um algoritmo de otimização local, por exemplo.

No caso de se construir um time assíncrono para resolver um problema de otimização, os operadores poderiam ser voltados para a solução de subproblemas obtidos por decomposição, determinação de pontos subótimos para processamento por um outro agente, eliminação de soluções ruins e outras tarefas das mais variadas.

Exemplo de time assíncrono

Uma vez que detalhar a teoria de times assíncronos foge ao escopo do presente texto, optou-se, aqui, por apresentar um exemplo concreto de aplicação, onde os principais conceitos podem ser comentados. Trata-se de um esquema proposto por Souza, 1993, e que permite resolver o clássico problema do caixeiro viajante.

Supondo que são conhecidas as distâncias d_{ij} entre as cidades i e j, pertencentes a um conjunto de cidades $\{1, 2, ..., n\}$, um "tour" é um caminho fechado que permite visitar cada cidade, exatamente uma vez. O problema do caixeiro viajante (travelling salesman problem) é encontrar um "tour", de mínima distância. Denotando-se por π_i o i-ésimo elemento de um conjunto de permutação de $\{1, 2, ..., n\}$, por exemplo, algo do tipo,

$$\pi_1 = \{1, 2, 3, 4, 5, ..., n-1, n\}$$
$$\pi_2 = \{2, 1, 3, 4, 5, ..., n-1, n\}$$
$$\pi_3 = \{2, 3, 1, 4, 5, ..., n-1, n\}$$
$$\pi_4 = \{2, 3, 4, 1, 5, ..., n-1, n\} ...$$

e por $\pi_i(j)$ o j-ésimo elemento de π_i o problema é:

$$\min_i \sum_{j=1}^{n-1} d_{\pi_i(j)\pi_i(j+1)}$$

O time assíncrono proposto por Souza, 1993, emprega os seguintes algoritmos:

LK - Vide Lin, S. e Kernighan, B.W. - An Effective Heuristic Algorithm for the Traveling Salesman Problem. *Operations Research*, v. 21, 1973, pp. 498-516.

CLK - Uma versão simplificada de LK

OR - Vide Souza, 1993. (Or-Opt)

AI - Vide Souza, 1993. (Arbitrary Insertion)

HK - Vide Held, M. e Karp, R.M. - The Traveling Salesman Problem and Minimum Spanning Trees. *Operations Research*, v.18, 1970, pp. 1138-1162. (converte "tours" em 1-árvore)

DEC - Vide Souza, 1993. (combinador que produz um "tour" parcial a partir de 2 "tours" completos)

MI - Vide Souza, 1993. (algoritmo que combina dois "tours" para gerar uma terceira).

TM - Vide Souza, 1993. (algoritmo que combina um "tour" e uma 1-árvore para gerar um novo "tour").

D1, D2 e D3 são destruidores que eliminam os candidatos não promissores

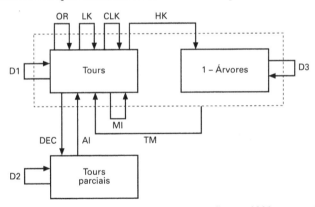

Figura 9.13 — Um time assíncrono proposto por Souza, 1993, para solução do problema do caixeiro viajante.

Em princípio, os times assíncronos utilizam:
a) decomposição não-hierárquica do problema,
b) compartilhamento de memória (como em *blackboards*),
c) população de soluções (como nos algoritmos genéticos),
d) agentes autônomos (como nas sociedades de insetos, onde não há controle central e as operações são assíncronas),

e) dois tipos de agentes: construtores e destrutores (como na natureza),
f) número arbitrariamente grande de agentes,
g) construção livre (como em *brainstorming*),
h) destruição baseada em lista (como na busca tabu),
i) cooperação através de trabalhos sobre os resultados dos outros,
j) agentes e memórias conectadas em um fluxo de dados fortemente cíclico.

As vantagens seriam:
a) possibilidade de resolver problemas com múltiplos índices de desempenho (*vector valued criteria*),
b) desenvolvimento modular do software,
c) robustez a falhas individuais dos agentes,
d) possibilidade do operador humano participar como um agente,
e) cooperação entre agentes diferentes e específicos, sendo que o desempenho global é superior ao do melhor agente,
f) aproveitamento de mecanismos de aprendizado.

9.6 Seleção do método de otimização

A escolha do método para solucionar um dado problema de otimização requer uma análise cuidadosa das condições exigidas para a aplicabilidade de cada um. Entre os diversos fatores estão a disponibilidade ou não de expressões para as derivadas do funcional de custo (por exemplo, no caso dos métodos de máxima declividade e de Newton), quantidade de memória que pode ser alocada para o armazenamento de dados (zona tabu, algoritmos genéticos), utilização ou não em ambientes de tempo real, existência ou não de uma boa estimativa para w* (facilitando a escolha de w_0), convexidade da função a ser minimizada (caso em que a solução existe e é única se o problema não possui restrições), simplicidade de programação e outros.

9.7 Sugestões para Leitura Complementar

Em vista da ênfase do presente texto em técnicas de inteligência artificial, o presente capítulo foi limitado à exposição de tópicos básicos de otimização que permitisse um acompanhamento adequado do material apresentado a seguir. Assim, não foi apresentado, por exemplo, nenhum algoritmo numérico para otimização com restrições, otimização inteira, programação linear e outros assuntos de grande importância prática.

Nesse contexto, são sugeridas leituras complementares.

- Excelente texto em língua portuguesa:
    MATEUS, G.R. e LUNA, H.P.L. - *Programação Não Linear*. Editora Gráfica Formato, Belo Horizonte, 1986.

- Excelente livro didático com 3 partes: Programação Linear, Problemas Irrestritos e Minimização com Restrições:
    LUENBERGER, D.G. - *Introduction to Linear and Nonlinear Programming*. Addison Wesley, Reading, MA, 1965.

- Livro clássico onde a teoria é apresentada com rigor matemático:
    POLAK, E. - *Computational Methods in Optimization: A Unified Approach*. Academic Press, NY, 1971.
- Livro com notável abrangência:
    FLETCHER, R. - *Practical Methods of Optimization*. John Wiley, Chichester, 1981 (2 vols).
- Embora antigo, é um livro ricamente ilustrado e repleto de exemplos:
    HIMMELBLAU, D.M. - *Applied Nonlinear Programming*. McGraw Hill, NY, 1972.

Exercícios do Capítulo 9

9.1 Determinar, quando possível, a solução do problema de minimização:
$$\min J(w)$$
$$w \in R$$
sujeito a
$$g(w) \leq 0$$
para cada um dos seguintes casos:

a) $J(w) = \text{cosec}(w)$
$g_1(w) = -w$
$g_2(w) = w - \pi$

b) $J(w) = \begin{cases} \sqrt{1-w^2} & \text{se } w \in [0,1] \\ \sqrt{-w^2+4w-3} & \text{se } w \in [1,2] \end{cases}$

$g_1(w) = -w$
$g_2(w) = w - 2$

c) $J(w) = e^{-w}$
$g(w) = -w$

d) $J(w) = 1 + \text{sen}\left(\dfrac{1}{w}\right)$

$g_1(w) = -w$
$g_2(w) = w - 1$

e) $J(w) = \tan(w)$
$g_1(w) = -w$
$g_2(w) = w - \pi$

f) $J(w) = \begin{cases} 2-w & \text{se } w \in [0,1] \\ w+1 & \text{se } w \in (1,2] \end{cases}$

$g_1(w) = -w$
$g_2(w) = w - 2$

g) $J(w) = \begin{cases} 2-w & \text{se } w \in [0,1) \\ w+1 & \text{se } w \in [1,2] \end{cases}$

$g_1(w) = -w$
$g_2(w) = w - 2$

h) $J(w) = w^3 - 3w^2 + 3w + 2$
$g_1(w) = -w$
$g_2(w) = w - 2$

i) $J(w) = \text{sen}(w)$
$g_1(w) = -w$
$g_2(w) = w - \pi$

9.2 Implementar um programa computacional para determinar, numericamente, os pontos de mínimo dos seguintes funcionais:

a) $J(w) = 100(w_2 - w_1^2)^2 + (1 - w_1)^2$ *(Função de Rosenbrock)*

b) $J(w) = (w_1^2 + w_2 - 11)^2 + (w_1 + w_2^2 - 7)^2$

c) $J(w) = (w_1 - 2)^2 + (w_2 - 1)^2 + \dfrac{0,04}{1 - 0,25w_1^2 - w_2^2} + 5(1 + w_1 - 2w_2)^2$
     (Bracken e McCormick)

d) $J(w) = \left(\displaystyle\sum_{k=1}^{5} k \cos[(k+1)w_1 + k] \right) \left(\displaystyle\sum_{j=1}^{5} j \cos[(j+1)w_2 + j] \right)$ *(Schubert)*

9.3 Modificar o algoritmo de poliedros flexíveis, de modo a incorporar um mecanismo de recozimento simulado.

10 MODELOS E ARQUITETURAS DE REDES NEURAIS ARTIFICIAIS

O funcionamento da grande maioria dos computadores digitais em uso atualmente é baseado no princípio de centralizar todas as operações em um processador muito poderoso e complexo. Essa é a idéia básica da arquitetura von Neumann, assim chamada pois foi proposta por John von Neumann, um dos pioneiros da computação moderna, em 1947. O poder de tal processador pode ser medido em termos de sua velocidade (número de instruções executadas por unidade de tempo) e complexidade (número de diferentes intruções que podem ser executadas).

A maneira tradicional de usar tais computadores tem sido o chamado **enfoque algorítmico** que consiste em planejar uma seqüência precisa de passos (um programa) a ser executada pelo computador. Algumas vezes estas seqüências envolvem operações com valores numéricos. Nessas condições tem-se o **enfoque numérico**, como o caso de algoritmos de otimização descritos no capítulo 9. Por outro lado, baseado na hipótese de que o processo de pensamento do especialista humano pode ser modelado usando um conjunto de símbolos e um conjunto de regras lógicas, os computadores são também utilizados para realizar inferências lógicas, como o exemplo de controladores baseados em conhecimentos, descritos no capítulo 6. Esse é o chamado **enfoque simbólico**. Nesses enfoques é necessária a intervenção de uma pessoa que entenda o processo (o especialista humano) e também de alguém para programar o computador.

O enfoque algorítmico, seja nos casos de natureza numérica ou simbólica, pode ser muito útil para a classe de problemas onde é possível encontrar a solução aplicando-se uma seqüência precisa de operações matemáticas ou regras, por exemplo, inversão de matrizes e o diagnóstico médico de certas doenças que já são bem compreendidas. Entretanto, tais enfoques podem apresentar limitações:

a) **Processamento predominantemente seqüencial**: devido à centralização do processamento em torno de um processador, as instruções têm que ser executadas seqüencialmente, mesmo que dois conjuntos de instruções não sejam inter-relacionadas. Surge então um "gargalo" em torno do processador central que impõe uma limitação na velocidade máxima de processamento. Algumas vezes, em vez de apenas um, usa-se um pequeno número de processadores ainda relativamente muito poderosos. Uma dificuldade nesse caso é a complexidade da programação necessária para o gerenciamento desses processadores, de forma que eles sejam utilizados de modo efetivo. Existem também limitantes físicos para o tempo de propagação dos sinais dentro do processador, os quais serão alcançados mais cedo ou mais tarde. A alternativa de diminuir o tamanho do processador para aumentar a velocidade de processamento também está sujeita a limites físicos.

b) **Representação local**: o conhecimento é localizado no sentido de que um conceito ou regra é localizado em uma área precisa na memória do computador. Tal representação não é resistente a danos. Também uma pequena corrupção em uma das instruções que serão executadas pelo processador (p. ex., erro em apenas 1 bit) pode facilmente arruinar a computação seqüencial. Outro problema é a diminuição da confiabilidade de um programa à medida que sua complexidade aumenta, visto que aumenta a probabilidade de erros na programação. Estilos de programação desenvolvidos mais recentemente, tais como a programação orientada a objetos (*object-oriented programming*, OOP), tem como um dos objetivos principais facilitar o gerenciamento desses programas mais complexos.

c) **Dificuldade de aprendizado**: utilizando-se a definição de que aprendizado em computação é a construção ou a modificação de alguma representação ou modelo computacional (Thornton, 1992), é difícil simular "aprendizado" usando os enfoques algorítmico ou simbólico, uma vez que não é trivial incorporar os dados adquiridos via interação com o ambiente no modelo computacional.

Em geral, pode-se dizer que os computadores digitais atuais podem resolver problemas que por diversas razões são de difícil computação por humanos (p. ex. contabilidade bancária), mas freqüentemente é muito difícil programar estes computadores para automatizar tarefas que seres humanos podem realizar com pouco esforço, tais como dirigir um carro ou reconhecer faces e sons nas situações encontradas no mundo real, visto que o algorítmo ou o conjunto de regras usados pelos seres humanos para realizar estas tarefas não é conhecido (o conhecimento não está explícito).

O estudo de Redes Neurais Artificiais (RNA, computação neural, conexionismo ou processamento paralelo distribuído) fornece um enfoque alternativo a ser aplicado em problemas onde os enfoques numérico e simbólico não são julgados muito adequados. Redes neurais artificiais são apenas inspiradas no nosso conhecimento atual sobre os sistemas nervosos biológicos da natureza, e não buscam ser realísticas em todos os detalhes, isto é, o modelamento de sistemas nervosos biológicos não é o ponto principal de interesse. Portanto algumas redes neurais artificiais podem até ser totalmente dissociadas de modelos neurais biológicos.

As redes neurais artificiais, diferentemente de computadores digitais convencionais, executam suas tarefas usando simultaneamente um grande número de processadores, cada um desses muito simples, mas com uma elevado grau de interconexão entre os processadores, ou seja, esses processadores operam em paralelo. A representação do conhecimento é distribuída pelas conexões e o aprendizado é feito alterando-se os valores associados com as conexões, não via programação "tradicional". Todavia, os métodos de aprendizado ainda precisam ser programados e para cada problema específico um método de aprendizado apropriado deve ser escolhido.

As redes neurais artificiais são atualmente modelos tão grosseiros de sistemas nervosos biológicos, que seria difícil justificar a palavra neural. A palavra neural é usada hoje mais por razões históricas, dado que os primeiros pesquisadores do assunto vieram das áreas de Biologia ou Psicologia, não das áreas de Engenharia ou Computação.

Por outro lado alguns pesquisadores argumentam que o conhecimento sobre redes de neurônios reais pode ajudar a melhorar os modelos de redes neurais artificiais, entre outras coisas clarificando suas limitações e pontos fracos.

10.1 O neurônio biológico

O cérebro humano contém aproximadamente 10^{11} células nervosas elementares chamadas de neurônios. Cada um desses neurônios está conectado a cerca de 10^3 a 10^4 outros neurônios. Portanto, estima-se que o cérebro humano teria entre 10^{14} e 10^{15} conexões.

Existem vários tipos de neurônios, cada um com sua função, forma e localização específica, porém os componentes principais de um neurônio de qualquer tipo são: o corpo de neurônio, chamado soma, os dendritos e o axônio, como ilustrado na figura 10.1.

MODELOS E ARQUITETURAS DE REDES NEURAIS ARTIFICIAIS

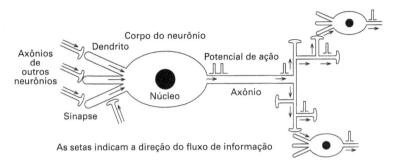

Figura 10.1 — Representação esquemática de um neurônio biológico.

O corpo do neurônio mede entre 5 a 10 mm de diâmetro e contém o núcleo da célula. A maioria das atividades bioquímicas necessárias para manter a vida do neurônio, tais como a síntese de enzimas, são realizadas no seu corpo.

Os dendritos atuam como canais de entrada para os sinais externos provenientes de outros neurônios e o axônio atua como canal de saída e transmissão. Os dendritos formam a árvore dendrítica, uma estrutura que se espalha em torno do corpo do neurônio dentro de uma região de até 400 mm em raio. O axônio se estende a partir do corpo do neurônio e é relativamente uniforme em diâmetro. O axônio pode ser tão curto quanto 100 mm (no caso de interneurônios, neurônios que funcionam apenas como pontos de ligação para outros neurônios) ou tão longo quanto 1 m (no caso de neurônios motores, usados para estimular músculos, por exemplo, o neurônio que conecta os dedos do pé à espinha vertebral). O axônio também se espalha em uma estrutura de árvore com vários ramos, mas geralmente apenas no seu fim, enquanto os dendritos se espalham muito mais perto do corpo do neurônio.

O final de um dos ramos do axônio tem a forma de um botão com diâmetro em torno de 1 mm e é conectado ao dendrito de um outro neurônio. Tal conexão é chamada de **sinapse**. Normalmente tal conexão não é física (o axônio e o dendrito não se tocam), mas eletroquímica. Existe um pequeno espaço entre eles, chamado de fenda sináptica de 200 Å a 500 Å (1 Å = 10^{-10} m, o comprimento de uma molécula de água é 3 Å).

O corpo do neurônio pode gerar atividade elétrica na forma de pulsos de voltagem chamados de **potencial de ação**. O axônio transporta o potencial de ação do corpo do neurônio até as sinapses, onde certas moléculas, chamadas de neurotransmissores, são liberadas. Essas moléculas atravessam a fenda sináptica e modificam o potencial da membrana do dendrito. Dependendo do tipo do neurotransmissor predominante na sinapse, o potencial da membrana do dendrito é aumentado (sinapse excitatória) ou diminuído (sinapse inibidora). Esses sinais recebidos pelos dendritos de vários neurônios são propagados até o corpo do neurônio onde são aproximadamente somados. Se essa soma dentro de um pequeno intervalo de tempo for acima de um determinado limite, o corpo do neurônio gera um potencial de ação que é então transmitido pelo axônio aos outros neurônios.

O potencial de ação tem um valor de pico em torno de 100 mV e duração em torno de 1 ms. Em repouso, ou seja, sem receber sinais outros neurônios, o corpo do neurônio tem um potencial próximo a –70 mV em relação ao exterior da célula e o valor limite para geração do potencial de ação se situa normalmente entre –30 mV e –60 mV (dependendo da sensitividade do neurônio).

Depois que o potencial de ação é gerado, existe um período refratário quando o neurônio não gera outro potencial de ação, mesmo que receba uma grande excitação. O período refratário que dura entre 3 e 4 ms determina a máxima freqüência de disparo do neurônio. Por exemplo, considerando que o mínimo período de um potencial de ação é de 4 ms (1 ms como a mínima duração do pulso + 3 ms como a mínima duração do período refratário) a máxima freqüência de trabalho de um neurônio seria 250 Hz.

A velocidade de propagação do potencial de ação ao longo do axônio varia de 0,5 a 130 m/s, dependendo do diâmetro do axônio e da existência da **bainha de mielina** (uma substância isolante). Dois terços dos axônios do corpo humano tem um pequeno diâmetro (entre 0,0003 e 0,0013 mm) e não são cobertos pela bainha de mielina. Esses axônios transmitem sinais como a temperatura corporal. O outro terço dos axônios possuem um diâmetro largo (0,001 a 0,022 mm), são cobertos pela bainha de mielina e são usados para transmitir sinais vitais que precisam ser processados rapidamente, por exemplo, os sinais de visão.

É interessante ressaltar que o sinal transmitido pelo neurônio é modulado em freqüência (FM). Usando esse tipo de modulação, o sinal gerado no corpo do neurônio pode ser transmitido pelo axônio até outros neurônios por longas distâncias, sem distorções significativas no conteúdo da informação.

10.2 O cérebro versus o computador digital

O cérebro humano pode ser visto como um processador analógico flexível, com uma capacidade de memória muito grande, e que foi otimizado pelo processo da evolução no decorrer de vários milhões de séculos para executar tarefas que são importantes para a sobrevivência em um lugar específico. De forma geral, quanto maior a importância de uma tarefa para a sobrevivência da espécie, mais o seu corpo se apresenta otimizado para essa tarefa, em relação às características físicas e biológicas, tais como tamanho do corpo, dissipação de calor e consumo de energia. O sistema nervoso humano é um bom exemplo desse fato e Hinton, 1989, menciona que:

1) para a realização de operações aritméticas, um cérebro tem uma fração do poder de processamento de uma calculadora de bolsa antiga;
2) ao se considerar o problema de visão, um cérebro tem o poder de processamento de milhares de supercomputadores;
3) em termos de memorização de fatos arbitrários, o cérebro é muito pior que o computador digital;
4) considerando a memória associativa para acontecimentos no mundo real, tal como lembrar o nome de uma pessoa dada uma descrição parcial com algumas pistas falsas (memória endereçada por conteúdo), o cérebro é superior ao computador digital (que usa memória endereçada por endereço).

É importante ressaltar que muitos problemas são eficientemente resolvidos por procedimentos algorítmicos convencionais implementados em computadores digitais. Por outro lado, redes neurais artificiais são ferramentas que podem ser utilizadas para se tentar resolver certos problemas onde a computação digital convencional não é muito adequada.

As diferenças principais no modo de processar informação entre o computador digital e o cérebro são, segundo Simpson, 1990:

a) **Velocidade de processamento**: É comum, hoje em dia, processadores digitais operando com velocidades de relógio de várias centenas de MHz e portanto levando apenas algumas dezenas de nanossegundos para executar uma instrução. Como neurônios operam na faixa de milissegundos e demoram pelo menos 4 ms para completar um ciclo de disparo, um computador digital pode ter componentes que são 10^6 (ou acima) vezes mais rápidos que um neurônio.

b) **Modo de processamento**: Uma possível explicação para o cérebro ter um desempenho melhor que um computador digital em certas tarefas, tais como visão é que, em vez de executar um programa muito grande de modo serial como os computadores digitais fazem, o cérebro executa em paralelo o equivalente a um número muito grande de pequenos programas.

c) **Número e complexidade dos processadores**: Em um computador digital as instruções dos programas são realizadas em poucos processadores de elevada complexidade. No cérebro humano, um número muito maior (10^{11}) de processadores relativamente simples e de baixa precisão (neurônios) trabalham com alta interconectividade (cada neurônio pode estar conectado a até cerca de 10^4 outros neurônios).

d) **Armazenamento de conhecimentos e tolerância a danos**: Em um computador digital um determinado item de informação é armazenado em uma posição de memória específica. Esse tipo de memória é chamado de memória localizada, pois uma unidade de memória contém um item inteiro de informação. Por outro lado, entende-se que no cérebro a informação está distribuída nas sinapses, de forma tal que nenhuma sinapse contém um item inteiro e cada sinapse pode contribuir para a representação de vários itens de informação. Esse tipo de memória é chamado de memória distribuída. Além disso um computador digital utiliza *memória endereçada por endereço*, enquanto o cérebro utiliza *memória endereçada por conteúdo*, ou seja, uma memória é lembrada usando-se partes de seu conteúdo como as chaves de endereçamento. Memórias distribuídas têm a vantagem de serem mais resistentes a danos, pois a perda de algumas poucas unidades de memória (as sinapses neste caso) não acarreta uma distorção severa na informação armazenada. Tal tolerância a danos é conhecida como degradação suave (*graceful degradation*), e significa que o desempenho diminui de forma suave (não abrupta) à medida que os danos aumentam. Em um computador digital, a corrupção de um bit de memória ou a falha do processador pode facilmente resultar em falha total do sistema. Por outro lado, memórias distribuídas têm a possível desvantagem de que quando alguma informação precisa ser atualizada, o processo é mais oneroso, pois várias posições físicas de memória precisam ser alteradas.

e) **Controle do processamento**: Em um computador digital existe um sinal de relógio que é usado para sincronizar todos os componentes. No cérebro não existe uma área responsável por controle ou sincronização de todos os neurônios. Por essa razão o cérebro é algumas vezes usado como exemplo de um *sistema anárquico*, pois não existe nenhuma estrutura que monitore ou coordene as atividades de cada indivíduo.

10.3 Definição de Rede Neural Artificial

A seguinte definição formal de uma Rede Neural Artificial foi proposta por Hecht-Nielsen, 1990:

"Uma Rede Neural Artificial é uma estrutura que processa informação de forma paralela e distribuída e que consiste de unidades computacionais (as quais podem possuir uma memória local e podem executar operações locais) interconectadas por canais unidirecionais chamados de **conexões***. Cada unidade computacional possui uma única conexão de saída, que pode ser dividida em quantas conexões laterais se fizer necessário, sendo que cada uma destas conexões transporta o mesmo sinal, o sinal de saída da unidade computacional. Esse sinal de saída pode ser contínuo ou discreto. O processamento executado por cada unidade computacional pode ser definido arbitrariamente, com a restrição de que ele deve ser completamente local, isto é, deve depender somente dos valores atuais dos sinais de entrada que chegam até a unidade computacional via as conexões e dos valores armazenados na memória local da unidade computacional".*

A definição acima mostra que redes neurais artificiais podem ser vistas como uma subclasse de uma classe geral de arquitetura computacional para processamento paralelo chamada **Múltipla Instrução Múltiplos Dados** (*Multiple Instruction Multiple Data* - MIMD).

10.4 Uma estrutura geral para modelos de Redes Neurais Artificiais

Existem vários modelos de Redes Neurais Artificiais, porém cada modelo pode ser definido formalmente pelas seguintes oito características principais:

- um conjunto de unidades computacionais,
- um estado de ativação para cada unidade simbolizado por a_i,
- uma função de saída F para cada unidade, ou seja, $out_i = F(a_i)$,
- um padrão de conectividade entre as unidades, (a topologia da rede) o qual é definido pela matriz de pesos W,
- uma regra de combinação usada para propagar os estados de ativação das unidades pela rede (cálculo de net_i),
- uma regra de ativação usada para atualizar o estado de ativação de cada unidade usando o valor atual do estado de ativação e as entradas recebidas de outras unidades geralmente da forma $a_i(k+1) = g[a_i(k), net_i(k)]$,
- um ambiente externo que fornece informação para a rede e/ou interage com ela,
- uma regra de aprendizado usada para modificar o padrão de conectividade da rede, usando informação fornecida pelo ambiente externo, ou seja, para modificar a matrix de pesos W.

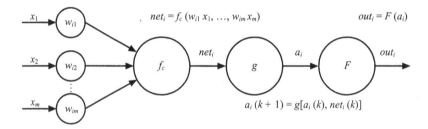

Figura 10.2 — Estrutura geral de uma unidade computacional.

10.4.1 Alguns tipos de unidades computacionais:

a) <u>Unidade Tipo Linear</u>:

O tipo de unidade computacional mais simples é o tipo linear, onde se tem:

$$out_i = net_i = \sum_j w_{ij} x_j + bias_i \qquad (10.1)$$

e w_{ij} é o peso vindo da unidade j para a unidade i ($i \leftarrow j$).

O valor do limiar (bias) pode simplesmente ser interpretado como sendo um outro peso vindo de uma unidade cuja saída é sempre 1.

Este tipo de unidade computacional apresenta algumas sérias limitações, como será visto mais adiante.

b) <u>Unidade Tipo TLU</u>:

Em 1943, W. McCulloch e W. Pitts propuseram modelar o neurônio biológico como uma "unidade lógica tipo limiar" (*Threshold Logic Unit*, TLU) com várias entradas binárias (0 ou 1) e uma saída binária. Os pesos associados com cada entrada são ± 1. A saída de tal unidade é alta (1) apenas quando a combinação linear de todas as entradas é maior ou igual a um certo limiar, e baixa (0) no caso contrário.

$$\text{out}_i = F_i(\text{net}_i) = F_i\left(\sum_j w_{ij}x_j + \text{bias}_i\right) \tag{10.2}$$

onde $F_i(z) = 1$ se $z \geq 0$ e $F_i(z) = 0$ se $z < 0$.

McCulloch e Pitts mostraram que é possível construir qualquer função lógica usando uma combinação de tais unidades, isto é, uma rede formada com tais unidades é capaz de realizar computação universal. Por exemplo, a função lógica AND (entradas 0 e 1) pode ser implementada usando uma unidade com ambos os pesos com valor 1 e a variável bias com valor −1,5. Se mudarmos o valor do bias para −0,5 implementamos a função lógica OR. Para obter um inversor lógico o peso e o bias devem ser −1 e 0,5 respectivamente. Usando-se uma combinação das funções lógicas AND, OR e inversor, é possível implementar qualquer função lógica. Porém McCulloch and Pitts não propuseram um método para a determinação dos pesos da rede.

c) Unidade tipo sigmóide ou tangente hiperbólica:

Este é o tipo de unidade mais comumente usado em aplicações de redes neurais. Nesse caso tem-se que:

$$\text{net}_i = \sum_j w_{ij}x_j + \text{bias}_i \tag{10.3}$$

e para a unidade tipo sigmóide:

$$\text{out}_i = \text{sig}(\text{net}_i) = \frac{1}{1 + \exp(-\text{net}_i)} \tag{10.4}$$

enquanto, para a unidade tipo tangente hiperbólica:

$$\text{out}_i = \tanh(\text{net}_i) = 2\,\text{sig}(2\text{net}_i) - 1 \tag{10.5}$$

A saída da unidade tipo sigmóide varia entre 0 e 1, enquanto que a saída da unidade tipo tangente hiperbólica varia entre −1 e 1.

Note que para esse tipo de unidade: a) a curva de saída apresenta uma forma de S, b) que tal curva pode ser vista como uma versão suave (isto é, com derivada finita) da curva de saída da unidade tipo TLU.

d) Unidade tipo função de base radial (*Radial Basis Function*):

Neste caso tem-se:

$$\text{net}_i = \frac{1}{\tau_i}\|x - C_i\| \tag{10.6}$$

onde C_i é um vetor que determina o centro da unidade e τ_i é um escalar que representa o "espalhamento" da função de ativação da unidade, e:

$$\text{out}_i = \exp\left[-(\text{net}_i)^2\right] \tag{10.7}$$

Dessa maneira, a saída do unidade out_i é máxima quando $x = C_i$ e decai suavemente à medida que x se afasta do centro C_i.

10.5 Topologia de Redes Neurais Artificiais

De acordo com a topologia, uma rede neural artificial pode ser classificada como *feedforward* (sem realimentação local) ou *feedback* (com realimentação local ou recorrente). Em uma rede neural artificial tipo *feedforward* uma unidade envia sua saída apenas para unidades das quais ela não recebe nenhuma entrada direta ou indiretamente (via outras unidades). Em outras palavras, em uma rede tipo *feedforward* não existem laços (*loops*). Em uma rede tipo *feedback* os laços existem. A figura 10.3 mostra os tipos de redes neurais artificiais (*feedforward*: a e b; *feedback*: c).

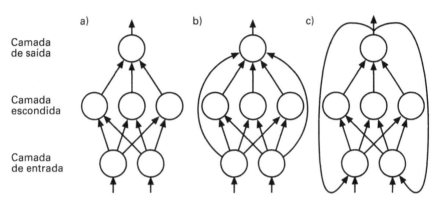

Figura 10.3 — Algumas topologias para rede neural artificial: (a) sem realimentação e camadas isoladas, (b) sem realimentação e com conexões diretas entre camadas de entrada e saída, (c) com realimentação.

Em redes neurais artificiais tipo *feedforward*, as unidades podem ser enumeradas de forma tal que a matriz de pesos W é triangular inferior com diagonal nula (enumere as unidades da entrada para a saída e denote por W_{ij} o peso recebido pela unidade *i* vindo da unidade *j*).

Uma rede neural artificial separada em camadas, onde todas as unidades enviam suas saídas apenas para as unidades situadas na próxima camada, é dita ser **estritamente *feedforward*** (vide figura 10.3a).

Uma rede neural artificial tipo *feedforward* implementa um mapeamento estático do seu espaço de entrada para o seu espaço de saída. Em certos casos necessita-se de camadas escondidas (ou camadas internas), para que a rede possa implementar o mapeamento entrada-saída desejado.

Uma rede tipo *feedback* é, em geral, um sistema dinâmico não linear. Nesse último caso, a estabilidade da rede torna-se um tópico de grande importância.

Uma aplicação típica de uma rede neural artificial tipo *feedforward* é o desenvolvimento de modelos não lineares usados em reconhecimento de padrões/classificação. Uma aplicação típica de redes neurais artificiais tipo *feedback* é como uma memória endereçada por conteúdo, onde a informação que deve ser gravada corresponde a pontos estáveis de equilíbrio estável da rede (veja Redes de Hopfield no próximo capítulo).

10.6 Aprendizado em Redes Neurais Artificiais

Na fase de aprendizado/treinamento de uma rede neural artificial, uma regra é usada para alterar os elementos da matriz de pesos W (e outros parâmetros modificáveis que a rede possa ter) usando a informação do meio externo disponibilizada pelo supervisor do aprendizado. Nesse contexto, os termos **treinamento**, **aprendizado** ou **adaptação** são sinônimos e são interpretados como alterações nos parâmetros modificáveis da rede neural (Lippmann, 1987).

MODELOS E ARQUITETURAS DE REDES NEURAIS ARTIFICIAIS

Os diferentes métodos de aprendizado podem ser classificados de acordo com a participação do supervisor no processo de aprendizado.

No grau de supervisão mais forte possível, o supervisor fornece diretamente para a rede neural os valores dos pesos. E é o caso, por exemplo, das Redes de Hopfield. Esse tipo de supervisão pode ser qualificado de **Muito Forte** e, na literatura, redes que utilizam tal tipo de estratégia são referidos como sendo de **pesos fixos**.

Em um grau de supervisão menor, que denominamos de **Supervisão Forte**, o supervisor fornece para a rede neural um conjunto de treinamento, ou seja, um conjunto de entradas e suas respectivas saídas desejadas. Deseja-se então que a rede aprenda a "imitar" o supervisor, ou seja, ajuste os seus pesos de forma a produzir, para cada entrada do conjunto de treinamento, a saída desejada fornecida pelo supervisor. É o caso de redes tipo *feedforward* treinadas com algoritmos de correção de erro, como o algoritmo *Back-Propagation*. Nesses algoritmos, para cada entrada do conjunto de treinamento a saída produzida pela rede neural é comparada com a saída desejada fornecida pelo supervisor e os pesos são alterados de forma a diminuir esta diferença. Freqüentemente, esse tipo de aprendizado é denominado na literatura de aprendizado supervisionado (Hush e Horne, 1993).

Na redução seguinte do nível de supervisão, denominada de **Supervisão Fraca**, o supervisor faz apenas o papel de um crítico, fornecendo uma avaliação grosseira da saída da rede neural (por exemplo, certo ou errado, erro grande ou erro pequeno, sucesso ou fracasso) em vez de fornecer a saída desejada. Nessa categoria estão os algoritmos de aprendizado por reforço (*reinforcement learning*) ou de punição/recompensa (*reward/punishment*).

No menor grau de supervisão, que denominamos de **Supervisão Muito Fraca**, o algoritmo de treinamento da rede neural tenta descobrir categorias dos dados de entrada e o supervisor participa apenas fornecendo os rótulos para estes agrupamentos. Um exemplo desse tipo de aprendizado está presente nas Redes de Kohonen, apresentada mais adiante. Na literatura, esse tipo de aprendizado é denominado *aprendizado não supervisionado*, um nome que, estritamente falando, não estaria totalmente apropriado, pois ainda ocorre uma pequena (mas efetiva) participação do supervisor no processo de aprendizagem. Zurada, 1992, propõe a seguinte analogia para clarificar esse ponto. Uma rede neural artificial sendo treinada usando aprendizado supervisonado corresponde a um estudante respondendo as questões colocadas pelo tutor e comparando suas respostas com as respostas corretas dadas pelo tutor. O caso de aprendizado não supervisionado corresponde ao estudante assistindo a uma aula gravada em vídeo pelo tutor que, no entanto, está ausente para responder a perguntas. O tutor fornece os métodos (a regra de aprendizado) e as questões (os vetores de entrada usados durante o aprendizado) mas não as respostas (os vetores de saída correspondentes).

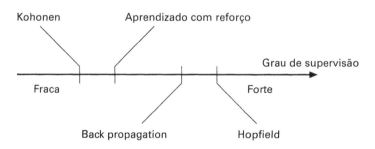

Figura 10.4 — Graus de envolvimento do supervisor nas diferentes formas de treinamento de redes neurais.

10.7 Capacidade de aproximação universal

No Congresso Internacional de Matemática, realizado em Paris no ano de 1900, o eminente matemático, Prof. David Hilbert apresentou 23 problemas, de cuja discussão poderiam advir significativos avanços na ciência.

O 13.º problema provocou, de fato, um impacto decisivo no campo de redes neurais. O problema envolvia responder à questão: *"Existem funções contínuas de 3 variáveis que não são representáveis como superposições e composições de funções de 1 variável?"* No contexto de uma rede neural, a questão poderia ser adaptada para: *"Existem funções contínuas de 3 variáveis que não são sintetizáveis através de ajuste de pesos de um perceptron multicamadas?"* Em termos formais, dada uma função f: $R^3 \to R$, existiria um conjunto de pesos w de forma que f(x) = rede_neural (x, w), para alguma rede_neural? De forma mais geral, o problema de aproximação universal consiste em caracterizar o conjunto de funções f: $R^n \to R$ que podem ser representados na forma $f(x) = f^{RN}(x, w)$, onde para um dado conjunto de pesos $f^{RN}(., w) : R^n \to R$ representa o mapa entrada-saída de uma rede_neural.

Um resultado fundamental a essa questão é fornecido pelo Teorema de Kolmogorov.

Teorema de Kolmogorov: Uma função contínua f: $[0,1]^n \to R$, com $n \geq 2$, pode ser representada na forma

$$f(x_1,...,x_n) = \sum_{j=1}^{2n+1} h_j \left(\sum_{i=1}^{n} g_{ij}(x_i) \right) \tag{10.8}$$

onde h_j e g_{ij} são funções contínuas de 1 variável e g_{ij} são funções monotônicas crescentes, fixas e independentes da especificação de f.

Prova: Kolmogorov, 1957.

A dificuldade do Teorema de Kolmogorov reside no fato que não são fornecidos procedimentos construtivos para *h* e *g* e também não se garante que se possa arbitrar *h* e *g*, tomando-se, por exemplo, funções sigmoidais ou lineares, como apresentam usualmente as redes neurais.

Diversos autores como Hornik, Stinchcombe e White, 1989, Funahashi, 1989, Irie e Miyake, 1989, e Scarselli e Tsoi, 1998, estenderam e adaptaram os resultados para o caso específico de redes neurais. Aqui é apresentado um resultado obtido por Cybenko, 1989, que faz referência a funções σ: $R \to R$, ditas sigmoidais:

$$\sigma(x) = \begin{cases} 1 & \text{se } x \to +\infty \\ 0 & \text{se } x \to -\infty \end{cases} \tag{10.9}$$

Teorema de Cybenko: Seja f: $[0,1]^n \to R$ uma função contínua e σ: $R \to R$ uma função contínua sigmoidal. Então, dado $\varepsilon > 0$, existe

$$f^{RN}(x, w) = \sum_{j=1}^{N} v_j \sigma(w_j^T x + b) \tag{10.10}$$

onde $w_j \in R^n$, $b_j \in R^n$ e $v_j \in R$, de forma que:

$$\left| f^{RN}(x, w) - f(x) \right| < \varepsilon \quad \forall x \in [0,1]^n \tag{10.11}$$

Prova: Teorema 2 de Cybenko, 1989.

Em vista do Teorema de Cybenko, redes neurais com uma camada de neurônios dotados de funções de ativação do tipo sigmoidal e uma camada do tipo linear são suficientes para aproximar funções contínuas sobre $[0,1]^n$. Com uma camada adicional de entrada pode-se realizar um escalonamento, de modo que o domínio pode ser estendido a paralelepípedos $[x^{min}, x^{max}]^n$.

Resultados similares são disponíveis para redes neurais empregando funções de base radial na camada escondida (redes RBF):

Teorema (aproximação universal por funções de base radial): Sejam dados S, um conjunto compacto de R^n e f: S → R. Então, dado $\varepsilon > 0$ existem constantes $v_1, ..., v_N \in R$ e centróides $w_1, ..., w_N \in R^n$ tais que:

$$f^{RB}(x,w,v) = \sum_{i=1}^{N} v_i G(x - w_i) \quad (10.12)$$

satisfaz:

$$|f^{RB}(x, w, v) - f(x)| < \varepsilon \qquad \forall x \in S \quad (10.13)$$

e onde G: $R^n \to R$ são funções gaussianas:

$$G(x - w_i) = e^{-(x-w_i)^T(x-w_i)} = \exp\left(-\sum_{j=1}^{n}(x_j - w_{ij})^2\right) \quad (10.14)$$

Prova: Deixada como exercício, empregando o Teorema de Stone-Weierstrass. Alternativamente, pode-se consultar Park e Sandberg, 1991 e 1993, e Hartman *et al.*, 1990.

Teorema de Stone-Weierstrass: Seja um conjunto compacto $D \subset R^n$ e $\mathcal{F}$ um conjunto de funções contínuas f: D → R, tal que:

a) $f(x) = 1 \; \forall x \Rightarrow f \in \mathcal{F}$; função unitária $\quad (10.15)$

b) $x_1 \neq x_2; x_1 \in D; x_2 \in D \Rightarrow \exists f \in \mathcal{F}$ tal que $f(x_1) \neq f(x_2)$; separabilidade $\quad (10.16)$

c) $\alpha, \beta \in R$ e $f, g \in \mathcal{F} \Rightarrow fg \in \mathcal{F}$ e $\Rightarrow \alpha f + \beta g \in \mathcal{F}$; fecho $\quad (10.17)$

Então $\mathcal{F}$ é denso no espaço de funções contínuas $C(D; \|.\|_{sup})$, ou seja, dado um $\varepsilon > 0$ e uma função contínua g: D → R, $\exists f \in \mathcal{F}$ tal que

$$|g(x) - f(x)| < \varepsilon \quad \forall x \in D \quad (10.18)$$

10.8 Sugestões para Leitura Complementar

ZURADA, J.M. - *Introduction to Artificial Neural Systems*. West Publishing Co, St. Paul, MN, 1992.

HASSOUN, M. H. - *Fundamentals of Artificial Neural Networks*. MIT Press, Cambridge, MA, 1995.

PERETTO, P. - *An Introduction to the Modeling of Neural Networks*. Cambridge University Press, Cambridge, 1992.

HERTZ, J.; KROGH, A.; PALMER, R. G. - *Introduction to the Theory of Neural Computation*. Redwood City, CA, 1991.

Exercícios do Capítulo 10

1. Ajustar w_1, w_2 e bias, utilizando apenas o método gráfico (traçado de retas separatrizes no plano (u_1,u_2), para a unidade computacional neural ilustrada na figura 10.5, de modo que produza as relações entrada-saída especificadas nas tabelas.

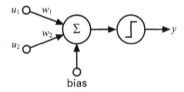

Figura 10.5 — Uma unidade computacional neural de 2 entradas e saída on-off (TLU).

a)

u_1	u_2	y
0,7	0,9	1
0,9	−0,1	1
−0,6	0,0	0
−0,5	−0,5	0

b)

u_1	u_2	y
0,7	0,9	1
0,9	−0,1	1
−0,6	0,0	0
−0,5	−0,5	0
0,1	−0,4	0

c)

u_1	u_2	y
0,7	0,9	1
0,9	−0,1	1
−0,6	0,0	0
−0,5	−0,5	0
0,8	0,5	0

2. Repetir o exercício anterior, mas com a função de saída linear:

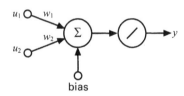

Figura 10.6 — Uma unidade computacional neural de 2 entradas e saída linear.

MODELOS E ARQUITETURAS DE REDES NEURAIS ARTIFICIAIS

3. A figura 10.7 ilustra um possível circuito eletrônico para um tipo de unidade computacional neural. Assuma que o circuito é composto por componentes ideais e que o relé é chaveado para a posição 2 apenas quando a corrente em sua bobina tem amplitude maior ou igual a I_B.
   a) Escreva para este circuito, usando como parâmetros os valores dos seus componentes, a função que relaciona a saída y com as entradas u_i.
   b) Explique a relação entre os elementos dos circuitos e os pesos e o bias de uma unidade computacional neural.
   c) Determine o tipo de unidade computacional neural implementado por este circuito.

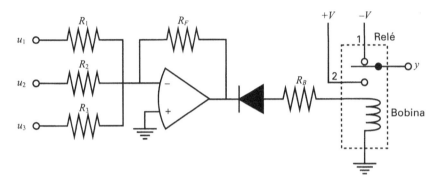

Figura 10.7 — Circuito eletrônico de uma unidade computacional neural.

4. Um sistema discreto linear é descrito por

$$y(k) = a_0 + a_1 y(k-1) + \ldots + a_n y(k-n) + b_1 u(k-1) + \ldots + b_m (k-m) \tag{10.19}$$

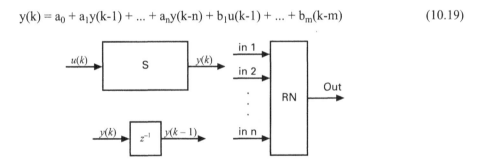

Figura 10.8 — Sistema discreto linear com entradas {u(k)} e saídas {y(k)}, atrasador (z^{-1}) e uma rede neural (RN).

Proponha um modelo envolvendo atrasadores e redes neurais cuja relação entrada-saída seja do tipo descrito pela eq. (10.19).

5. Esboce o gráfico de pelo menos 3 exemplos de funções que podem ser aproximadas por redes neurais, de acordo com o Teorema de Cybenko. Esboce o gráfico de uma função que não pode ser aproximada dessa forma.

APRENDIZADO COM SUPERVISÃO FORTE

Este capítulo apresenta dois métodos de aprendizado onde a participação do supervisor pode ser considerada forte. O primeiro método trata de redes de Hopfield, onde os pesos são fixos e ajustados (programados) *a priori*. Nesse caso os pesos fixos devem ser calculados de modo que os pontos de equilíbrio de uma rede recorrente sejam os desejados. O segundo método é o de ajuste de pesos baseado na minimização de erro quadrático em relação a uma amostra de pares entrada-saída. Aqui, métodos de otimização numérica são utilizados para a determinação do ponto de mínimo.

11.1 Programação direta dos pesos

Selecionou-se para estudo, neste capítulo, a rede neural de Hopfield. Trata-se de uma rede neural com realimentação e, como tal, são sistemas dinâmicos não lineares que podem exibir comportamentos bastante complicados.

A importância do estudo de tais tipos de redes neurais advém do fato que possuem aplicações notáveis, particularmente no campo de memórias associativas e para a obtenção de solução para algumas classes de problemas de otimização. No caso de memórias associativas, a rede neural é projetada de modo que os padrões que devem ser memorizados correspondam aos seus pontos de equilíbrio estáveis. No caso da solução de problemas de otimização, a rede neural é projetada de modo que haja convergência para pontos de equilíbrio estáveis e que, eventualmente correspondam a soluções ótimas.

11.1.1 Memórias associativas

As memórias associativas são entidades que armazenam um conjunto de padrões $P = \{S_1, S_2, ..., S_M\}$, de modo que quando lhes é apresentado um novo padrão Y, retornam o padrão $S_i \in P$ que mais se aproxima de Y, em um sentido estabelecido a priori. Podem ser interpretadas como memórias endereçáveis por conteúdo, pois permitem que um determinado padrão que esteja armazenado seja recuperado mediante uma entrada incompleta ou corrompida (*pattern completion e pattern recognition*). São exemplos de aplicações o reconhecimento de caracteres manuscritos e o reconhecimento de fisionomias.

11.1.2 Redes de Hopfield de tempo discreto

Em função de conveniência matemática, assuma que são empregados os valores 1 e –1 no lugar de 0 e 1, usualmente adotados em representações binárias.

Considere uma rede neural artificial de uma camada e com realimentação, empregando saída bipolar, como a ilustrada na figura 11.1.

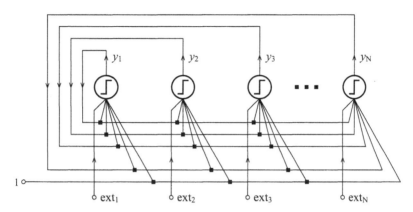

Figura 11.1 — Uma RNA de 1 camada e com realimentação

onde

$$y_i = \text{sign}(\text{net}_i) = \begin{cases} 1 & \text{se net}_i > 0 \\ -1 & \text{se net}_i \leq 0 \end{cases} \quad (11.1)$$

$$\text{net}_i = \sum_{j=1}^{N} w_{ij} y_j + \text{bias}_i + \text{ext}_i \quad (11.2)$$

onde N é o número de unidades na rede, bias_i e ext_i são variáveis constantes internas e externas, respectivamente. Por conveniência matemática, vamos assumir que $\text{bias}_i = \text{ext}_i = 0$, $i = 1, \ldots, N$.

Um padrão $Y = (y_1, \ldots, y_N)$ é dito corresponder a um ponto de equilíbrio estável da rede neural se

$$\text{sign}\left(\sum_{j=1}^{N} w_{ij} y_i\right) = y_i, \quad \text{para } \forall i, \ i = 1, \ldots, N \quad (11.3)$$

pois, neste caso, significaria que a saída não se alteraria na atualização, caso se apresentasse Y como entrada.

Se o padrão que se deseja armazenar é $S = (s_1, \ldots, s_N)$, tem-se que os pesos w_{ij} da rede são calculados como:

$$w_{ij} = k s_i s_j \quad (11.4)$$

com $k > 0$, pois, neste caso,

$$\begin{aligned} \text{sign}\left(\sum_{j=1}^{N} w_{ij} s_j\right) &= \text{sign}\left(\sum_{j=1}^{N} k s_i s_j s_j\right) \\ &= \text{sign}(kNs_i) \\ &= s_i \quad \text{para } \forall i, \ i = 1, \ldots, N \end{aligned} \quad (11.5)$$

desde que $s_j s_j = 1$, significando que S é um ponto de equilíbrio da rede.

Por conveniência, se $k = N^{-1}$, podemos escrever:

$$W = \frac{1}{N} SS^T \quad (11.6)$$

onde W é a matriz de pesos com elementos w_{ij}.

No caso onde desejamos armazenar M padrões, uma proposta simples para a determinação da matriz de pesos W pode ser obtida por superposição, ou seja,

$$W = \frac{1}{N} \sum_{pat=1}^{M} S^{pat}(S^{pat})^T \quad (11.7)$$

Para que a rede apresente a função de memória associativa, deve-se ter:

$$\text{sign}\left(\sum_{j=1}^{N} w_{ij} s_j\right) = s_i \quad \text{para } \forall i, \; i=1,\ldots,N \quad (11.8)$$

ou, utilizando a eq. (11.7),

$$\text{sign}\left(\frac{1}{N} \sum_{j=1}^{N} \sum_{pat=1}^{M} s_i^{pat} s_j^{pat} s_j\right) = s_i \quad \text{para } \forall i, \; i=1,\ldots,N \quad (11.9)$$

Denotando por S^P um padrão particular que se deseja memorizar na rede, o argumento de sign(.) na eq. (11.9) pode ser escrito como:

$$\frac{1}{N} \sum_{j=1}^{N} \sum_{pat=1}^{M} s_i^{pat} s_j^{pat} s_j^P = \frac{1}{N} \sum_{j=1}^{N} s_i^{pat} s_j^{pat} s_j^P + \frac{1}{N} \sum_{j=1}^{N} \sum_{pat=2}^{M} s_i^{pat} s_j^{pat} s_j^P = s_i^P + (IC) \quad \text{para } \forall i, \; i=1\ldots,N \quad (11.10)$$

onde (IC) representa a interferência cruzada entre S^P e outros padrões.

Portanto, se a magnitude de (IC) for inferior a 1, não haverá mudança de sinal de s_i^P, e a condição de estabilidade do padrão S^P estará satisfeita.

A eq. (11.7) expressa uma regra conhecida como **Regra de Hebb**. Uma rede neural com realimentação como na figura 11.1, com pesos determinados pela regra de Hebb, e com atualização da saída realizada assíncronamente (a cada instante de tempo apenas 1 unidade é atualizada) é chamada de rede de Hopfield de tempo discreto (Hopfield, 1982).

Uma questão importante é obter uma estimativa para o número M de padrões diferentes, que possa ser armazenado em uma rede como o da figura 11.1, com N neurônios. Essa estimativa depende, entre outros fatores, da taxa de erros que se admitiria na recuperação da informação armazenada. Caso não se admitam erros (*perfect recall*), McEliece *et al*, 1987, mostram que

$$M \leq \frac{N}{4 \ln N} \quad (11.11)$$

o que resultaria, para N = 256, apenas M ≤ 11.

Nota-se que, caso os padrões a serem armazenados sejam ortogonais entre si, ou seja,

$$(S^{pat_i})^T S^{pat_k} = \begin{cases} 0 & \text{se } i \neq k \\ N & \text{se } i = k \end{cases} \quad (11.12)$$

a capacidade de memória seria M = N. Entretanto, com a regra de Hebb, W seria a matriz identidade, o que, do ponto de vista prático, seria desinteressante.

Um conceito interessante utilizado por Hopfield, 1982, é o conceito de **função energia** para a rede neural em um dado instante kT; definida como:

$$E(k) = -\frac{1}{2} Y^T(k) W Y(k) \qquad (11.13)$$

Pode-se verificar que $E(k+1) \leq E(k)$, sendo que a igualdade ocorre quando y_i não varia na atualização. Portanto, a tendência da rede neural quando recebe uma entrada S é evoluir dinamicamente, na direção em que há decréscimo da função energia, até que a saída se estabilize em um dado ponto Y^S. Caso a rede esteja treinada, Y^S corresponde à versão recuperada de S, ou seja, um padrão completo e não ruidoso que havia sido armazenado a priori e que melhor se aproxima do padrão S apresentado para a rede neural.

11.1.3 Redes de Hopfield com atualização contínua

Após propor o uso de redes neurais bipolares realimentadas e com atualização assíncrona como memórias associativas, Hopfield, 1984, verificou que propriedades computacionais similares poderiam ser obtidas empregando uma versão de tempo contínuo e com saídas contínuas. Redes neurais com realimentação desse tipo são conhecidos como redes de Hopfield do tipo gradiente (Zurada, 1992) ou redes de Hopfield com atualização contínua (Hertz *et al*, 1991).

Uma forma de se implementar redes de Hopfield com atualização contínua é na forma de um circuito. A figura 11.2 apresenta um possível circuito elétrico analógico para o neurônio artificial:

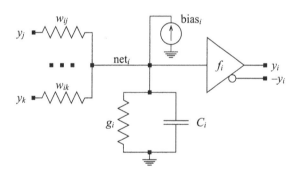

Figura 11.2 — Circuito elétrico implementando um neurônio artificial para utilização em redes de Hopfield com atualização contínua.

As variáveis net_i e y_j são tensões, $bias_i$ é uma corrente, w_{ij} e g_i são condutâncias, C_i é uma capacitância e A é um amplificador de tensão tal que $V_{out} = f(V_{in})$, ou seja, $y_i = f_i(net_i)$, com impedância de entrada com valor muito elevado que pode ser considerado infinito para efeitos práticos.

A dinâmica para a i-ésima unidade da rede é descrita pela equação diferencial ordinária:

$$i_i^C = C_i \frac{dnet_i}{dt} = bias_i + \sum_{j=1}^{N} w_{ij}(y_j - net_i) - g_i net_i \qquad (11.14)$$

Definindo-se $C = diag[C_1, \ldots, C_N]$ e $G = diag[G_1, \ldots, G_N]$, e $bias = [bias_1, \ldots, bias_N]^T$, onde:

$$G_i = g_i + \sum_{j=1}^{N} w_{ij} \qquad (11.15)$$

a eq. (11.14) pode ser reescrita de forma vetorial:

$$C\frac{dnet}{dt} = -Gnet + Wf(net) + bias \qquad (11.16)$$

A figura 11.3 ilustra um possível circuito elétrico analógico para uma rede de Hopfield com 4 unidades e atualização contínua.

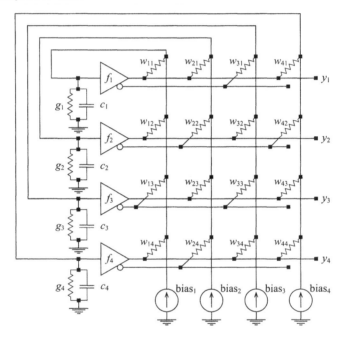

Figura 11.3 — Rede de Hopfield com atualização contínua implementada na forma de circuito elétrico.

Assumindo que a matriz de pesos W é simétrica e que as funções de ativação $f_i(.)$ são inferior e superiormente limitadas e monotonicamente crescentes, a função energia E(t) pode ser proposta como:

$$E(t) = -\frac{1}{2} Y^T W Y - bias^T Y + \sum_{i=1}^{N} G_i \int_0^{y_i} f_i^{-1}(\tau) d\tau \qquad (11.17)$$

Aplicando-se a regra da cadeia e utilizando a simetria da matriz W, verifica-se que

$$\frac{dE}{dt} = -\sum_{i=1}^{N} C_i \frac{df_i^{-1}(y_i)}{dy_i} \left(\frac{dy_i}{dt}\right)^2 \qquad (11.18)$$

Notando-se que $f_i(.)$ é monotonicamente crescente, tem-se que:

$$\frac{df_i^{-1}(y_i)}{dy_i} > 0 \qquad (11.19)$$

e, portanto, dE/dt ≤ 0, sendo que dE/dt = 0 se e somente se $dy_i/dt = 0$ para todas as unidades i = 1,2, ..., N. Logo, a função energia é não crescente com o tempo, e deixa de ser decrescente apenas quando $dy_i/dt = 0$, ou seja, y_i não mais varia no tempo. Analogamente ao que ocorria no caso de redes de Hopfield de tempo discreto, a tendência da rede neural é evoluir dinamicamente, na direção em que há decréscimo da função energia, até que a saída se estabilize em um dado ponto Y*. Pontos que exibem tal característica são conhecidos na literatura como pontos de equilíbrio e, desde que a condição inicial Y^0 esteja na vizinhança de Y* (ou seja, na região de atração de Y*), Y(t) → Y* à medida que t → ∞.

Se em um problema de otimização, a função custo pode ser expressa da forma:

$$E(t) = -\frac{1}{2} Y^T W Y - bias^T Y \qquad (11.20)$$

então, a rede de Hopfield pode ser utilizada para a sua minimização. De fato, considere-se funções de ativação f_j^λ com ganhos muito elevados

$$f_i^\lambda(net_i) = f_i(\lambda net_i) \qquad (11.21)$$

onde λ é um número positivo muito grande e $f_i(net)$ é, por exemplo, do tipo tanh(net) ou $(1+\exp(-net))^{-1}$. Nesse caso, E(t) pode ser escrito como:

$$E(t) = -\frac{1}{2} Y^T W Y - bias^T Y + \frac{1}{\lambda} \sum_{i=1}^{N} G_i \int_0^{y_i} f_i^{-1}(\tau) d\tau \qquad (11.22)$$

em vista de $net_i = f_i^{-1}(y)/\lambda$.

Se λ assume valores elevados, o terceiro termo de 11.22 pode ser desconsiderado frente aos demais. Como a rede de Hopfield é tal que Y(t) → Y* que minimiza E(t), é possível utilizá-la para resolver problemas de minimização (Hopfield e Tank, 1986).

Entre as diversas aplicações propostas na literatura estão (Tank e Hopfield, 1986):
- conversão análogo-digital,
- decomposição de sinais,
- programação linear,
- problema do caixeiro viajante.

11.2 Ajuste de pesos mediante amostras de pares entrada-saída

O primeiro problema a ser resolvido, quando se treina uma RNA usando aprendizado com supervisão forte, é selecionar o conjunto de dados a ser usado para treinar a rede. Tal conjunto de dados deve conter a relação que a rede deve adquirir. Dado que na maioria dos casos essa relação não é conhecida, tal seleção de dados para treinamento pode ser um problema não trivial.

Um exemplo real de possíveis problemas nessa etapa de seleção de dados para treinamento da rede aconteceu quando o exército americano tentou treinar uma rede para detectar a presença ou não de tanques a partir de imagens de paisagens naturais. O desempenho da rede no conjunto de treinamento foi muito boa, porém quando testada com imagens não usadas durante o treinamento, o desempenho da rede foi inadequado. Depois de muita investigação, concluiu-se que a rede havia aprendido a detectar a presença ou não de imagens ensolaradas. Por coincidência, a maioria das imagens do conjunto de treinamento que continham tanques eram imagens ensolaradas.

11.2.1 Regra de Hebb

Em 1949, Donald Hebb, em seu livro *The Organization of Behavior*, propôs o que hoje é conhecido como a regra de Hebb:

"Quando um axônio do neurônio A está suficientemente próximo para excitar o neurônio B e repetidamente colabora para o seu disparo, acontece algum processo de crescimento ou mudança metabólica em um ou em ambos os neurônios, de forma tal que a eficiência do neurônio A para disparar o neurônio B aumenta."

A regra de Hebb já foi apresentada no contexto de redes de Hopfield em §11.7 e pode ser expressa quantitativamente por:

$$\Delta w_{ij} = \eta y_i x_j \tag{11.23}$$

onde $X = [x_1\ x_2\ \ldots\ x_p]^T$ é o vetor de entrada, $Y = [y_1\ y_2\ \ldots\ y_q]^T$ é o vetor de saída, $\eta > 0$ é o passo de aprendizado e p e q são respectivamente o número de entradas e saídas da rede.

Um exemplo simples da aplicação da regra de Hebb envolve um modelo conhecido como **Matriz Linear Associativa** (*Linear Associative Matrix, LAM*, ou *Linear Associator*), introduzido por J. A. Anderson, 1968. Nesse modelo a saída é uma função linear das entradas, ou seja, $Y = W X$. A figura 11.4 ilustra tal rede, a qual é usada para associar um conjunto de vetores de entrada $X = [X^1\ X^2\ \ldots\ X^M]$ a um conjunto de vetores de saída desejados $D = [D^1\ D^2\ \ldots\ D^M]$, onde M é o número de associações desejadas (ou seja, quando se apresenta X^i à rede deseja-se $Y = D^i$).

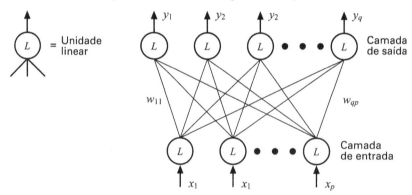

Figura 11.4 — Esquema de uma matriz linear associativa.

Algumas vezes tais vetores são chamados de padrões (termo usado na área de reconhecimento de padrões).

Na fase de aprendizado, se os vetores X formarem uma base ortonormal, isto é, se eles forem ortogonais entre si e tiverem comprimento unitário, podemos inicializar a matriz de pesos W como uma matrix nula e usar $\eta = 1$. A correta associação entrada-saída será então obtida com apenas uma apresentação de cada par entrada-saída desejada, pois, fazendo:

$$\Delta W(k) = W(k) - W(k-1) = D^k [X^k]^T, \quad 1 \le k \le M \tag{11.24}$$

depois da apresentação dos M pares de vetores, a matriz de pesos W será:

$$W(M) = D^1 [X^1]^T + D^2 [X^2]^T + \cdots + D^M [X^M]^T \tag{11.25}$$

Algumas limitações importantes desse modelo são:

1) o número de associações aprendidas (ou "armazenados" na rede) é menor ou igual ao número de

unidades de entrada (M ≤ p);
2) os vetores, ou padrões, de entrada tem que ser ortogonais entre si;
3) não é possível aprender relações entrada saída não lineares.

11.2.2 O Perceptron de 1 camada e regra Delta

Em 1958, Frank Rosenblatt propôs o modelo *Perceptron*. O modelo do Perceptron de 1 camada de pesos consiste de 1 camada de entradas binárias e 1 camada de saídas também binárias. Não existem camadas escondidas e portanto existe apenas 1 camada de pesos modificáveis. As unidades de saída utilizam a função bipolar (relé {−1,1} ou degrau unitário {0,1}), como ilustrado na figura 11.5.

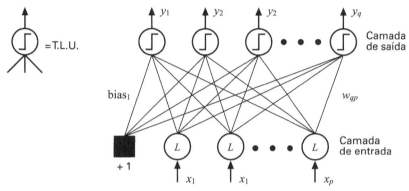

Figura 11.5 — Perceptron de 1 camada.

O Perceptron de uma camada é um caso especial do *Perceptron Elementar* de Rosenblatt. O Perceptron original foi proposto por Rosenblatt como um modelo computacional para reconhecimento visual de padrões, e que continha 3 tipos de unidades: S, A e R, significando, respectivamente, sensorial, associativa e responsiva (figura 11.6). As unidades S, formam uma "retina" e atuam como transdutores respondendo a sinais físicos tais como luz, pressão ou calor. As unidades A, recebem conexões fixas e distribuidas aleatóriamente das unidades S. As unidades A por sua vez enviam conexões variáveis para as unidades R, que atuam como unidades de saída.

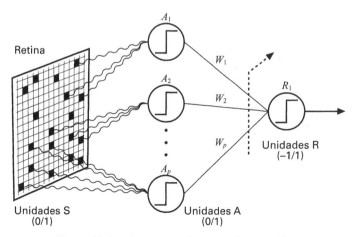

Figura 11.6 — Perceptron elementar de Rosenblatt.

A computação realizada pelas unidades *S* e *A* pode ser vista como um estágio de pré-processamento fixo, pois as conexões deste estágio são fixas.

Rosenblatt propôs o seguinte procedimento para o aprendizado supervisionado do Perceptron, que hoje é conhecido como a **regra do Perceptron**:

Passo 1)   Aplique um padrão de entrada e calcule a saída y;

Passo 2)   Se a saída for correta, vá ao passo 4;

Passo 3)   Se a saída for incorreta e igual a –1, adicione o valor da entrada ao peso correspondente, $\Delta w_{ij} = x_j$;
e se for igual a +1, subtraia o valor da entrada do peso correspondente, $\Delta w_{ij} = -x_j$;

Passo 4)   Selecione outro padrão de entrada do conjunto de treinamento e retorne ao passo 1.

O passo 3 pode ser expresso alternativamente como:

$$\Delta w_{ij} = \frac{1}{2}[D_i - y_i]x_j \qquad (11.26)$$

Note que essa é uma regra baseada no sinal de erro.

Rosenblatt, 1962, provou que, se uma solução existe, isto é, se existe uma matrix W que fornece a classificação correta para o conjunto de padrões de treinamento, então o procedimento acima encontrará tal solução depois de número finito de iterações. Essa prova é conhecida hoje como o *Teorema de Convergência do Perceptron*. Portanto, é muito importante entender em que casos tal solução existe.

Considere apenas 1 unidade de saída do Perceptron de 1 camada. Tal unidade divide o espaço de entrada em 2 regiões ou classes (uma região onde a saída é "alta", e outra região onde a saída é "baixa", 0 ou –1). Essas regiões são separadas por um *hiperplano* (uma linha para o caso de 2 entradas e 1 plano para 3 entradas) e o hiperplano é a *superfície de decisão* neste caso. A posição do hiperplano é determinada pelos pesos e bias recebidos pela unidade de saída. A equação do hiperplano da unidade *i* é:

$$\sum_{j=1}^{p} w_{ij}x_j + bias_i = 0 \qquad (11.27)$$

Minsky e Papert, 1969, analisaram a capacidade e limitações do Perceptron de 1 camada e corretamente mostraram que este pode resolver apenas problemas que são *linearmente separáveis*, isto é, problemas onde para cada unidade de saída existe um hiperplano que divide o espaço de entrada nas 2 duas classes corretas. Infelizmente muitos problemas interessantes não são linearmente separáveis. Além disso, Peretto, 1992, mostra, que o número de funções lógicas linearmente separáveis reduz a zero, à medida que o número de entradas cresce.

A figura 11.7 mostra as funções lógicas AND, OR e XOR para 2 entradas e 1 saída. Na figura 11.7 podemos ver que as funções AND e OR são linearmente separáveis. Entretanto a função XOR **não** é linearmente separável, visto que não é possível posicionar 1 linha de tal forma a separar os pontos que devem produzir saída 0 (ou –1) dos pontos que devem produzir saída 1.

Outra maneira de ilustrar que o Perceptron de 1 camada não pode resolver o problema do XOR, é escrever as 4 inequações que devem ser satisfeitas pelos pesos e bias. Essas inequações são:

1) $0 w_1 + 0 w_2 <$ bias $\Rightarrow$ bias > 0
2) $1 w_1 + 0 w_2 >$ bias $\Rightarrow w_1 >$ bias
3) $0 w_1 + 1 w_2 >$ bias $\Rightarrow w_2 >$ bias
4) $1 w_1 + 1 w_2 <$ bias $\Rightarrow w_1 + w_2 <$ bias

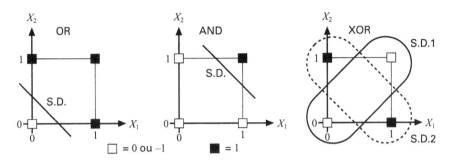

Figura 11.7 — Superfícies de decisão (S.D.) para os casos OR, AND e XOR.

Essas inequações não podem ser satisfeitas simultaneamente, pois os pesos w_1 e w_2 não podem ser positivos e maiores que o bias e ao mesmo tempo a sua soma ser menor que o bias.

É importante notar que nesse caso do Perceptron de 1 camada, não existe uma solução para ser encontrada, isto é, trata-se de uma limitação devida ao *problema de representação* (onde estamos interessados em saber se existe pelo menos 1 solução) e não um *problema de aprendizado* (onde já sabemos que pelo menos existe 1 solução e se deseja encontrar 1 das soluções).

A figura 11.7 mostra que uma possível solução para o problema XOR é mudar a forma das superfícies de decisão, por exemplo, de hiperplanos para hiperelipsóides.

Outra maneira de superar a limitação da separação linear é usar RNA com muitas camadas, tais como o *Perceptron de Múltiplas Camadas* (o famoso *Multi-Layer Perceptron - MLP*), a ser apresentado na próxima seção e que introduz camadas extras de unidades (as chamadas camadas escondidas) entre as camadas de unidades de entrada e saída. É possível mostrar que isso é equivalente a definir novas formas para as superfícies de decisão, uma conseqüência da combinação seqüencial de vários hiperplanos. O problema passa a ser então como determinar os pesos, ou seja, como treinar tal rede com várias camadas. Esse problema é estudado em §11.2.5.

11.2.3 ADALINE e a regra delta

Em 1960 Widrow e Hoff propuseram um neurônio denominado de ADALINE, inicialmente uma abreviação para ADAptive LInear NEuron e mais tarde, ADAptive LINear Element. O ADALINE é uma TLU (Threshold Linear Unit = Unidade Linear de Limiar) com uma saída bipolar (–1 e 1) e múltiplas entradas bipolares (–1 e 1).

Para treinar o ADALINE, Widrow e Hoff, 1960, propuseram a regra Delta, também conhecida como regra de Widrow-Hoff ou algoritmo LMS (Least-Mean-Square). A regra delta é também uma regra baseada no sinal de erro e portanto uma regra de aprendizado com supervisão forte.

O princípio básico da regra Delta é alterar, em cada apresentação de um par entrada/saída desejada do conjunto de treinamento, os pesos da rede na direção que diminui os quadrados do erro da saída, definido como:

$$E^{pat} = \sum_{i=1}^{q} E_i^{pat} = \sum_{i=1}^{p} \frac{1}{2}[D_i - y_i]^2 \qquad (11.28)$$

Em outras palavras, a regra Delta é um procedimento de otimização que usa a direção do gradiente executado a cada iteração. Repetindo-se o procedimento acima em todos os pares do conjunto de treinamento, o erro *médio* E^{AV} é minimizado onde:

$$E^{AV} = \frac{1}{M} \sum_{pat=1}^{M} E^{pat} \qquad (11.29)$$

e consequentemente temos:

$$\begin{aligned}\Delta w_{ij} &= -\eta \frac{\partial E^{pat}}{\partial w_{ij}} \\ &= -\eta \frac{\partial E^{pat}}{\partial y_i} \frac{\partial y_i}{\partial w_{ij}} \\ &= \eta \, [D_i - y_i] \frac{\partial y_i}{\partial w_{ij}}\end{aligned} \qquad (11.30)$$

Porém a função de ativação/saída não é contínua e portanto não é diferenciável, e em princípio a equação acima não poderia ser usada. Na realidade, o que Widrow e Hoff propuseram foi que, durante o treinamento, fosse usada uma função de ativação linear Y=W X + bias. Tal modificação acelera a aprendizagem, porque os pesos são alterados mesmo quando a classificação da saída é quase correta, em contraste com a regra do Perceptron, que altera os pesos somente quando ocorre um erro de classificação grosseiro. Outra modificação importante é o uso de entradas bipolares (–1 e 1) em vez de entradas binárias (0 e 1) onde quando a entrada é 0, os pesos associados com tal entrada não mudam. Usando uma entrada bipolar, os pesos são alterados, mesmo quando a entrada está inativa (–1 neste caso).

O procedimento para treinamento do perceptron de 1 camada usando a regra Delta pode ser esquematizado da seguinte maneira:

Passo 1: Inicialize a matriz de pesos W e o vetor bias como pequenos números aleatórios;
Passo 2: Selecione do conjunto de treinamento um par de vetores entrada/saída desejada;
Passo 3: Calcule a saída da rede como: Y = W X + bias
Passo 4: Altere a matriz de pesos W e o vetor bias usando:

$$\Delta w_{ij} = \eta \, [D_i - y_i] x_j \qquad (11.31)$$

$$\Delta bias_i = \eta \, [D_i - y_i] \qquad (11.32)$$

Passo 5: Se o vetor do erro de saída D – Y não for suficientemente pequeno para todos os vetores de entrada do conjunto de treinamento, retornar ao Passo 2.

Depois do treinamento, a saída da rede Y é calculada para um vetor de entrada X qualquer, em dois passos:

Passo 1: Calcule o vetor net (de *net input*) como:

$$net = W X + bias \qquad (11.33)$$

Passo 2: Calcular a saída da rede:

$$y_i = \begin{cases} +1 & \text{se } net_i \geq 0 \\ -1 & \text{se } net_i < 0 \end{cases} \qquad (11.34)$$

Essa fase é conhecida em RNA como a fase de evocação (*recall phase*). O procedimento acima minimiza a média da diferença entre a saída desejada e a *net input* de cada unidade de saída (o que Widrow e Hoff chamam de *erro medido*). É possível mostrar que, indiretamente, está também se minimizando a média do erro de saída (o que Widrow e Hoff chamam de *erro do neurônio*).

Em relação à capacidade da rede, Widrow e Lehr, 1990, mostram que, em média, um ADALINE com p entradas pode armazenar até $2p$ padrões de entrada aleatórios com suas saídas desejadas binárias também aleatórias. O valor $2p$ é o limite superior alcançado apenas quando $p \to \infty$.

Comparando a regra do Perceptron e a regra Delta, pode-se perceber que essas duas regras são praticamente idênticas, com a única diferença significativa sendo a omissão da função de limiar (*threshold function*) durante o treinamento no caso da regra Delta. Entretanto elas são baseadas em princípios diferentes: a regra do Perceptron é baseada no princípio de posicionar um hiperplano e a regra Delta é baseada no princípio de minimizar o erro quadrado médio do erro de saída.

Outro ponto interessante é que se a matriz linear associativa for treinada usando a regra Delta em vez da regra de Hebb, os vetores de entrada não precisam ser mais ortogonais entre si. Basta apenas que sejam linearmente independentes. Entretanto, para p unidades de entrada a rede ainda poderá armazenar apenas até p associações lineares, dado que não é possível ter mais que p vetores independentes em um espaço com dimensão p.

No caso particular onde:

1) η é suficientemente pequena,
2) todos os padrões de treinamento são apresentados com a mesma probabilidade,
3) existem p padrões de entrada e p unidades de entrada e
4) os padrões de entrada formam um conjunto linearmente independente,

mediante o emprego da regra Delta, a matriz de pesos W irá convergir para a solução ótima W^* onde:

$$W^* = [D^1 D^2 \ldots D^p][X^1 X^2 \ldots X^p]^{-1} \tag{11.35}$$

11.2.4 O papel das unidades escondidas dos Perceptrons

A figura 11.8 mostra esquematicamente um Perceptron de múltiplas camadas. É necessário pelo menos 1 camada de unidades escondidas com uma função de ativação não linear, pois 1 RNA com unidades escondidas lineares é equivalente a uma RNA sem camada escondida. As unidades de saída podem ter funções de ativação linear ou não linear. É também possível a existência de conexões diretas entre as unidades de entrada e saída.

O uso de unidades escondidas torna possível a recodificação dos padrões de entrada. Cada camada escondida executa a recodificação do seu sinal de entrada. Alguns autores referem a isso como as unidades escondidas criando *representações internas* ou extraindo os *atributos escondidos* (*hidden features*) dos dados fornecidos.

Dependendo do número de unidades escondidas, é possível encontrar uma nova representação onde os vetores de saída da camada escondida são linearmente separáveis, mesmo que os vetores de entrada não sejam.

Quando se tem apenas 1 camada escondida com um número de unidades não suficiente para que seja possível a recodificação dos vetores de entrada, uma possível solução é adicionar uma segunda camada de unidades escondidas. Assim, o projetista da rede tem que decidir entre: 1) usar apenas 1 camada escondida com muitas unidades; 2) usar 2 ou mais camadas escondidas com poucas unidades em cada camada. Normalmente não mais de 2 camadas escondidas são usadas, por 2 razões: 1) provavelmente o poder de representação de uma rede com até 2 camadas escondidas será suficiente para resolver o problema; 2) as simulações têm mostrado que para a maioria dos algoritmos usados para treinamento de RNA disponíveis atualmente, o tempo de treinamento da rede aumenta rapidamente com o número de camadas escondidas.

O poder de um algoritmo que consegue adaptar os pesos de um Perceptron de múltiplas camadas vem do fato que tal algoritmo poderá descobrir a recodificação interna necessária para resolver o

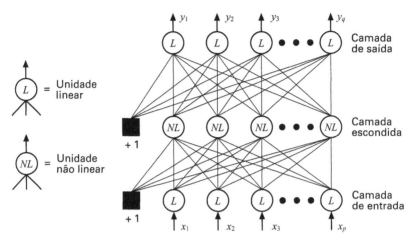

Figura 11.8 — Perceptron de Múltiplas Camadas.

problema, usando os exemplos do mapeamento entrada-saída desejado. É possível interpretar tal recodificação interna, ou representação interna, como um *conjunto de regras* (ou *micro-regras* como alguns autores preferem). Assim, usando-se uma analogia com *expert systems,* tal algoritmo "extrai" as regras ou atributos de um conjunto de exemplos. Alguns autores referem-se a isso como a propriedade de extração dos atributos "escondidos" do conjunto de dados.

As figuras 11.9, 11.10 e 11.11 ilustram 3 diferentes soluções para o problema do XOR usando unidades tipo TLU nas camadas escondida e de saída. Observe que nessas soluções a unidade de saída pode também ser linear sem bias, isto é, respectivamente $y = x_3 + x_4$, $y = x_4 - x_3$, e $y = x_1 + x_2 - 2x_3$. Nas figuras 11.9 e 11.10 as duas unidades escondidas recodificam as variáveis de entrada x_1 e x_2 como as variáveis x_3 e x_4. Os 4 pontos de entrada são mapeados para 3 pontos no espaço $[x_3, x_4]$. Esses 3 pontos são linearmente separáveis como as figuras ilustram. Observe que a solução ilustrada na figura 11.10 é uma combinação das funções AND e OR.

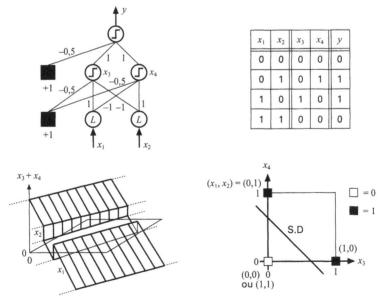

Figura 11.9 — Primeira solução para o problema XOR.

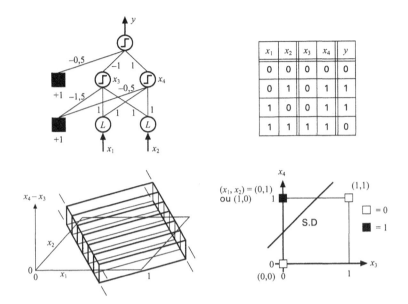

Figura 11.10 — Segunda solução para o problema XOR.

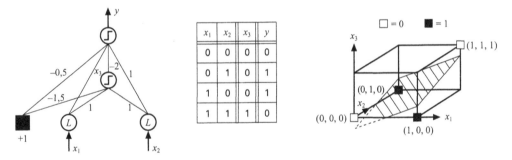

Figura 11.11 — Terceira solução para o problema XOR.

A figura 11.11 mostra que se as conexões das unidades de entrada para as unidades de saída forem usadas, o problema do XOR pode ser resolvido usando apenas 1 unidade escondida que implementa a função AND (observe a saída da unidade 3). Então, no espaço [x_1, x_2, x_3], onde os 4 padrões são linearmente separáveis, é possível encontrar um plano que separa os pontos que devem produzir a saída "0" dos pontos que devem produzir a saída "1". Se a unidade de saída for uma unidade TLU, uma possível superfície de decisão no espaço [x_1, x_2] para o problema XOR é uma elipse, como ilustrado na figura 11.7.

Como a função AND pode ser definida para variáveis de entrada (0 ou 1) como o produto dessas variáveis, a figura 11.11 mostra que, se fosse disponível uma entrada extra para a rede com o valor de $x_1 \times x_2$ então apenas 1 camada de pesos seria necessária para resolver o problema e não haveria a necessidade de unidades escondidas. Generalizando essa idéia quando uma unidade utiliza os produtos de suas variáveis de entrada, ela é chamada de *higher-order unit* e a rede neural de *higher-order ANN*. Em geral, *higher-order units* implementam a função:

$$y_i = f\left(\text{bias} + \sum_j w_{ij}^{(1)} x_j + \sum_j \sum_k w_{ijk}^{(2)} x_j x_k + \sum_j \sum_k \sum_l w_{ijkl}^{(3)} x_j x_k x_l + \ldots \right) \quad (11.36)$$

Da definição acima, o Perceptron é uma RNA de primeira ordem, pois utiliza apenas o primeiro termo da equação acima. Widrow e Lehr, 1990, se referem a tais unidades como unidades que possuem *Polynomial Discriminant Functions*. O problema com *higher-order ANN* é a explosão do número de pesos à medida que o número de entradas aumenta. Entretanto, tais redes têm sido utilizadas com sucesso para a classificação de imagens, independentemente da posição, rotação ou tamanho das imagens (Reid *et al*, 1989; Spirkovska e Reid, 1994). O problema da explosão do número de pesos é mantido sob controle, agrupando-se os pesos. Para alguns problemas, como no caso do XOR, 1 camada de *higher-order units* pode ser suficiente, pois elas implementam superfícies de decisão mais complexas que os hiperplanos, como no caso do Perceptron de 1 camada. O Perceptron só consegue implentar superfícies de decisão mais complexas usando uma combinação de hiperplanos, ou seja, usando camadas escondidas.

11.2.5 O algoritmo *Back-Propagation*

Foi visto anteriormente que a vantagem em usar as chamadas unidades escondidas com funções de ativação não lineares é a possibilidade da RNA implementar superfícies de decisão mais complexas, isto é, o poder de representação da rede é bastante aumentado. A desvantagem em usar as unidades escondidas é que o aprendizado se torna muito mais difícil, pois o método de aprendizado tem que decidir que atributos devem ser "extraídos" dos dados de treinamento. Basicamente, do ponto de vista de otimização, a dimensão do problema é também bastante aumentada, pois requer-se a determinação de um número bem maior de pesos.

O algoritmo *Back-Propagation* (BP) foi derivado de forma independente por várias pessoas trabalhando em campos diferentes. Werbos, em 1974, descobriu o algoritmo BP enquanto trabalhando em sua tese de doutorado (republicado como Werbos, 1994) e o chamou de *dynamical feedback algorithm*. Parker redescobriu o algoritmo em 1982 e o chamou de *learning logic algorithm*. Finalmente em 1986, Rumelhart, Hinton e Williams redescobriram e popularizaram o algoritmo (veja também McClelland e Rumelhart, 1988).

O algoritmo BP usa o mesmo princípio da regra Delta, isto é, minimiza a soma dos quadrados dos erros de saída, considerando-se sua média sobre o conjunto de treinamento, usando uma busca baseada na direção do gradiente. Por essa razão o algoritmo BP é também chamado de **Regra Delta Generalizada** (*Generalized Delta Rule*). A modificação crucial foi substituir as unidades TLU por unidades com funções de ativação contínuas e suaves. Isso possibilitou a aplicação de uma busca tipo gradient-descent, mesmo nas unidades escondidas. A função de ativação padrão para as unidades escondidas são as funções chamadas *squashing* ou *S-shaped*, tais como a função sigmóide,

$$\text{sig}(x) = \frac{1}{1+e^{-x}} \qquad (11.37)$$

e a função tangente hiperbólica,

$$\tanh(x) = 2\,\text{sig}(2x) - 1. \qquad (11.38)$$

Algumas vezes a classe geral de funções tipo "squashing" é denominada de *funções sigmoidais*. A função sigmóide cresce monotonicamente de 0 até 1, enquanto que a função tangente hiperbólica cresce de −1 até 1. Observe que a função sigmóide pode ser vista como uma aproximação suave da função bipolar {0,1}, enquanto que a função tangente hiperbólica pode ser vista como uma aproximação de uma função bipolar {−1,1}, como no ADALINE de Widrow. A função *sig*(*x/T*) tende para a função bipolar quando T tende a zero e o parâmetro T é chamado de *Temperatura*, sendo que algumas vezes é usado para mudar a inclinação das funções sigmóide e tangente hiperbólica em torno do ponto do meio. Em algumas aplicações, especialmente em reconhecimento de padrões, onde precisamos

APRENDIZADO COM SUPERVISÃO FORTE

ou queremos limitar a excursão da saída das unidades de saída, usa-se funções tipo *squashing* nas unidades de saída.

A dificuldade em treinar um Perceptron de múltiplas camadas é que não existe um erro pré-definido para as unidades de saída. Como o algoritmo BP é uma regra de aprendizado de supervisão forte, nós temos o valor que as unidades de saída devem seguir, mas não para as unidades escondidas. Como no caso da regra Delta, busca-se alterar os pesos na direção em que diminui o erro de saída.

Seja uma RNA tipo *feedforward* com Ninp unidades de entrada e Nout unidades de saída.

Assumindo, apenas por uma questão de simplicidade na notação, uma RNA com apenas uma camada escondida com Nhid unidades, conforme ilustrado na figura 11.8, a saída das unidades da camada escondida é calculada por:

$$\text{net}_k^H(j) = \sum_{\ell=1}^{Ninp+1} w_k^H(j,\ell) u_k(\ell) \tag{11.39}$$

$$y_k^H(j) = f^H\left(\text{net}_k^H(j)\right) \tag{11.40}$$

onde $1 \leq j \leq Nhid$, e a saída das unidades da camada de saída é calculado por:

$$\text{net}_k^S(i) = \sum_{j=1}^{Nhid+1} w_k^S(i,j) y_k^H(j) \tag{11.41}$$

$$y_k^S(i) = f^S\left(\text{net}_k^S(i)\right) \tag{11.42}$$

onde $1 \leq i \leq Nout$, e:

u_k = vetor de entradas da RNA com dimensão (Ninp+1) x 1, sendo que se assume $u_k(Ninp+1) = 1$,
$w_k^H(j,\ell)$ = peso entre a unidade escondida *j* e a unidade de entrada ℓ,
$\text{net}_k^H(j)$ = entrada total para a unidade escondida *j*,
$y_k^H(j)$ = saída da unidade escondida *j*, sendo assumido $y_k^H(Nhid+1) = 1$
$f^H(.)$ = função de ativação usada nas unidades escondidas,
$w_k^S(i,j)$ = peso entre a unidade de saída *i* e a unidade escondida *j*,
$\text{net}_k^S(i)$ = entrada total para a unidade de saída *i*,
$y_k^S(i)$ = saída da unidade de saída *i*,
$f^S(.)$ = função de ativação usada na unidade de saída *i*.

Assumindo uma RNA tipo *feedforward* com Ninp unidades de entrada, Nhid unidades escondidas em apenas uma camada escondida e Nout unidades de saída, propõe-se no algoritmo Back-propagation que a variação dos pesos ocorra na direção de máximo decréscimo do erro, apontado pelo sentido contrário ao gradiente $\partial E_k/\partial w_k$:

$$\Delta w_k(i,j) = w_{k+1}(i,j) - w_k(i,j) = -\eta \frac{\partial E_k}{\partial w_k(i,j)} \tag{11.43}$$

onde E_k é definido como o erro quadrático calculado sobre as unidades de saída quando o padrão u_k é aplicado na entrada da RNA, ou seja:

$$E_k = \frac{1}{2}\sum_{i=1}^{Nout}\left(d_k^S(i) - y_k^S(i)\right)^2 = \frac{1}{2}\sum_{i=1}^{Nout}\left(e_k^S(i)\right)^2 \tag{11.44}$$

onde o erro e_k^S para a unidade de saída i ($e_k^S(i)$) é simplesmente definido como o escalar:

$$e_k^S(i) \triangleq d_k^S(i) - y_k^S(i), \ 1 \leq i \leq Nout \tag{11.45}$$

onde $d_k^S(i)$ e $y_k^S(i)$ denotam respectivamente a saída desejada e a saída calculada para a unidade de saída i, quando o padrão u_k é aplicado na entrada da RNA.

O "*pseudo-erro*" e_k^H para a unidade escondida j, denotado $e_k^H(j)$, é definido como o escalar:

$$e_k^H(j) \overset{\Delta}{=} \sum_{i=1}^{Nout} e_k^S(i) \frac{\partial e_k^S(i)}{\partial y_k^H(j)}, \quad 1 \leq j \leq Nhid \tag{11.46}$$

isto é, o *pseudo-erro* de uma dada unidade escondida é calculado como a soma dos erros de cada unidade de saída multiplicado pela influência da unidade escondida no erro desta unidade de saída. Donde, pode-se escrever:

$$\frac{\partial e_k^S(i)}{\partial y_k^H(j)} = \frac{\partial e_k^S(i)}{\partial y_k^S(i)} \frac{dy_k^S(i)}{dnet_k^S(i)} \frac{\partial net_k^S(i)}{\partial y_k^H(j)} = -\bar{f}_k^S(j) w_k^S(i,j) \tag{11.47}$$

onde $\bar{f}_k^S(i)$ denota a derivada da função $f^S(z)$ em relação à z calculada no ponto $z = net_k^S(i)$.

E assim tem-se que:

$$e_k^H(j) = -\sum_{i=1}^{Nout} e_k^S(i) \bar{f}_k^S(i) w_k^S(i,j), \ 1 \leq j \leq Nhid \tag{11.48}$$

Portanto, pode-se calcular agora a variação do termo E_k em (11.16) em relação a w_k, através da aplicação da regra da cadeia:

$$\frac{\partial E_k}{\partial w_k(i,j)} = \frac{\partial E_k}{\partial y_k(i)} \frac{dy_k(i)}{dnet_k(i)} \frac{\partial net_k(i)}{\partial w_k(i,j)} \tag{11.49}$$

Se a unidade i é uma unidade da camada de saída:

$$\frac{\partial E_k}{\partial y_k^S(i)} = -e_k^S(i) \tag{11.50}$$

Se a unidade i é uma unidade da camada escondida:

$$\frac{\partial E_k}{\partial y_k^H(i)} = \sum_{\ell=1}^{Nout} \left(\frac{\partial E_k}{\partial y_k^S(\ell)} \frac{dy_k^S(\ell)}{dnet_k^S(\ell)} \frac{\partial net_k^S(\ell)}{\partial y_k^H(i)} \right) \tag{11.51}$$

A expressão (11.51) pode ser reescrita como:

$$\frac{\partial E_k}{\partial y_k^H(i)} = -\sum_{\ell=1}^{Nout} e_k^S(\ell) \bar{f}_k^S(\ell) w_k^S(\ell,i) \tag{11.52}$$

Assim, para a unidade i da camada de saída:

$$\Delta w_k^S(i,j) = \eta e_k^S(i) \bar{f}_k^S(i) y_k^H(j) \tag{11.53}$$

onde $1 \leq i \leq Nout$ e $1 \leq j \leq Nhid + 1$.

Para a unidade i da camada escondida:

$$\Delta w_k^H(i, j) = \eta \left[\sum_{\ell=1}^{Nout} e_k^S(\ell)\bar{f}_k^S(\ell)w_k^S(\ell,i)\right]\bar{f}_k^H(i)u_k(j) \tag{11.54}$$

onde $1 \leq i \leq Nhid$, $1 \leq j \leq Ninp + 1$. Utilizando a eq. 11.48 pode-se escrever então que para as unidades escondidas:

$$\Delta w_k^H(i, j) = -\eta e_k^H(i)\bar{f}_k^H(i)u_k(j) \tag{11.55}$$

onde $\bar{f}^H$ é definida de forma análoga a $\bar{f}_k^S$.

Observe que na derivação do algoritmo BP apenas as seguintes restrições foram usadas:
1) a rede é do tipo *feedforward*;
2) todas as unidades possuem funções de ativação diferenciáveis; e
3) a função combinação (usada para calcular o valor do *net input*) foi definida (em notação vetorial) como net = W out + bias.

Os passos do algoritmo BP são:

Passo 1: Geração do conjunto inicial de pesos sinápticos para todas as unidades da RNA;
Passo 2: Escolha do vetor de entrada a ser treinado u_k e da saída desejada d_k associada a esta entrada;
Passo 3: Cálculo das saídas de todas as unidades da RNA, ou seja, do vetor:

$$\left[y_k^H(1)...y_k^H(Nhid)y_k^S(1)...y_k^S(Nout)\right]$$

Passo 4: Cálculo do erro e_k^S para cada unidade de saída (eq. 11.45);
Passo 5: Cálculo do erro e_k^H para cada unidade na camada escondida (eq. 11.48);
Passo 6: Atualização dos pesos w_k utilizando as expressões 11.53 e 11.55;
Passo 7: Voltar ao passo 2 até o término do conjunto de padrões usados para o treinamento;
Passo 8: Voltar ao passo 2 até o término do número máximo de iterações permitido ou até ser atingido um valor de erro de saída aceitável para todos os padrões usados no treinamento.

Alguns casos possíveis são o uso de diferentes funções de ativação na camada escondida, uso de várias camadas escondidas e redes tipo *feedforward* mas não tipo estritamente *feedforward*.

Uma vantagem de se usar as funções sigmóide ou tangente hiperbólica em uma rede de múltiplas camadas, é que as suas derivadas podem ser calculadas simplesmente usando o valor da saída da unidade, sem a necessidade de cálculos mais complicados pois:

$$\frac{d}{dx}(\text{sig}(x)) = \text{sig}(x)[1 - \text{sig}(x)] \tag{11.56}$$

$$\frac{d}{dx}(\tanh(x)) = [1 + \tanh(x)][1 - \tanh(x)] \tag{11.57}$$

Tais propriedades são muito úteis pois reduzem o número total de cálculos necessários para treinar a rede.

Em relação à inicialização dos pesos, Rumelhart *et al*, 1986, sugerem usar pequenos números aleatórios centrados em torno de zero. Em relação à taxa de aprendizado (*learning rate*) η, ressalta-se que, embora um valor grande possa resultar em um aprendizado mais rápido, poderão também ocorrer oscilações. Uma maneira de reduzir o risco de provocar oscilações é incluir um *termo de momento*, modificando a equação de atualização dos pesos para:

$$\Delta w_k(i,j) = -\eta \frac{\partial E_k}{\partial w_k(i,j)} + \alpha \Delta w_{k-1}(i,j) \tag{11.58}$$

onde α é uma constante positiva com valor pequeno selecionado pelo usuário. Tal modificação filtra as oscilações de alta freqüência nas mudanças dos pesos, pois tende a cancelar as mudanças que têm direções opostas e reforça a direção predominante. O uso do termo de momento, pode ser útil quando a superfície do erro contém ravinas longas com uma curvatura súbita na direção perpendicular ao eixo maior da ravina e o piso da ravina tem uma inclinação pequena. Outra alternativa possível é a variação da taxa de aprendizado (Magoulas *et al*, 1999).

No caso da regra Delta, quando aplicada para treinar redes sem camadas escondidas e com unidades de saída lineares, a superfície de erro tem sempre a forma de uma taça, isto é, é uma superfície convexa com um único ponto de mínimo. Se a taxa de aprendizado η for suficientemente pequena, a regra Delta irá convergir para o ponto de mínimo. No caso do Perceptron de múltiplas camadas, a superfície de erro será muito mais complexa com muitos pontos de mínimo locais. Como o algoritmo BP, assim como a regra Delta, é um procedimento tipo *gradient-descent*, existe a possibilidade que o algoritmo ficará preso em um desses pontos de mínimo local e portanto poderá não convergir para a *melhor* solução, o ponto de mínimo global.

O algoritmo BP também pode ser aplicado para treinar redes RBF (*Radial Basis Functions*), mas Moody e Darken, 1989, propuseram um algoritmo híbrido de 2 estágios onde no primeiro estágio os centros e as larguras das funções gaussianas usadas pelas unidades escondidas são determinadas usando um algoritmo de aprendizado não supervisionado, isto é, usando apenas os dados de entrada e não as saídas desejadas correspondentes (os centros são determinados usando-se o algoritmo *k-means clustering* e as larguras usando heurísticas de *nearest-neighbour*). No segundo estágio, apenas os pesos de saída (os pesos entre as unidades escondidas e as unidades de saída), os quais correspondem às amplitudes das gaussianas, são modificados com o objetivo de minimizar o erro quadrático médio usando um algoritmo supervisionado, por exemplo, a regra Delta. Moody e Darken (1989) afirmam que em tais redes, em comparação com redes com funções tipo sigmóide treinadas com o algoritmo BP, a convergência do aprendizado é bem rápida, possivelmente porque o primeiro estágio, que é não supervisionado, já terá feito uma grande parte do trabalho necessário para a correta classificação (vide também Mulgrew, 1996). Entretanto, uma possível desvantagem é a necessidade de um número maior de unidades escondidas (e portanto de pesos da rede) para atingir a mesma precisão quando aproximando certas funções, em comparação com uma rede que usa funções tipo *squashing*.

Para mais informações sobre o treinamento de redes RBF consulte Bishop, 1995, e Haykin, 1994.

11.2.6 Treinamento de redes neurais artificiais usando o Filtro de Kalman Estendido

O Filtro de Kalman Estendido (FKE) pode ser usado para o treinamento supervisionado de RNAs do tipo *feedforward* (Rios Neto, 1997; Silva e Rios Neto, 1999). Basicamente o Filtro de Kalman é um algoritmo computacional usado para a tarefa de estimação do estado de sistemas dinâmicos a partir de medidas corrompidas por ruídos brancos (Bozic, 1979). No treinamento de RNAs, interpreta-se os pesos da RNA como os estados a serem estimados e as saídas da RNA são tomadas como as medidas usadas pelo Filtro de Kalman. Como a RNA é um sistema não linear, o Filtro de Kalman não pode ser usado na sua forma original, pois este assume a linearidade na dinâmica dos estados e da equação de saída. Quando tal condição não é satisfeita, como nesse caso, implementase a linearização do modelo do sistema (dinâmica e saída), originando assim o Filtro de Kalman Estendido, EKF ou FKE (Maybeck, 1979).

Do ponto de vista de filtragem estocástica, as seguintes relações matemáticas descrevem o sistema dinâmico não linear em questão:

$$W_{k+1} = W_k \tag{11.59}$$

$$d_k = g(W_k, u_k) + e_k \tag{11.60}$$

onde:

W_k = conjunto de pesos sinápticos da RNA,

u_k = vetor de entrada,

d_k = vetor de respostas desejadas para a entrada u_k,

$g(W_k, u_k) = [y_k^S(1) \ldots y_k^S(Nout)]$ = função não linear entrada-saída da RNA,

e_k = erro de modelamento da RNA.

Para evitar que se necessite trabalhar com matrizes de elevada dimensão, pode-se utilizar uma modificação do Filtro de Kalman Estendido, apresentada por Shah, Palmieri e Datum, 1992. Nesse caso, a atualização dos pesos é feita unidade a unidade, considerando constantes os demais pesos que não estiverem conectados à entrada da unidade cujos pesos estão sendo atualizados. Com isso, cada unidade terá as suas próprias matrizes independentes umas das outras e, assim, com menores dimensões. Observa-se uma redução considerável no tempo de treinamento das RNAs. Além disso, tal algoritmo pode ser facilmente implementado usando processadores paralelos.

Denotando por w_k o vetor coluna de pesos na entrada de cada unidade da camada escondida ou da camada de saída, seja $\hat{w}_k$ a estimativa de w_k. Indica-se, ainda, por k_k, h_k e r os vetores e o escalar correspondentes às matrizes K, H e R do Filtro de Kalman.

Nessas condições os passos do algoritmo de Filtro de Kalman Estendido com Aproximação Local são:

Passo 1: Geração do conjunto inicial de pesos sinápticos para todas as unidades da RNA;

Passo 2: Inicialização das matrizes de covariância P e escalares r para cada unidade da RNA;

Passo 3: Escolha do vetor de entrada a ser treinado u_k e da saída desejada d_k associada a esta entrada;

Passo 4: Cálculo das saídas de todas as unidades da RNA, ou seja, do vetor:

$$[y_k^H(1) \ldots y_k^H(Nhid) y_k^S(1) \ldots y_k^S(Nout)]$$

Passo 5: Cálculo do erro e_k^S para cada unidade de saída (eq. 11.45);

Passo 6: Cálculo do erro e_k^H para cada unidade na camada escondida (eq. 11.48);

Passo 7: Cálculo do vetor de saída h_k para cada unidade da RNA (h_k^H e h_k^S) (eqs. 11.67 e 11.65);

Passo 8: Atualização do vetor $\hat{w}_k$, do vetor de ganho k_k e da matriz P_k associado a cada unidade da RNA usando:

$$k_k = P_{k-1} h_k^T [h_k P_{k-1} h_k^T + r]^{-1} \tag{11.61}$$

$$P_k = P_{k-1} - k_k h_k P_{k-1} \tag{11.62}$$

$$\hat{w}_k = \hat{w}_{k-1} + k_k e_k \tag{11.63}$$

onde (h_k e e_k) devem ser substituídos por (h_k^S e e_k^S) se a unidade pertencer à camada de-saída, ou por (h_k^H e e_k^H) se a unidade for da camada escondida;

Passo 9: Voltar ao passo 3 até o término do conjunto de padrões usados para o treinamento;

Passo 10: Voltar ao passo 3 até o término do número máximo de iterações permitido ou até ser atingido um valor de saída aceitável para todos os padrões usados no treinamento.

Para cada unidade *i* da camada de saída é definido um vetor h_k^S, cujas componentes são calculadas por:

$$h_k^S(i,j) \triangleq \frac{\partial y_k^S(i)}{\partial w_k^S(i,j)} = \frac{dy_k^S(i)}{dnet_k^S(i)} \frac{\partial net_k^S(i)}{\partial w_k^S(i,j)} \tag{11.64}$$

$$h_k^S(i,j) = \bar{f}_k^S(i) y_k^H(j) \tag{11.65}$$

onde $1 \leq i \leq Nout$ e $1 \leq j \leq Nhid + 1$ e $\bar{f}_k^H(i)$ denota a derivada da função $f^S(z)$ em relação à z calculada no ponto $z = net_k^S(i)$.

Analogamente para cada unidade *j* da camada escondida é definido um vetor $h_k^H(j)$, cujas componentes são calculadas por:

$$h_k^H(j,\ell) \triangleq \frac{\partial y_k^H(j)}{\partial w_k^H(j,\ell)} = \frac{dy_k^H(j)}{dnet_k^H(j)} \frac{\partial net_k^H(j)}{\partial w_k^H(j,\ell)} \tag{11.66}$$

$$h_k^H(j,\ell) = \bar{f}_k^H(j) u_k(\ell) \tag{11.67}$$

onde $1 \leq j \leq Nhid$, $1 \leq l \leq Ninp + 1$ e $\bar{f}_k^H(j)$ denota a derivada da função $f^H(z)$ em relação a z calculada no ponto $z = net_k^H(j)$.

Uma possibilidade que permite aumentar a probabilidade de se encontrar soluções com melhores características de tolerância a perda de unidades na camada escondida é implementar as seguintes modificações nos algoritmos de treinamento, tanto no *Back-Propagation* como no Filtro de Kalman Estendido (Nascimento Jr., 1994; Botter, 1996):

- a cada vez que o conjunto de padrões de entrada é apresentado para a RNA, selecionamos uma das configurações possíveis de funcionamento da RNA, sendo que uma delas é a configuração sem falha;
- todas as configurações possíveis são igualmente prováveis;
- consideraremos que somente uma das unidades da camada escondida falhará de cada vez que for considerada falha na RNA;
- a falha em uma das unidades escondidas foi definida como sendo a saída desta unidade tendo valor zero para qualquer sinal de entrada.

A efetividade dessa técnica, chamada técnica de chaveamento, é ilustrada através de uma aplicação onde o conjunto de padrões utilizados para a validação da técnica são os 16 ilustrados na figura 11.12.

Para o primeiro conjunto de dados (figura 11.12) a RNA foi assim configurada:

- cada *pixel* de cada padrão foi considerado como uma entrada, totalizando assim 49 unidades na camada de entrada (*Ninp*);
- *Nhid* = 6, 8, 10, 12 ou 14 unidades;
- *Nout* = 16 = número de classes dos padrões de entrada, sendo que somente uma unidade de saída deverá ser ativada de cada vez, indicando a classe do padrão de entrada;

Dividiu-se a etapa de simulações em duas fases: a) fase de treinamento e b) fase de testes.

Foram utilizados os seguintes dados:

- número de iterações = 1000;
- P e r inicializados respectivamente para cada unidade da RNA como $15I$ e 3 para o primeiro caso, e $10I$ e 3 para o segundo caso, onde denota a matriz identidade com a dimensão apropriada;
- seqüência de apresentação dos padrões aleatória, sem adição de ruído ao sinal de entrada
- testes efetuados a cada 4 iterações, totalizando assim 250 testes;

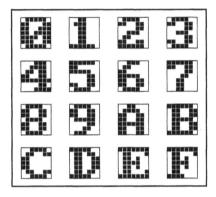

Figura 11.12 — Padrões de entrada.

- uma classificação correta ocorre quando a unidade de saída, correspondente ao padrão de entrada, estiver entre 0,75 e 1 e todas as demais estiverem entre –0,75 e –1.
- como o método de atualização dos pesos foi utilizado FKE.

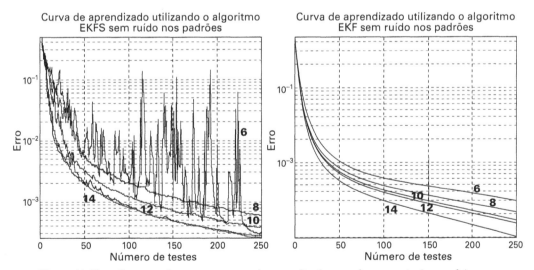

Figura 11.13 — Comparação entre as curvas de aprendizado com chaveamento (esquerda) e sem chaveamento (direita), para Nhid= 6,8,10,12,14.

Após treinamento até atingir uma taxa de acerto de 100% para os 16 padrões, sem presença de ruído, calculou-se a saída da rede para 100 amostras de cada um dos 16 padrões utilizados, com falhas aleatórias em 1 dos neurônios (distribuição uniforme). As redes com *Nhid* pequeno (6,8) apresentaram taxas de acerto pequenas (<80%), quando ocorriam perdas de neurônios, enquanto as redes com *Nhid* maiores (10,12,14) apresentaram taxas de acerto superiores a 90%, mesmo na ocorrência de falhas.

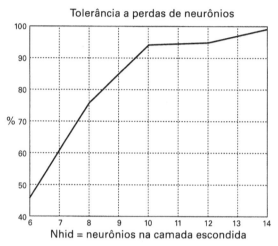

Figura 11.14 — Variação da tolerância à perda de neurônios, à medida que aumenta os neurônios na camada escondida.

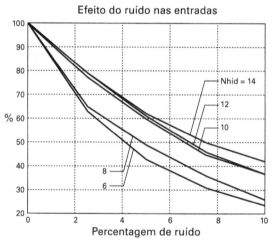

Figura 11.15 — Melhoria no reconhecimento de caracteres, mesmo com ruído nos padrões apresentados, à medida que aumenta o número de neurônios na camada escondida.

Conclui-se que a RNA, que foi treinada com um algoritmo que incorpora chaveamento, apresenta maior tolerância à perda de unidades escondidas.

O problema do treinamento de redes neurais tipo *feedforword* tolerantes à perda de unidades escondidas do ponto de vista de otimização é tratado em Neti *et al*, 1992 e Deodhare, 1998.

11.3 Representação, Aprendizado e Generalização

Uma vez que os dados de treinamento tenham sido selecionados, os problemas subseqüentes, na ordem em que eles devam ser resolvidos, podem ser classificados em três áreas principais: representação, aprendizado e generalização.

O problema de representação é como projetar a estrutura da RNA, de forma tal que exista pelo menos 1 solução (conjunto de pesos para a rede) que possa aprender o conjunto de dados de treinamento. O problema de representação é, em parte, resolvido mediante a utilização dos resultados sobre aproximação universal apresentados em §10.7.

O problema de aprendizado se refere a como treinar a rede. O algoritmo *Back-Propagation* é um exemplo de método muito utilizado para treinamento de redes do tipo perceptron de múltiplas camadas. Os algoritmos usados para treinar uma rede tipo *feedforward* podem ser classificados em 2 classes principais: 1) os algoritmos que tentam convergir para a solução de mínimo global; e 2) os algoritmos que tentam convergir rapidamente. Infelizmente, aparentemente essas 2 classes possuem uma intersecção pequena. Consequentemente, os algoritmos que tentam convergir rapidamente ainda podem ficar presos em pontos de mínimo local (como por exemplo, o algoritmo BP), enquanto que os algoritmos que tentam convergir para o ponto de mínimo global tendem a convergir muito lentamente quando comparados, por exemplo, com o algoritmo BP. Exemplos de algoritmos que tentam convergir para o ponto de mínimo global são o *Boltzman Machine* e os baseados algoritmos genéticos (ou outros descritos no capítulo 9). Um outro possível problema com o uso de algoritmos genéticos para treinar RNA tipo *feedforward* é a necessidade de um grande poder de processamento e de muita memória (Azevedo, 1999). O algoritmo BP é um algoritmo de primeira ordem, ou seja, ele utiliza apenas a primeira derivativa da função custo para procurar o seu mínimo. O Filtro de Kalman Estendido, por sua vez, é de segunda ordem (Battiti, 1992). Os problemas principais em usar métodos de segunda ordem são: 1) um aumento muito grande em relação ao número de operações necessárias e à quantidade de memória, principalmente para redes com muitas unidades; 2) nem todas as implementações utilizam computação local (o novo valor do peso depende da unidade não diretamente conectada por ele). Além disso, Saarinen *et al*, 1993, argumentam que o problema de treinamento de uma rede pode ser mal condicionado (as matrizes hessianas são mal condicionadas ou indefinidas) e portanto não podem ser resolvidas de forma mais eficiente por algoritmos de ordem maior que a primeira. Existem alguns poucos algoritmos que tentam treinar a rede ao mesmo tempo em que tentam determinar o número de unidades escondidas, isto é, tentam adaptar a topologia da rede *on-line*. Alguns algoritmos começam com uma rede pequena e adicionam unidades escondidas. Outras vezes, pesos pouco significativos são eliminados (Bishop, 1995).

Uma vez que o treinamento tenha terminado, o **problema de generalização** consiste em determinar como a rede irá responder a dados que não estavam presentes no conjunto de treinamento. Uma medida da generalização da rede é obtida verificando-se o desempenho da rede, usando um conjunto de dados de teste. O treinamento de uma RNA tipo *feedforward* pode ser visto como uma versão estendida e multi-dimensional do problema de determinar os parâmetros de um polinômio para interpolar um conjunto de pontos de um espaço unidimensional. Um excessivo número de graus de liberdade (um número excessivo de pesos na RNA) pode resultar em *overfitting*, ou seja, o polinômio passa exatamente por todos os pontos usados durante o treinamento, sem adquirir a relação a verdadeira entrada-saída que gerou os pontos. Diz-se nesse caso que o algoritmo está tentando modelar também o ruído, o que não é desejável. A consequência disso é um desempenho inadequado quando o conjunto de teste é usado (veja fig. 11.16). Portanto, a situação ideal é determinar o menor número de unidades escondidas que possa produzir o mapeamento entrada-saída desejado, o que deve produzir o mapeamento o mais suave possível (compare figuras 11.16 e 11.17).

Bishop, 1995, no Cap. 9 *Learning and Generalization*, traz uma revisão de vários métodos que podem ser usados para treinar uma rede neural objetivando uma boa generalização. A relação entre a tolerância a falhas e a generalização de uma rede neural é tratada em Murray e Edwards, 1993 e Elsimary *et al*, 1995.

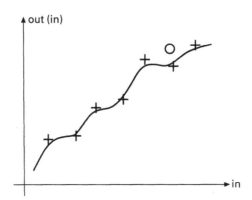

Figura 11.16 — "+" mostra os pontos do conjunto de treinamento e "o" mostra o ponto usado para testar a rede. Nesse caso está ocorrendo "overfitting" com os dados de treinamento.

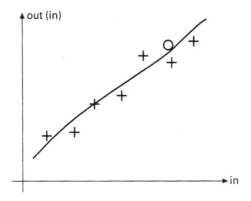

Figura 11.17 — Neste caso não ocorre "overfitting" dos mesmos dados de treinamento.

11.12 Sugestões para Leitura Complementar

Os livros textos onde se encontram mais detalhes sobre os conceitos apresentados neste capítulo são, entre outros:

ZURADA, J.M. - *Introduction to Artificial neural Systems*. West Publishing, 1992.

PERETTO, P. - *An Introduction to the Modelling of Neural Networks*. Cambridge University Press, 1992.

HERTZ, J.; KROGH, A.; PALMER, R.G. - *Introduction to Theory of Neural Computation*. Addison-Wesley, 1991.

Uma discussão mais aprofundada sobre o projeto de redes de Hopfield pode ser vista em:

LI, J.H.; MICHEL, A.N.; POROD, W. - Analysis and Synthesis of a Class of Neural Networks: Linear Systems Operating on a Closed Hypercube. *IEEE Trans. on Circuits and Systems*, v. 26, n. 11, nov 1989, pp. 1405-1422.

A relação intrínseca entre redes neurais, reconhecimento de padrões e estatísticas é estudada matematicamente em:

RIPLEY, B.D. - *Pattern Recognition and Neural Networks*. Cambridge University Press, 1996.

A ligação entre redes neurais e lógica nebulosa é discutida em:

SANDRI, S. A. e CORREA, C. - *Lógica Nebulosa*. Minicurso. V Escola de Redes Neurais (V ERN), São José dos Campos, 19 jul. 1999, pp. 73-90 (disponível em http://www.ele.ita.cta.br/cnrn/).

Exercícios do Capítulo 11

1. Escreva um programa de computador para treinar uma rede neural artificial (RNA) tipo *feedforward*, usando o algoritmo *back-propagation*. O usuário desse programa deverá poder selecionar as seguintes opções:

   1) número de camadas escondidas da RNA: 0, 1 ou 2;
   2) número de unidades em cada camada escondida;
   3) arranjo entre as camadas da RNA, isto é, para quais camadas cada camada de unidades envia pesos;
   4) função de ativação para todas as unidades das camadas escondidas: linear, sigmóide ou tangente hiperbólica;
   5) função de ativação para todas as unidades da camada de saída: linear, sigmóide ou tangente hiperbólica;
   6) número máximo de iterações;
   7) erro médio quadrático (medido no conjunto de treinamento) a ser atingido;
   8) taxa de aprendizado;
   9) nome de um arquivo texto com os padrões de treinamento no seguinte formato:
   primeira linha: 3 números separados por 1 espaço em branco especificando M, P e Q, que são: M = número de padrões de treinamento, P = número de unidades de entrada, Q = número de unidades de saída;
   segunda linha até linha M + 1: P + Q números em cada linha separados por 1 espaço em branco especificando o padrão de treinamento (padrão de entrada e padrão de saída desejada).

   Exemplo para uma versão do problema XOR:
   ```
   4 2 1
   0 0 0
   0 1 1
   1 0 1
   1 1 0
   ```

   Observações:
   a) Em cada iteração todos os padrões no conjunto de treinamento são usados para treinar a RNA, mas cada padrão é usado apenas uma única vez em cada iteração.
   b) O programa deve treinar a RNA até que o número máximo de iterações OU o erro médio quadrático especificado em 7 seja atingido.
   c) O erro médio quadrático E^{AV} (medido sobre o conjunto de treinamento) é definido como:

   $$E^{AV} = \frac{1}{MQ} \sum_{k=1}^{M} \sum_{j=1}^{Q} [d_j^k - y_j^k]^2$$

onde d_j^k e y_j^k são respectivamente a saída desejada e a saída calculada da unidade j da camada de saída, quando é aplicado na camada de entrada o padrão de treinamento k.

d) Inicialize os pesos da RNA com valores aleatórios. Sugiro usar distribuição uniforme ou gaussiana com média zero e pequeno espalhamento.

e) Mostre o erro médio quadrático e a saída da RNA para cada padrão do conjunto de treinamento antes do treinamento e ao término de cada iteração.

2. Explique usando a localização das superfícies de decisão como uma RNA tipo *feeedforward* pode implementar as funções AND, OR e XOR. Analise para cada uma dessas funções:
   - os casos onde os padrões de entrada e saída desejada são formados com os pares [0,1] (use função sigmóide na camada escondida) e [–1,1]] (use função *tanh* na camada escondida),
   - as diferentes topologias possíveis (número de camadas escondidas, unidades em cada camada e arranjos das ligações entre as camadas),
   - sempre que possível, use a função linear nas unidades da camada de saída, e se não for possível use a função sigmóide quando a entrada for formada por [0,1] ou *tanh* se a entrada for formada por [–1,1].

No caso da função XOR, analise também a variação onde é adicionada na camada de entrada uma terceira unidade cuja entrada é o produto das duas outras unidades ($X_3 = X_1 X_2$).

Utilize o programa desenvolvido na primeira parte e treine uma RNA para implementar as funções AND, OR e XOR nas topologias propostas no item a) acima. Em cada caso:
   - mostre a saída da RNA para o conjunto de padrões de treinamento antes e após o treinamento,
   - plote a curva de aprendizado da RNA (curva E^{AV} × número de iterações),
   - mostre a correspondência entre os pesos da RNA e a localização das superfícies de decisão,
   - plote a localização das superfícies de decisão antes e depois do treinamento.

3. Adapte o programa desenvolvido na primeira parte para treinar uma RNA que deve implementar uma aproximação da função sen(x) para $x \in [-2\pi, 2\pi]$.

Use como entrada da RNA $x/(2\pi)$ e como saída desejada sen(x). A unidade de saída deve ser linear e use apenas 1 camada escondida com unidades do tipo *tanh*, sem conexões diretas entre a camada de entrada e a camada de saída.

Em cada iteração do treinamento use como conjunto de treinamento 50 pontos aleatoriamente selecionados (com distribuição uniforme) no intervalo $[-2{,}5\pi; 2{,}5\pi]$. Para cada iteração defina um novo conjunto de treinamento.

Para medir o progresso do treinamento, calcule ao final de cada 5 iterações o erro médio quadrático como definido na primeira parte, usando 40 pontos igualmente espaçados no intervalo $[-2\pi, 2\pi]$. Plote a saída da RNA para esse conjunto de pontos antes e após o treinamento.

Plote a curva de aprendizado da RNA (curva E^{AV} × número de iterações).

Mostre a correspondência entre os pesos da RNA e a localização das superfícies de decisão.

Plote a localização das superfícies de decisão antes e depois do treinamento.

Observação: A expressão abaixo fornece uma boa aproximação para sen(x) no intervalo $[-2\pi, 2\pi]$:

$$F(x) = 1{,}15 \sum_{i=1}^{5} (-1)^{i+1} \tanh[x + \pi(i-3)]$$

4. Utilizando um pacote educacional para análise de circuitos analógicos, simular uma rede de Hopfield funcionando como um conversor análogo-digital de 4 bits:

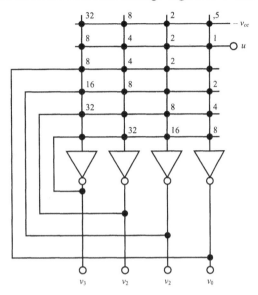

onde os números junto aos nós nas entradas dos somadores indicam o ganho.

5. Implementar, usando redes de Hopfield, a solução do Problema do Caixeiro Viajante ("*The Traveling Salesman Problem*"), com pelo menos cinco cidades. Os detalhes podem ser obtidos de:

SHACKLEFORD, J.B. - Neural Data Structures: Programming with Neurons, *Hewlett-Packard Journal*, jun. 1989, pp. 69-78.

6. Discutir:
   a) O número excessivo de pares entrada-saída pode não ser conveniente para o treinamento de perceptrons usando BP.
   b) O número de pares entrada-saída não pode ser muito pequeno.
   c) Nem sempre a presença de ruído aditivo na entrada ou na saída é ruim para o BP.
   d) Não é conveniente ter uma taxa de aprendizado η excessivamente grande.
   e) O número de neurônios da camada escondida não deve ser muito pequena.
   f) O número de neurônios da camada escondida não deve ser muito grande.
   g) Pode não ser indiferente utilizar unidades tipo sigmóide ou tangente hiperbólica para efeito de convergência do algoritmo BP.

7. Apresente um exemplo de RNA onde a função de erro quadrático E_k, em relação aos pesos w_k, possua múltiplos pontos de mínimo.

APRENDIZADO COM SUPERVISÃO FRACA

Este capítulo apresenta dois métodos de treinamento de redes onde a participação do supervisor é reduzida. O primeiro método é o aprendizado com reforço, onde o crítico (supervisor) fornece apenas informações do tipo sucesso/fracasso, recompensa/punição ou bom/mal para a rede. O segundo método é o aprendizado por competição que, juntamente com o conceito de arranjos físicos de neurônios, vem constituir as redes de Kohonen.

12.1 Aprendizado com reforço

Sejam dadas as funções $f: X \rightarrow Y$ e $f^{RN}: X \times W \rightarrow Y$, onde $X \equiv R^n$, $Y \equiv R^m$ e $W^{p,q,r}$ são os conjuntos das entradas, saídas e pesos, respectivamente. O aprendizado, no contexto desta seção, consiste em determinar os pesos $w \in W$ de uma rede neural caracterizada pela sua relação entrada-saída $f^{RN}(.,.)$, de modo que $f(x) = f^{RN}(x, w)$ ou, mais realisticamente, obter uma aproximação $f(x) \cong f^{RN}(x, w)$.

No caso do algoritmo *Back-Propagation* os pesos w são ajustados iterativamente de modo que $f^{RN}(., w)$ aproxime $f(.)$ nos pontos $\{(x_1, f(x_1)), ...,(x_N, f(x_N))\}$ fornecidos pelo supervisor. No caso de aprendizado com reforço, os pesos w devem ser ajustados, tambem iterativamente, de modo que $f^{RN}(., w)$ se aproxime de $f(.)$, baseado nos valores assumidos pela função de reforço (ou de recompensa/*reward*, ou de punição/*penalty*), $r: X \times A \rightarrow [0, 1]$, onde A é o conjunto de ações possíveis, por exemplo, $a_i \equiv [faça\ w_i = w_i + \Delta w_i]$.

12.1.1 Aprendizado com reforço imediato

O reforço imediato é aquele fornecido tão logo uma ação seja realizada, sem haver a necessidade de se memorizar as ações passadas. A ação, no caso de redes neurais, seria a atualização dos pesos de acordo com alguma regra pré-estabelecida. Portanto, a cada atualização dos pesos seria recebida uma realimentação do meio ambiente (através do crítico), no sentido de informar se tal ação foi boa ou não. Idealmente, representando a ação como escolha de pesos da rede neural para o valor w* deveria ser tal que:

$$r(x,f^{RN}(x,w^*)) = \max_{a \in A} r(x,a) \quad \forall x \in X \qquad (12.1)$$

ou seja, selecionar o valor w* que maximiza o reforço, dado que a entrada foi x.

Uma forma de determinar w* seria testar todos os valores $a \in A$, para cada x, obtendo-se a*(x) e depois ajustar w* usando, por exemplo, um algoritmo de otimização para minimizar o erro entre r(x,f^{RN}(x,w*)) e r(x,a*(x)). Usualmente os métodos de enumeração são custosos numericamente, mesmo no caso de A ser um conjunto finito.

Um método alternativo seria o que emprega índices de mérito (ou densidade de probabilidade, no caso de se utilizar a versão estocástica) no caso de A finito, $A = \{a_1, \ldots, a_N\}$.

Considere-se a função de mérito $g: X \to R^N$ que fornece, para cada x, um vetor $z \in R^N$, cuja componente z_i é proporcional ao mérito de se utilizar a ação a_i. A função de mérito g(x) pode ser realizada por uma rede neural $g^{RN}(x,v)$, com pesos ajustáveis v.

Seja k tal que $z_k \geq z_i$, $\forall i \neq k$, ou seja, a ação a_k possui o maior mérito no momento, dado por z_k.

O problema de construir a função de mérito $g^{RN}(x,v)$ pode ser resolvido pelo mecanismo de aprendizado:

$$g_k(x,v^{novo}) := g_k(x,v^{velho}) + \alpha r(x,a_k) \quad (12.2)$$

$$g_{i \neq k}(x,v^{novo}) := g_{i \neq k}(x,v^{velho}) - \alpha r(x,a_k) \quad (12.3)$$

onde $\alpha > 0$.

12.1.2 Aprendizado com reforço atrasado

O problema de aprendizado com reforço atrasado relaciona-se com o controle ótimo estocástico e o valor fornecido pela função de reforço depende do histórico das ações e não mais apenas da ação do momento. Uma vez que foge do escopo deste livro a apresentação do tema em sua plena generalidade, considere-se um sistema dinâmico estocástico controlado, markoviano, de tempo discreto e de estados finitos X. Seja $P_{xy}(a)$ a probabilidade de transição do estado x para y, quando se usa a ação $a \in A$:

$$P_{xy}(a) := \Pr\{x_{k+1} = y \mid x_k = x \text{ e } a_k = a\} \quad (12.4)$$

O objetivo é obter uma estratégia de controle f(.) que, para cada $x \in X$, associa uma ação *a*, ou seja a = f(x).

Supondo-se que a expressão da função de reforço r(x,a) seja conhecida e que já foi escolhida uma estratégia f(.), a função de custo J[f](x), dependente da escolha de *f* e do estado inicial x, é definida por

$$J[f](x) = E\left[\sum_{k=0}^{\infty} \gamma^k r(x_k, f(x_k)) \mid x_0 = x\right] \quad (12.5)$$

onde $\gamma \in [0,1)$ é um fator de desconto que reduz progressivamente o impacto de recompensas futuras em comparação com as do momento.

Para uma estratégia ótima f* que minimiza J[f](x), define-se a função valor (*value function*) por

$$V(x) = \max_f J[f](x) \quad \forall x \in X \quad (12.6)$$

A função valor satisfaz a equação de Bellman (vide Kumar e Varaiya, 1986):

$$V(x) = \max_{a \in A}\left[r(x,a) + \gamma \sum_{y \in X} P_{xy}(a) V(y)\right] \quad (12.7)$$

cuja interpretação é bastante intuitiva. Estando no estado x, o reforço máximo V(x) vai ser obtido se, no primeiro passo for selecionada a melhor ação a (obtida, no caso, através de max[.]) e, atingindo-se y, continuar a partir deste estado com estratégia ótima, resultando no reforço V(y).

A equação de Bellman pode ser utilizada para caracterizar a estratégia ótima f*, ou seja,

$$f^*(x) = \arg \max_{a \in A} \left[r(x,a) + \gamma \sum_{y \in X} P_{xy}(a)V(y) \right] \quad (12.8)$$

No caso de se aproximar a função f(.) por uma rede neural parametrizada por pesos w, denotada $f^{RN}(x,w)$, o método de atualização deve ser tal que:

$$f^{RN}(x,w^*) = \arg \max_{a \in A} \left[r(x,a) + \gamma \sum_{y \in X} P_{xy}(a)V(y) \right] \quad (12.9)$$

Um problema encontrado nesse enfoque é a necessidade de se dispor explicitamente do conhecimento do sistema controlado na forma de $P_{xy}(a)$. Uma maneira de contornar essa dificuldade é utilizar uma função auxiliar denotada por $Q[f]:X \times A \rightarrow R$ definida por:

$$Q[f](x,a) = r(x,a) + \gamma \sum_{y \in X} P_{xy}(a)J[f](y) \quad (12.10)$$

Utilizando-se f*, a equação de Bellman pode ser reescrita em termos de Q como:

$$Q[f^*](x,a) = r(x,a) + \gamma \sum_{y \in X} P_{xy}(a) \left[\max_{b \in A} Q[f^*](y,b) \right] \quad (12.11)$$

e, portanto:

$$f^*(x) = \arg \max_{a \in A} Q[f^*](x,a) \quad (12.12)$$

que pode ser usado para o ajuste dos pesos w de $f^{RN}(x,w)$. A idéia para o aprendizado-Q devido a Watkins & Dayan, 1992, é obter uma aproximação para a função Q, o que pode ser realizada através de uma rede neural $Q^{RN}(x,a,v)$ com pesos ajustáveis v:

$$Q^{RN}(x,a,v^{novo}) = Q^{RN}(x,a,v^{velho}) +$$
$$\beta_k \left[r(x,a) + \gamma \max_{b \in A} Q^{RN}(y_s, b, v^{velho}) - Q^{RN}(x,a,v^{velho}) \right] \quad (12.13)$$

onde y_s é uma instanciação de y sob a ação a, β_k é tal que $0 < b_k < 1$ e:

$$\begin{aligned} \sum_{k=1}^{\infty} \beta_k &= \infty \\ \sum_{k=1}^{\infty} \beta_k^2 &< \infty \end{aligned} \quad (12.14)$$

Utilizando-se a expressão 12.13, é possível obter v^{novo} a partir de v^{velho}, de modo que f* pode ser determinada a partir de 12.12.

12.2 Mapas auto-organizáveis de Kohonen

O aprendizado com supervisão muito fraca (ou não supervisionado) tem como objetivo descobrir regularidades ou similaridades nos dados de treinamento, de forma tal que entradas semelhantes sejam agrupadas e produzam saídas semelhantes (como critério de semelhança usa-se uma medida de distância). Em outras palavras, o objetivo é descobrir categorias para os dados de entrada da rede neural. Tais categorias ou agrupamentos são conhecidos como *clusters* em inglês.

O aprendizado com supervisão muito fraca tem duas fases: 1) a formação de agrupamentos de unidades da rede neural correspondendo aos agrupamentos das entradas no espaço de entradas, e 2) a rotulação (*labelling*) destes agrupamentos.

Na primeira fase desse tipo de aprendizado, necessita-se apenas dos dados de entrada e portanto não precisamos de um supervisor para fornecer a saída desejada para cada dado de entrada, como no caso de aprendizado com supervisão forte. No aprendizado com supervisão muito fraca, o supervisor é usado apenas na segunda fase para fornecer os rótulos para cada agrupamento, e portanto a sua participação é mínima.

Como será visto mais adiante neste capítulo, a vantagem desse tipo de aprendizado é a alocação das unidades da rede neural de acordo com a probabilidade de ocorrência da entrada (serão alocadas mais unidades nas regiões do espaço de entrada com maior ocorrência de dados), o que é conhecido como auto-organização. A desvantagem do aprendizado com supervisão muito fraca é a sua lentidão, visto que a participação do supervisor durante o aprendizado é muito pequena.

Do ponto de vista biológico acredita-se que esse tipo de aprendizado é responsável pela formação de áreas especializadas no cérebro de vários animais (inclusive o homem), p. ex., o córtex auditivo e o córtex visual. Especula-se que logo após o nascimento o arranjo dessas áreas seria determinada pelos genes recebidos dos pais, porém estas áreas estariam apenas parcialmente desenvolvidas. O desenvolvimento seria então completado por alguma forma de aprendizado com supervisão muito fraca usando como estímulo os sinais recebidos do meio ambiente durante a fase de crescimento. A grande vantagem disto seria a possibilidade de adaptação a diferentes tipos de meio ambiente, uma propriedade de pode ser muito importante, para a sobrevivência do indivíduo.

12.2.1 Aprendizado por competição

Seja uma rede neural com apenas uma camada com M unidades e N entradas. Todas as unidades recebem a mesma entrada, representada pelo vetor coluna $x \in R^N$. Seja então:

x_k = entrada aplicada no instante k, vetor coluna com dimensão N, ou seja, dim $x_k = N \times 1$,

$w_k(i, j)$ = peso entre a unidade i e a componente j do vetor x_k, dim $w_k = M \times N$,

$net_k(i)$ = entrada total da unidade i, dim $net_k = M \times 1$,

$y_k(i)$ = saída da unidade i, dim $y_k = M \times 1$,

onde em linguagem vetorial, $y_k = net_k = w_k x_k$, isto é:

$$y_k(i) = net_k(i) = \sum_{j=1}^{N} w_k(i,j) x_k(j) \qquad (12.15)$$

Defina-se a unidade vencedora v como sendo a unidade com a maior saída, ou seja,

$$\left(w_k^v\right)^T x_k = \max_i \left\{ \left(w_k^i\right)^T x_k \right\}, \quad \text{para } \forall i \qquad (12.16)$$

onde w_k^v e w_k^i denotam os pesos (vetores coluna de dimensão N) recebidos respectivamente pela unidade vencedora v e pela unidade genérica i, ou seja, $w_k^i = [w_k(i, 1)\ w_k(i, 2)\ ...\ w_k(i, N)]^T$. Computacionalmente a unidade vencedora pode ser facilmente determinada simplesmente por comparação das saídas, ou seja, o índice da unidade vencedora v corresponde ao número da linha i do vetor coluna y_k que contém o maior valor $y_k(i)$. Uma outra maneira seria usar inibição lateral, onde cada unidade inibe todas as outras unidades e se auto-excita (Hassoun, 1995).

Como a unidade vencedora é a unidade que apresenta o maior produto escalar entre o seu vetor de pesos e a entrada aplicada na rede x_k, se assumirmos que os pesos de todas as unidades são vetores de comprimento unitário ($\| w_k^i \| = 1$, para todo k e todo i), então podemos escrever que a unidade vencedora é aquela cujo vetor de pesos está mais próximo da entrada x_k, ou seja,

$$\left\| x_k - w_k^v \right\| = \min_i \left\{ \left\| x_k - w_k^i \right\| \right\}, \text{ para } \forall\ i \tag{12.17}$$

visto que:

$$\left\| x_k - w_k^i \right\| = \left| x_k^T x_k - 2\left(w_k^i \right)^T x_k + \left(w_k^i \right)^T w_k^i \right|^{1/2} \tag{12.18}$$

Uma vez que a unidade vencedora v foi identificada, defina-se uma regra de aprendizado que simplesmente torne o vetor de pesos da unidade vencedora w_k^v mais próximo do vetor de entrada x_k (aumentando assim a similaridade entre o vetor de pesos da unidade vencedora e a entrada aplicada). Para tal propõe-se alterar o vetor de pesos w_k^v na direção contrária do gradiente da função escalar distância E_k, isto é:

$$\Delta w_k^v = w_{k+1}^v - w_k^v = -\eta \frac{\partial E_k}{\partial w_k^v} \tag{12.19}$$

onde η é chamada de *constante de aprendizado* e podemos definir:

$$E_k = \frac{1}{2} \left\| x_k - w_k^v \right\|^2 = \frac{1}{2} \left(x_k - w_k^v \right)^T \left(x_k - w_k^v \right)$$
$$= \frac{1}{2} \sum_{j=1}^N \left[x_k(j) - w_k^v(j) \right]^2 \tag{12.20}$$

Portanto teremos a seguinte regra de aprendizado:

$$w_{k+1}^i = \begin{cases} w_k^i + \eta\left(x_k - w_k^i \right), & \text{se } i = v \\ w_k^i, & \text{se } i \neq v \end{cases} \tag{12.21}$$

Note que:
a) para permitir que os pesos da rede convirjam, usualmente a constante de aprendizado η é reduzida monotonicamente durante o treinamento;
b) uma vez que se assume que os pesos da rede neural são normalizados, após a aplicação da equação 12.21 o peso da unidade vencedora deve ser renormalizado.

Os passos para esse algoritmo são então:
Passo 1: Inicialize os pesos da rede tal que $\| w_0^i \| = 1$, para todo i.

Passo 2: Faça: k = 1.
Passo 3: Escolha uma entrada do conjunto de treinamento e calcule a saída de todas as unidades usando: $y_k = w_k x_k$.
Passo 4: Identifique a unidade com a maior saída = unidade v.
Passo 5: Atualize os pesos da unidade vencedora:

$$w_{k+1}^v = w_k^v + \eta(x_k - w_k^v) \qquad (12.22)$$

Passo 6: Normalize os pesos da unidade vencedora: $w_{k+1}^v = w_{k+1}^v / \| w_{k+1}^v \|$.
Passo 7: Reduza a constante de aprendizado η, se desejado.
Passo 8: Faça: k = k+1.
Passo 9: retorne para o passo 3.

Como primeiro exemplo, seja uma rede neural com 4 unidades e 2 entradas ($M = 4$ e $N = 2$) e com 8 vetores de treinamento x^p (p = 1, 2, ..., 8) onde por simplicidade, $\| x^p \| = 1$. As componentes $x^p(1)$ e $x^p(2)$ são tais que, na ordem de x^1 para x^8, apresentam os seguintes ângulos: 50°, 150°, –80°, 30°, 145°, 40°, –60°, 140°. Os pesos iniciais da rede são tais que $\| w_0^i \| = 1$ (i = 1, ..., 4), e suas componentes formam respectivamente os ângulos 0°, 90°, 180°, -90°.

A rede neural foi treinada por 20 iterações, sendo que em cada iteração os vetores de treinamento x^1 para x^8 foram apresentados à rede seqüencialmente. Na primeira iteração foi usada uma constante de aprendizado $\eta = 0.8$. Para as iterações seguintes η foi definido multiplicando o valor de η na iteração anterior por 0.9.

A figura 12.1 mostra a posição dos dados de entrada (marcados por "+") e a trajetória dos pesos (marcados com "o") durante o treinamento. A posição dos pesos antes e ao final do treinamento também estão indicadas respectivamente pelas retas pontilhadas e contínuas. Ao final do treinamento os ângulos dos vetores dos pesos são respectivamente: 0°, 39,6°, 144,5° e –69,2°. Observando os vetores de treinamento constata-se que os ângulos dos centros dos agrupamentos são 40°, 145° e –70°.

Note na figura 12.1 que: a) os vetores dos pesos das unidades 2, 3 e 4 convergiram para as proximidades dos centros dos agrupamentos (*clusters*) dos vetores de entrada, e b) como se tem 3

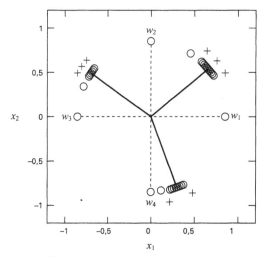

Figura 12.1 — Dados de entrada ("+") e trajetória dos pesos durante aprendizado por competição ("o").

agrupamentos de dados de entrada para 4 unidades, verifica-se após o treinamento que uma das unidades (a primeira) não corresponde a nenhum dos agrupamentos.

Como normalmente o número de agrupamentos dos dados de entrada não é previamente conhecido, tipicamente tal número é sobre-estimado, usando-se mais unidades do que necessário. Essas unidades em excesso não serão ativadas pelo treinamento, como nesse exemplo, e poderão ser simplesmente descartadas ao final do treinamento.

Entretanto, em muitos casos os dados de treinamento x não são normalizados como no exemplo anterior. Nestes casos a normalização dos pesos das unidades durante o treinamento pode ser dispensável. O exemplo a seguir ilustra uma situação desse tipo.

Nesse segundo exemplo a rede neural é composta por 6 unidades que serão também treinadas pelo algoritmo de competição mostrado anteriormente, porém sem o passo de normalização. Os pesos foram inicializados com magnitude 1 e com ângulos 0°, 45°, 90°, 180°, –90° e –45° respectivamente.

São utilizados 320 vetores de treinamento x, os quais estão agrupados em 4 regiões, conforme mostrado na figura 12.2. Cada região possui 80 pontos uniformemente distribuídos no interior de círculos, conforme mostrado na figura 12.2. As coordenadas dos centros de cada região são (6,4), (–4,4) (–4, –6) e (7, –2) e os raios de cada região são respectivamente 2, 4, 4 e 2.

A figura 12.2 também mostra a trajetória dos pesos de cada unidade durante o treinamento da rede neural. O treinamento foi realizado por 100 iterações, sendo que em cada iteração foram escolhidos aleatoriamente 30% dos 320 vetores de entrada x. Na primeira iteração foi usada uma constante de aprendizado $\eta = 0,01$ e para as iterações seguintes η foi definido multiplicando o valor de η na iteração anterior por 0,95.

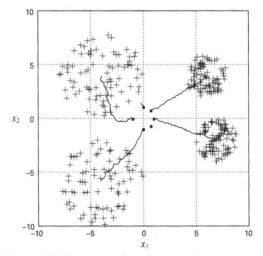

Figura 12.2 — Dados de entrada ("+") e trajetória dos pesos durante aprendizado por competição, caso $\eta = 0,01$.

Os pesos das unidades ao final do treinamento foram respectivamente: (6,96; –2,02), (5,91; 3,81), (–0,22; 1,52), (–4,01; 3,95), (–4,02; –5,79), (0,81; –0,76). Observe na figura 12.2 como os pesos das unidades 1, 2, 4 e 5 convergiram para perto dos centros dos 4 agrupamentos dos dados de treinamento x. Nesse caso cada uma dessas unidades identifica o agrupamento de dados de entrada correspondente.

A rotulação de um vetor de entrada x é feita simplesmente atribuindo-lhe o rótulo da unidade que responder com a maior saída quando x for aplicado na entrada da rede neural. Os rótulos das unidades são atribuídos pelo supervisor que, por exemplo, pode usar vetores x de teste cujas rotulações já são conhecidas. A unidade que responder com a maior saída para o vetor de teste passa a ter o mesmo rótulo do vetor de teste.

Definindo os rótulos "+×*o" para as unidades vencedoras, a figura 12.3 mostra que nesse exemplo, ao final do treinamento, a rotulação dos 320 dados de treinamento x corretamente corresponde aos 4 agrupamentos, sendo que as 4 unidades que foram desenvolvidas respondem por 80 pontos cada.

Entretanto, se os agrupamentos estiverem muito próximos ou se for usada uma constante de aprendizado η excessivamente alta (o que provoca um crescimento excessivamente rápido dos pesos), o treinamento da rede neural pode não conseguir separar de forma apropriada os agrupamentos dos dados de entrada. A figura 12.4 ilustra um exemplo desse caso, onde a rede neural foi treinada como no caso anterior (figuras 12.2 e 12.3), porém a constante de aprendizado inicial η foi dobrada para 0,02.

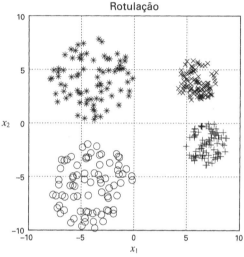

Figura 12.3 — Rotulação dos vetores x de treinamento, caso $\eta = 0.01$.

Ao final do treinamento os pesos das unidades foram respectivamente: (1,32; –0,05), (6,48; 0,94), (–4,00; 4,02), (–4,02; –5,83), (–0,13; –1,19), (0,91; –0,81). Observe que apenas os pesos das unidades

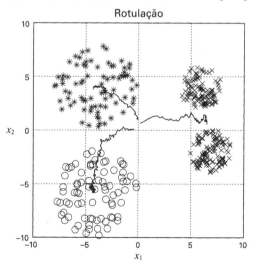

Figura 12.4 — Rotulação dos vetores de treinamento x e trajetória dos pesos durante aprendizado por competição, caso $\eta = 0.02$.

2, 3 e 4 se desenvolveram, e portanto a rede neural conseguiu identificar apenas 3 agrupamentos. Note que apenas 1 unidade responde pelos 2 agrupamentos mais à direita, ou seja, eles foram identificados como um único agrupamento.

A rotulação dos 320 vetores de treinamento x mostra que a unidade 2 responde por 160 vetores, enquanto que as unidades 3 e 4 respondem por 80 vetores cada uma.

12.2.2 Redes de Kohonen

Algumas características interessantes são obtidas se for introduzido no aprendizado competitivo o conceito de arranjo físico das unidades de saída da rede neural e, em consequência, o critério de distância e vizinhança neste arranjo físico.

Suponha que as unidades de saída da rede neural estão dispostas fisicamente em um arranjo geométrico uniforme em um espaço de 1, 2 ou 3 dimensões, ou seja, nos vértices de uma grade uni-, bi- ou tri-dimensional (a figura 12.5 ilustra o caso bidimensional, mais usual). Se duas unidades estão topologicamente próximas nesse espaço, elas são ditas unidades vizinhas.

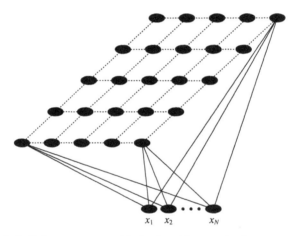

Figura 12.5 — Rede de Kohonen com as unidades de saída organizadas como grade bidimensional.

Com o critério de distância e vizinhança definidos, em vez de se alterar apenas os pesos da unidade vencedora v, pode-se então passar a atualizar também os pesos das unidades que estão na vizinhança da unidade vencedora, denotada por Viz(v).

Dessa maneira a regra de aprendizado passa a ser:

$$w_{k+1}^i = \begin{cases} w_k^i + \eta_k \left(x_k - w_k^i \right), & \text{se } i \in \text{Viz}(v) \\ w_k^i, & \text{se } i \notin \text{Viz}(v) \end{cases} \quad (12.23)$$

Nesse caso, além de se diminuir a constante de aprendizado η_k durante o aprendizado da rede neural, deve-se também diminuir o tamanho da vizinhança Viz(v). Inicialmente Viz(v) é tal que abrange todas as unidades da rede, e próximo do final do aprendizado Viz(v), abrange apenas a própria unidade v.

A geometria da vizinhança Viz(v) pode ser definida de diferentes maneiras, por exemplo, como círculos ou quadrados, como ilustrado na figura 12.5.

Os passos para o treinamento da rede neural de Kohonen são então:

Passo 1: Inicialize os pesos da rede neural com números aleatórios.
Passo 2: Faça: k = 1.
Passo 3: Escolha uma entrada do conjunto de treinamento x_k.
Passo 4: Para cada unidade da rede neural calcule a similaridade entre os pesos da unidade e a entrada x_k, ou seja, denotando por i o número da unidade calcule:

$$s_k^i = \left\| x_k - w_k^i \right\| \tag{12.24}$$

Passo 5: Identifique a unidade vencedora v, a unidade com a maior similaridade s_k^v, ou seja,

$$s_k^v = \left\| x_k - w_k^v \right\| = \min_i \left\{ \left\| x_k - w_k^i \right\| \right\}, \quad \text{para } \forall i \tag{12.25}$$

Passo 6: Atualize os pesos da unidade vencedora v e de sua vizinhança Viz(v), usando:

$$w_{k+1}^i = \begin{cases} w_k^i + \eta_k \left(x_k - w_k^i \right), & \text{se } i \in \text{Viz}(v) \\ w_k^i, & \text{se } i \notin \text{Viz}(v) \end{cases} \tag{12.26}$$

Passo 7: Reduza o tamanho da vizinhança Viz(v), se desejado.
Passo 8: Reduza a constante de aprendizado η_k, se desejado.
Passo 9: Faça: k = k+1.
Passo 10: retorne para o passo 3.

Para se decidir no passo 6 se uma unidade i pertence ou não à vizinhança da unidade v, define-se que p^i e p^v são respectivamente os vetores com a localização das unidades i e v no arranjo geométrico das unidades de saída da rede neural, como ilustrado na figura 12.5. Admitindo que a vizinhança de unidade vencedora tem, por exemplo, a geometria de um círculo (caso onde as unidades de saída estão dispostas em uma grade bidimensional), as unidades i e v são admitidas vizinhas (a unidade i ∈ Viz(v)) se:

$$d^{iv} = d^{vi} = \left\| p^i - p^v \right\| \leq R_k \tag{12.27}$$

onde R_k denota o raio do círculo da vizinhança da unidade v na iteração k e R_k diminui, à medida que k aumenta. Da mesma forma pode-se propor critérios semelhantes quando as unidades de saída estão dispostas em uma grade uni- ou tri-dimensional, ou quando se adota diferentes geometrias para a vizinhança V(z), por exemplo, na forma de um quadrado ou de um hexágono.

Uma outra maneira de lidarmos com a questão da vizinhança é simplesmente atualizar todas as unidades de saída da rede neural, porém de forma inversamente proporcional à distância d^{iv}, usando uma função cujo único máximo seja em i = v e decaia suavemente para zero, à medida que d^{iv} aumenta. Uma possibilidade é o uso da função gaussiana (R_k pode ser interpretado como o desvio padrão ajustando o espalhamento da curva gaussiana), e neste caso os passos 6 e 7 do algoritmo mostrado acima seriam substituídos por:

Passo 6': Atualize os pesos da rede neural de acordo com a distância em relação à posição da unidade vencedora v:

$$d^{iv} = \left\| p^i - p^v \right\| \tag{12.28}$$

$$h_k^{iv} = \exp\left[\frac{-C_R \left(d^{iv}\right)^2}{R_k^2}\right] \tag{12.29}$$

$$w_{k+1}^i = w_k^i + \eta_k h_k^{iv}\left(x_k - w_k^i\right), \quad \text{para } \forall i \tag{12.30}$$

Passo 7': Reduza a constante da vizinhança R_k, se desejado.

A constante C_R na equação 12.29 ajusta o espalhamento inicial desejado para a função gaussiana.

O objetivo da rede de Kohonen é obter um mapeamento entrada-saída, onde a topologia do espaço de entrada seja preservada na espaço de saída. Assim entradas que são próximas no espaço de entrada serão mapeadas para saídas próximas no espaço de saída, ou seja, ativarão unidades de saída que estão fisicamente próximas. Uma redução gradual da vizinhança objetiva permitir a formação de tal mapeamento, pois unidades de saída vizinhas são atualizadas de forma semelhante. Dessa forma unidades de saída vizinhas, após o treinamento, respondem a entradas "vizinhas" (entradas similares no espaço de entrada).

Uma conseqüência interessante da rede de Kohonen é a alocação das unidades de saída de acordo com a distribuição de probabilidade das entradas no espaço de entrada. Por exemplo, se não for usado durante o treinamento da rede nenhum ponto de uma determinada região do espaço de entrada, nenhuma unidade será modificada de forma a aumentar a similaridade de seu vetor de pesos com as entradas desta região. Analogamente, mais unidades de saída serão atraídas para as regiões do espaço de entrada com mais pontos de treinamento.

Como normalmente a dimensão do espaço de entrada (dimensão do vetor x) é muito maior que a dimensão do espaço de saída (1, 2 ou 3, dependendo se as unidades de saída estão dispostas em linha, em um plano ou em um cubo), a rede de Kohonen também efetua uma **redução da dimensionalidade**, algo que pode ser muito útil em certas aplicações.

Os exemplos a seguir ilustram 3 importantes características da rede de Kohonen: 1) preservação da topologia do espaço de entrada no espaço de saída; 2) alocação das unidades de saída de acordo com a distribuição de probabilidade das entradas; 3) redução da dimensionalidade.

No primeiro exemplo (figura 12.6) as unidades da rede neural estão agrupadas em uma grade bi-dimensional com 10 unidades no eixo horizontal e 10 unidades no eixo vertical. Essas unidades foram numeradas de 1 a 100 (da esquerda para direita e de baixo para cima) e assim formam o espaço de saída.

Os dados de entrada x estão uniformemente distribuídos no espaço R^2 dentro da região limitada por [−1, 1] em cada dimensão. As componentes do vetor de pesos de cada unidade foram inicializadas aleatoriamente, usando a distribuição uniforme no intervalo [−1, 1].

Durante o treinamento da rede neural foram realizadas 100 iterações, sendo que em cada iteração 50 novos pontos x foram aleatoriamente escolhidos. Como formato da vizinhança foi adotada a função gaussiana (12.29) com $C_R = 5$. Definindo: Nit = número total de iterações (neste caso 100), k = número da iteração, a taxa de aprendizado e o raio da vizinhança R_k foram diminuídos linearmente, usando:

$$\eta_k = \eta_{MIN} + \eta_0 \left(\frac{Nit - k + 1}{Nit}\right) \tag{12.31}$$

$$R_k = R_0 \left(\frac{Nit - k + 1}{Nit}\right) \tag{12.32}$$

onde foram adotados os seguintes valores: $\eta_{MIN} = 0.1$, $\eta_0 = 0.6$, $R_0 = 10\sqrt{2}$ (maior distância possível entre 2 unidades no espaço de saída). Em cada iteração todos os pesos da rede neural foram alterados imediatamente após a apresentação de cada entrada x.

Como o vetor de pesos de cada unidade da rede neural determina o seu ponto de máxima saída, para se mostrar a alocação de uma determinada unidade basta que se marque no espaço de entrada o ponto cujas coordenadas são as componentes do vetor de pesos da unidade. Dessa maneira, a figura 12.6 ilustra, para esse exemplo, como a alocação das unidades evolve durante o treinamento da rede neural. Note como a rede neural gradualmente distribui suas unidades de acordo com a distribuição dos dados de treinamento x no espaço de entrada.

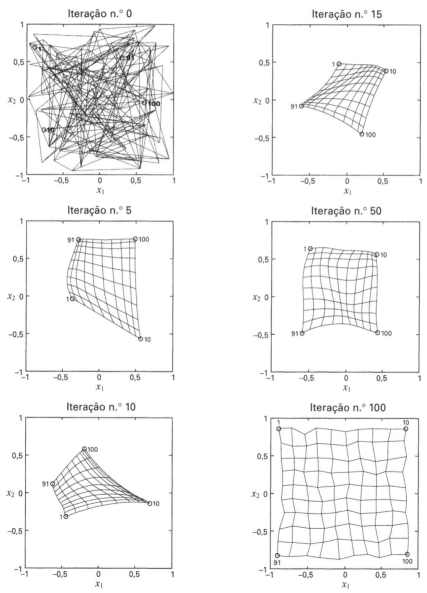

Figura 12.6 — Aprendizado de uma rede de Kohonen com 10 × 10 unidades onde os pontos de entrada estão uniformemente distribuídos no quadrado [−1,1].

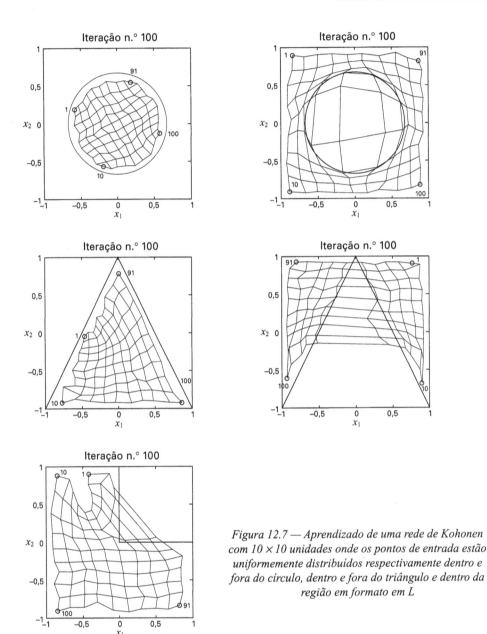

Figura 12.7 — Aprendizado de uma rede de Kohonen com 10 × 10 unidades onde os pontos de entrada estão uniformemente distribuídos respectivamente dentro e fora do círculo, dentro e fora do triângulo e dentro da região em formato em L

A figura 12.7 mostra o resultado de outras simulações onde foram mantidos os mesmos parâmetros da simulação anterior, com exceção da distribuição dos dados de entrada. Nessas simulações os dados de entrada estão distribuídos respectivamente dentro e fora do círculo, dentro e fora do triângulo e dentro da região em formato em L (sem pontos no quadrante superior direito). Nos casos fora do círculo e fora do triângulo, os dados de entrada x ainda estão dentro da região limitada por [-1,1] em cada dimensão.

A figura 12.8 mostra o resultado de várias simulações onde ocorre a redução da dimensionalidade do espaço de entrada. Nessas simulações a dimensão do espaço de entrada continua sendo de dimensão 2, mas o espaço de saída tem dimensão 1, ou seja, as unidades da rede neural estão distribuídas em uma linha formando uma grade unidimensional.

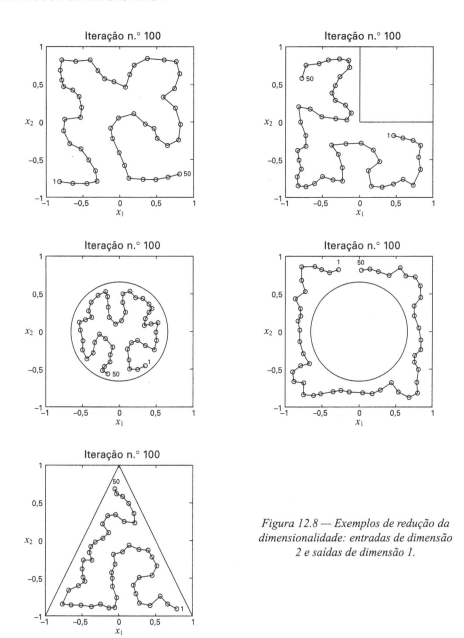

Figura 12.8 — Exemplos de redução da dimensionalidade: entradas de dimensão 2 e saídas de dimensão 1.

Nessas simulações a rede neural é composta por 50 unidades. Todos os parâmetros de simulação foram mantidos os mesmos, com exceção do parâmetro R_0, que foi ajustado em 50 (maior distância possível entre 2 unidades no espaço de saída). Note que também nesses casos a alocação das unidades é realizada de acordo com distribuição dos dados de treinamento no espaço de entrada.

A figura 12.8 mostra a alocação das unidades da rede neural no espaço de entrada ao final do treinamento, quando os dados de entrada estão distribuídos dentro do quadrado, na região em formato de L (sem pontos no quadrante superior direito), dentro e fora do círculo, dentro do triângulo. No caso fora do círculo os dados de entrada x ainda estão dentro da região limitada por $[-1,1]$ em cada dimensão.

12.3 Sugestões para leitura complementar

Os métodos de aprendizado com reforço atrasado e reforço imediato podem ser encontrados, respectivamente, em:

SUTTON, R.S. e BARTO, A.G. - *Reinforcement Learning: An Introduction*. MIT Press, 1998.

WATKINS, C.J.C.H. e DAYAN, P. - Q-Learning. *Machine Learning*, v. 8, n. 3-4, 1992, pp. 279-292.

WILLIAMS, R.J. - *Reinforcement Learning in Connectionist Networks: A Mathematical Analysis*. Report 8605, Institute of Cognitive Science, UCSD, 1986.

RIBEIRO, C.H.C. - *Aprendizado por Reforço*. Minicurso V Escola de Redes Neurais (V ERN), São José dos Campos, 19 jul 1999, pp. 28-72 (disponível em http://www.ele.ita.cta.br/cnrn/).

Detalhes sobre as redes de Kohonen, e em particular a sua relação com o modelo do cortex cerebral pode ser encontrado no texto original:

KOHONEN, T. - *Self-Organization and Associative Memory*. Springer-Verlag, 1984.

Aplicações de redes de Kohonen em problemas de controle podem ser encontradas em:

RITTER, H.; MARTINETZ, T.; SCHULTEN, K. - *Neural Computation and Self-Organizing Maps*. Addison-Wesley, 1992.

Exercícios do Capítulo 12

12.1 Gere 200 pontos (x,y) no plano utilizando um gerador de números aleatórios de modo que 50 pontos tenham distribuição $N([-5, 5]^T, I^2)$, 75 pontos tenham distribuição $N([5, 5]^T, I^2)$ e 75 pontos estejam uniformemente distribuídos no retângulo $0 \le x \le 2,5$ e $-7,5 \le y \le -2,5$. Utilizando aprendizado competitivo com 5 unidades de saída, busque classificar esses *clusters*. Repetir o experimento para 3 unidades de saída.

Observação: $N([m_x, m_y]^T, I^2)$ denota distribuição normal com médias m_x e m_y e matriz identidade como matriz de covariância.

12.2 Proponha uma rede de Kohonen que permita identificar, depois de treinado, os caracteres apresentados na figura 11.12 (caracteres hexadecimais representados em padrões preto e branco sobre uma matriz de 7×7 *pixels*).

12.3 Discuta as possíveis dificuldades em se treinar uma rede empregando reforço quando existem diversos críticos, não necessariamente cooperativos (ou seja, que forneçam os mesmos sinais de reforço para uma dada ação tomada pelo mecanismo de aprendizado).

Observação: Problemas de otimização onde existem múltiplos índices de desempenho conduzem a situações de jogos (*games*).

13
APLICAÇÕES DE REDES NEURAIS ARTIFICIAIS

As redes neurais artificiais podem ser utilizadas em uma vasta gama de aplicações, podendo-se citar como exemplos processamento de sinais (cancelamento de ruídos, reconhecimento de voz e caracteres, codificação, compressão de dados, diagnósticos médicos e outros), controle de sistemas dinâmicos (manipuladores mecânicos, processos industriais, veículos auto-guiados e outros), sistemas de decisão (terapêutica médica, análise financeira e outras) e numerosas possibilidades descritas na literatura especializada (vide p.ex. Hassoun, 1995, Zurada, 1992, Reed e Marks II, 1999).

Em particular, neste capítulo, são enfatizadas as aplicações de redes neurais artificiais empregadas como controladores clássicos, gerando um sinal u(.) a ser enviado para o atuador, a partir do sinal de erro e(.) entre a saída e a referência.

Um dos problemas encontrados na utilização de redes neurais artificiais no controle de sistemas dinâmicos é a seleção das informações necessárias para o treinamento. De fato, na figura 13.1 nota-se que, de início, os sinais u(.) que originam a resposta y(.) adequada podem não ser conhecidos. Nesse caso, utilizando-se, por exemplo, o algoritmo *Back-Propagation* juntamente com um perceptron multicamadas, necessita-se de um mecanismo para gerar $u^t(.)$ que poderia, então, compor os pares (e(.), $u^t(.)$) para treinamento da rede.

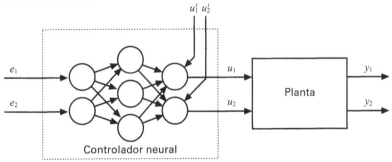

Figura 13.1 — Utilização de uma rede neural como controlador.

Uma alternativa para gerar $u^t(.)$ é utilizar um controlador convencional, de forma que a rede neural possa "copiar" as suas características. A figura 13.2 ilustra uma forma de obter os pares entrada-saída do controlador que são utilizados no treinamento da rede neural. Na seção 13.2, uma rede neural é utilizada para "copiar" um operador humano.

Uma outra alternativa seria realizar uma identificação da planta a ser controlada. A identificação poderia conduzir a modelos diretos, como a obtida por um esquema do tipo figura 13.3 ou inversos, como as provenientes de arranjos como da figura 13.4.

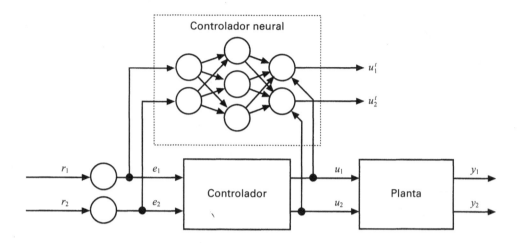

Figura 13.2 — A rede neural pode ser utilizada para adquirir as características de um controlador convencional.

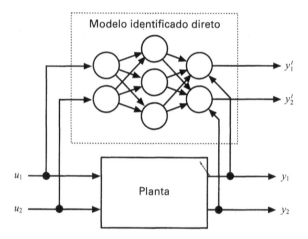

Figura 13.3 — Identificação de modelo direto através da utilização de redes neurais.

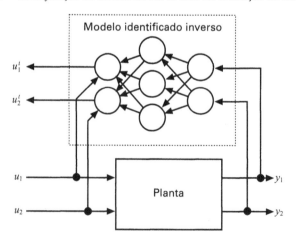

Figura 13.4 — Identificação de modelo inverso através da utilização de redes neurais.

Uma outra possibilidade é utilizar o conceito de aprendizado por reforço, onde a rede neural gera ações u(.) aleatórias e o resultado, avaliado por um crítico, é realimentado para ajuste dos pesos da rede, em um mecanismo de punição ou recompensa (vide figura 13.5)

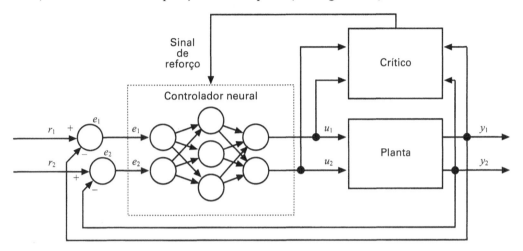

Figura 13.5 — Esquema para utilização de rede neural como controlador treinado por mecanismo de punição ou recompensa.

Existem outras variantes para arquitetura de redes neurais em aplicações de controle de sistemas dinâmicos em malha fechada, algumas das quais são apresentadas, resumidamente, nas seções a seguir.

13.1 Cancelamento adaptativo de ruído

Em alguns sistemas de instrumentação e de controle são disponíveis informações parciais sobre o ruído que interfere sobre um dado sinal.

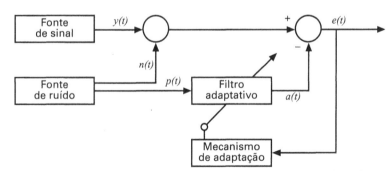

Figura 13.6 — Diagrama em blocos do concelador adaptativo de ruído.

Uma forma de se realizar o cancelamento adaptativo de ruído é utilizar o esquema proposto por Widrow e Stearns, 1985, ilustrado na figura 13.6, onde:

$$e(t) = y(t) + n(t) - a(t) \tag{13.1}$$

ou seja,

$$e^2(t) = y^2(t) + [n(t) - a(t)]^2 + 2y(t)[n(t) - a(t)] \tag{13.2}$$

e, portanto,

$$E[e^2(t)] = E[y^2(t)] + E[(n(t) - a(t))^2]$$
$$+ 2E[y(t)(n(t) - a(t))] \qquad (13.3)$$

No caso em que $y(t) \perp n(t)$ e $y(t) \perp a(t)$, tem-se que:

$$E[e^2(t)] = E[y^2(t)] + E[(n(t) - a(t))^2] \qquad (13.4)$$

Uma vez que $E[y^2(t)]$ não é afetado pelo mecanismo de adaptação, o objetivo é minimizar $E[(n(t) - a(t))^2]$ a partir do conhecimento de um sinal p(t) correlacionado com n(t), ou através de informações como o fato de n(t) ser uma forma de onda periódica. Desta maneira, a(t) será uma estimativa de n(t) e e(t) será uma estimativa do sinal original y(t).

Em exemplos de aplicação, como o cancelamento de ruídos de turbinas em microfones acoplados aos capacetes de pilotos de aeronaves, é possível a instalação de um microfone adicional na cabina para captar este ruído p(t) = An(t). Nesse caso, o ruído captado pelo microfone adicional pode ser utilizado no cancelamento adaptativo em comunicação vocal do piloto como ilustrado na figura 13.6, onde, após o treinamento empregando o método de Widrow e Hoff, 1960, ter-se-ia $w_0 \to -A^{-1}$.

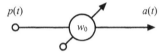

Figura 13.7 — Cancelamento adaptativo de ruído para o caso p(t) = An(t).

Em outros exemplos de aplicação, os ruídos podem ser de natureza periódica, caso em que se pode empregar os Combinadores Lineares de Fourier (Clancey e Shortliffe, 1984), com ou sem adaptação de freqüência, como mostrado na Figura 13.8. Se o ruído possui freqüência conhecida, como acontece na interferência de ruído da rede de 60Hz, a adaptação da freqüência não é necessária. Por outro lado, em aplicações como o cancelamento do tremor em instrumentos manuais operados por pacientes portadores da doença de Parkinson, é importante a adaptação em freqüência.

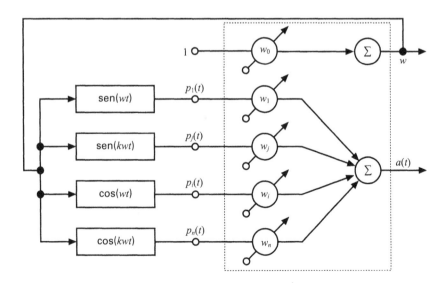

Figura 13.8 — Combinadores lineares de Fourier.

Observando-se os esquemas apresentados nas figuras 13.6 e 13.7, nota-se que a integração da rede neural artificial pode ser do tipo descrito pela eq. (10.1), possuindo uma relação entrada-saída caracterizada idealmente por:

$$a(t) = \sum_{j=1}^{n} w_j(t) p_j(t) \tag{13.5}$$

Entre os diversos fenômenos que afetam o modelo ideal utilizado na concepção e o comportamento real da Rede Neural Artificial, podem ser mencionados:
- quantização nos valores dos pesos w_j,
- amostragem e retenção nos MDAC,
- não-linearidade dos elementos do circuito,
- ruídos aleatórios.

A quantização ocorre em função de se adotar uma representação em ponto fixo e com número finito de dígitos, para o valor dos pesos w_i que são, em geral, números reais.

A amostragem e a retenção ocorre nos casos em que se utiliza treinamento adaptativo *on line*, em que os MDAC devem ser carregados com os valores atualizados a cada transição do relógio CLK. O período de amostragem é denotado por T_s.

Os ruídos aleatórios que ocorrem internamente no circuito não podem ser cancelados e produzem uma incerteza na saída. Nesse trabalho adote-se um modelo aditivo para os ruídos nas linhas de entrada e de saída. Denotando-se por $n_i(t)$ o ruído na entrada, $\mu(t)$ o ruído na saída, $f(.)$ o efeito das não-linearidade dos elementos do circuito e Quant(.) a função de quantização, que pode ser do tipo truncamento ou arredondamento, a saída da rede passa a ser descrita por:

$$a_{real}(t) = f\left(\sum_{j=1}^{n} \text{Quant}(w_j(kT_s))[v_j(kT_s) + n_j(kT_s)]\right) + \mu(t) \; ; t \in [kT_s, (k+1)T_s) \tag{13.6}$$

Para efeito de análise e simulação, a quantização pode ser modelada como um ruído aditivo $\rho(t)$, uniformemente distribuído entre $[-q/2, +q/2]$ ou $[-q, 0]$, dependendo se a quantização é do tipo arredondamento ou truncamento, sendo que $q = M/2^n$, onde M é a amplitude máxima do sinal analógico e *n* é o número de dígitos do MDAC. Ainda, assumindo que o período de amostragem é muito pequena, ou seja $T_s \ll 1/f_{max}$ com f_{max} denotando a máxima freqüência presente nos sinais de entrada, o processo de amostragem e retenção de ordem 0 pode ser modelado por um atraso puro de $T_s/2$ e superposição de uma forma de onda triangular de período T_s e amplitude $\pi M T_s f_{max}$ que, além de ser pequena, usualmente é fortemente atenuado pelo circuito.

Nessas condições o modelo para a rede neural pode ser simplificada para:

$$a_{real}\left(t + \frac{T_s}{2}\right) = f\left(\sum_{j=1}^{n} (w_j(t) + \rho(t))[v_j(t) + n_j(t)]\right) + \mu(t); \; t \in R^+ \tag{13.7}$$

No caso de se tratar de $f(.)$ linear, $\rho(t)$ corresponder a arredondamento e o ruído a ser cancelado ter média zero, a saída $a_{real}(t)$ é idêntica a $a(t)$ com atraso $T_s/2$:

$$E\left[a_{real}\left(t + \frac{T_s}{2}\right)\right] = \sum_{j=1}^{n} [w_j(t) v_j(t)] \tag{13.8}$$

No caso geral, onde f(.) se afasta consideravelmente da linearidade, o número de dígitos do MDAC é pequeno, o período de amostragem é significativo e o circuito é sujeito a ruídos intensos, a saída $a_{real}(t)$ pode diferir de forma crucial de a(t), prejudicando os mecanismos de aprendizado e eventualmente inviabilizando a sua utilização efetiva como cancelador de ruído.

Simulações empregando MATLAB©, indicam que o treinamento *on-line* da rede neural torna-se muito sensível à escolha da taxa de aprendizado. As formas de ondas de teste foram:

$$y(t) = [(1 + 0.4 * \sin(2\pi f_L t)]\sin(2\pi f_H t) \quad (13.9)$$

$$n(t) = M\sin(2\pi f_N + \varphi_N) + b \quad (13.10)$$

com $f_H = 100$ Hz, $f_L = 20$Hz, $f_N = 60$Hz, sendo que em t = 0 tinha-se M = 5, $\varphi_N = 45°$ e b = 1 e para t = 0.25 os novos valores são M = 3, $\varphi_N = -45°$ e b = -5. A figura 13.9 apresenta o cancelador adaptativo de ruído em operação on-line, sendo que no instante 0,25 ocorre uma alteração abrupta do nível, do bias e da fase do ruído, para o caso n(t) = p(t). A figura 13.10 apresenta a evolução do peso (w_2) com quantização em 64 níveis e para um caso onde se ajustou, intencionalmente, a taxa de aprendizado para um valor desfavorável.

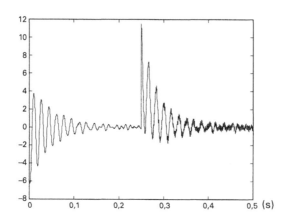

Figura 13.9 — Cancelador adaptativo de ruído operando adequadamente (erro x t).

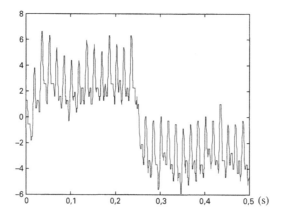

Figura 13.10 — Evolução dos pesos apresentando comportamento errático, em vista de ajuste inadequado da taxa de aprendizado ($w_2 \times t$).

13.2 Modelamento de operadores humanos através de redes neurais

A figura abaixo apresenta um diagrama de blocos, proposto em McRuer, 1980, para um sistema de controle manual, ilustrando também o fluxo de informações no interior do controlador humano:

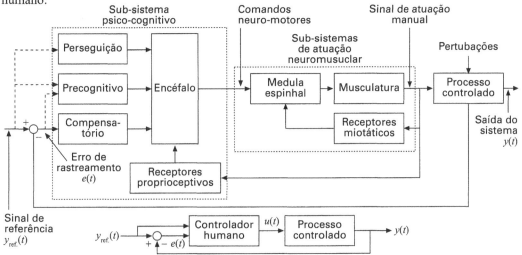

Fig.13.11 — Diagrama de blocos de um sistema de controle manual.

onde a referência e a saída do sistema em geral são apresentadas ao operador como sinais visuais. Note-se que, de acordo com a situação, há três modos de controle possíveis: o compensatório, o de perseguição e o precognitivo.O modo compensatório corresponde à situação em que o operador humano age de forma a minimizar o erro de rastreamento (sinal de referência–saída do processo controlado) para pequenos valores de sinal. No modo perseguição, o operador humano busca levar a saída do processo controlado a valores próximas às que ele observa da referência, corrigindo grandes erros de rastreamento.

Além dos modos compensatório e de perseguição, um nível ainda mais elevado de controle é possível. Quando consegue obter uma completa familiaridade com a dinâmica do elemento controlado e com o campo perceptual, o operador é capaz de gerar seqüências de comandos neuromusculares adequadamente sincronizados e escalonados, de modo que a saída da planta torna-se bem mais próxima do desejado. É o caso do piloto de corrida que, após ter dado várias voltas no circuito, já sabe quando estará chegando a uma curva mais fechada ou mais aberta, podendo dessa forma frear no instante mais adequado. Um outro caso seria quando trechos "futuros" do sinal a ser rastreado é fornecido ao operador humano. É a situação análoga à de um motorista de automóvel que, ao enxergar uma curva, realiza uma alteração de curso antes de chegar a ela.

A figura seguinte apresenta esquematicamente o ambiente de ensaios que foi implementado para verificar estratégias que permitem realizar o modelamento do operador humano através de redes neurais.

Tanto a posição do operador humano testado quanto a sua distância com relação à tela do computador foram padronizadas. A duração de cada ensaio foi fixada em 30s, sendo que os dados pertinentes ($y_{ref}(t)$, $y(t)$ e $u(t)$) foram amostrados à taxa de 20 Hz. Nos casos em que não é fornecido um *preview* explícito da referência, mas em que essa apresenta algum tipo de regularidade temporal (sinal periódico de morfologia simples), foi incorporado um preditor, que, com base na história passada do sinal de referência, realiza uma estimação do valor futuro desse sinal. O preditor foi implementado com uma estrutura de rede neural linear. A planta controlada é do tipo 1/s, ou seja, um integrador puro. Para efeito das simulações, limitou-se a saída da rede nos valores de saturação do *joystick*.

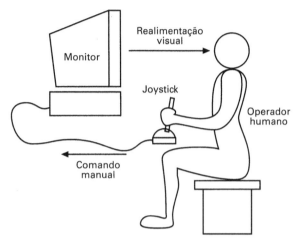

Figura 13.12 — Ambiente de ensaios.

A Rede Neural utilizada para modelar o operador humano foi:

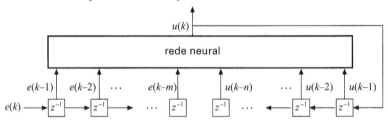

Figura 13.13 — Rede Neural realimentada.

onde z^{-1} representa atraso de um passo.

Nas figuras a seguir pode-se observar o desempenho da rede para um sinal de referência diferente da condição de treinamento.

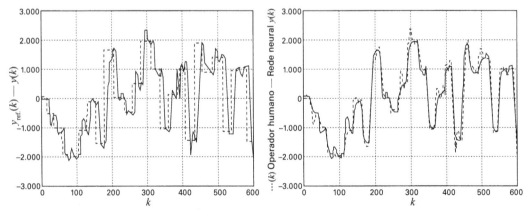

Figura 13.14 — Rastreamento do sinal de referência pelo operador humano (esquerda) e da Rede Neural (direita), no caso compensatório puro.

APLICAÇÕES DE REDES NEURAIS ARTIFICIAIS 175

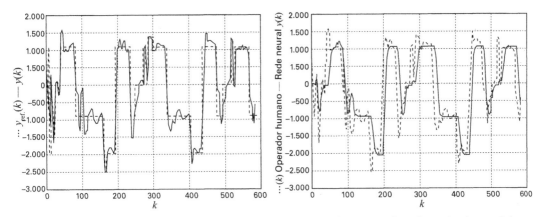

Figura 13.15 — Rastreamento do sinal de referência pelo operador humano utilizando preview (esquerda) e Rede Neural agindo em modo puramente compensatório (sem "preview") (direita).

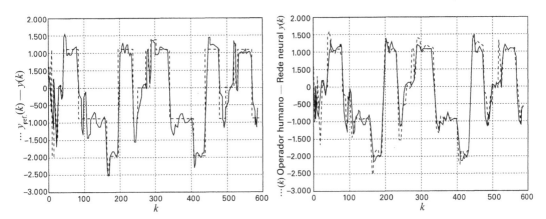

Figura .13.16 — Rastreamento do sinal de referência pelo operador humano (esquerda) e Rede Neural reproduzindo a ação do operador humano (direita), ambos considerando o preview.

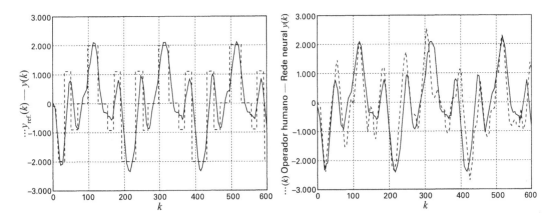

Figura 13.17 — Rastreamento do sinal de referência pelo operador humano (esquerda) e Rede Neural reproduzindo a ação do operador humano (direita), para o caso de sinal com regularidade temporal. A Rede Neural utiliza mecanismo de predição do sinal de referência.

13.3 Sintonização de controladores PI utilizando Redes Neurais

A grande maioria das malhas de controle industrial instaladas atualmente ainda utiliza a estratégia PID, sendo que o termo derivativo é pouco empregado (menos de 10% dos casos), conforme Seborg, 1994. Nessas condições, justifica-se o grande interesse observado na literatura especializada sobre a sintonização de controladores PI. A rede neural pode, no caso, ser uma ferramenta atraente na sintonização de controladores PI em cenários desfavoráveis, como as devidas a dinâmicas não lineares, derivas nos parâmetros das plantas, deslocamentos nos pontos de operação e outros. Recentemente, Hemerly e Nascimento Jr., 1999, propuseram uma metodologia que utiliza a habilidade das redes neurais para aproximar funções contínuas para ajuste semi-automático de controladores PI.

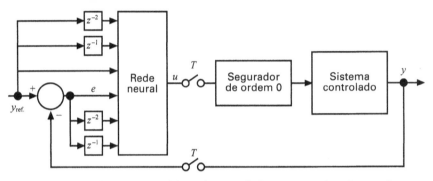

Figura 13.18 — Estrutura básica do controlador empregando rede neural.

O controlador neural possui uma camada de entrada com 6 unidades, uma camada escondida com 3 unidades e saída com 1 unidade. Inicialmente é utilizado o mecanismo de adaptação proposto por Cui e Shin, 1993, o qual realiza a atualização de pesos w_{ij} de modo que, $y(t) \to y_{ref}(t)$, à medida que $t \to \infty$.

Uma vez que o controlador neural logrou obter um desempenho adequado do sistema em malha fechada, deseja-se substituí-lo por um controlador PI. Considerando que no instante k, a rede deve estar aproximando o comportamento de um controlador PI discreto, descrito por:

$$u(k) = u(k-1) + K_P(e(k) - e(k-1)) + K_I e(k) \tag{13.11}$$

nota-se que os coeficientes K_P e K_I podem ser recuperados a partir das sequências $\{e\}$ e $\{u\}$ através de:

$$A \begin{bmatrix} K_p \\ K_i \end{bmatrix} = B \tag{13.12}$$

onde

$$A = \begin{bmatrix} \Delta e(k) + \Delta e(k-2) & e(k) + e(k-2) \\ \Delta e(k-1) + \Delta e(k-3) & e(k-1) + e(k-3) \end{bmatrix} \tag{13.13}$$

e

$$B = \begin{bmatrix} \Delta u(k) + \Delta u(k-2) \\ \Delta u(k-1) + \Delta u(k-3) \end{bmatrix} \tag{13.14}$$

Esta metodologia foi testada no controle de uma planta descrita por:

$$\frac{dx(t)}{dy} = x(t) - \tan^{-1}(u(t)) \tag{13.15}$$

$$y(t) = x(t) + \exp[-1 + \sin(x(t))]$$ (13.16)

Para o caso $x(0) = 0,2$, $T = 0,01s$ e $\eta = 0,05$, os resultados são os ilustrados na figura 13.19. Nota-se que, no início, os pesos e bias não são adequados e $y(t)$ se afasta consideravelmente de $y_{ref}(t)$, mas à medida que a adaptação ocorre, os erros diminuem.

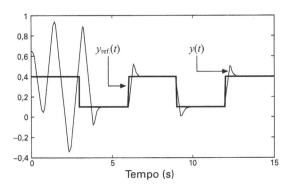

Figura 13.19 — Sinal de referência $y_{ref}(t)$ e resposta do sistema controlado $y(t)$.

Uma vez que a rede neural logrou controlar adequadamente a planta, as eqs. 13.12 - 13.14 podem ser utilizadas para a determinação de K_P e K_I definitivos.

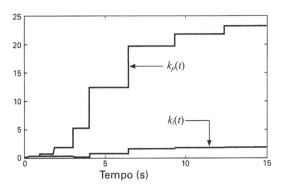

Figura 13.20 — Curva que ilustra o comportamento típico de K_P e K_I, à medida que o mecanismo de adaptação do controlador neural evolui.

13.4 Controle dinâmico de manipuladores mecânicos usando *Feeback-Error-Learning*

O controle de um manipulador mecânico (um braço articulado com 1 grau de liberdade) pode ser feito em primeira instância através de técnicas de controle convencional para o controle grosseiro e posteriormente conjugado a uma rede neural para o controle fino, como proposto por Nascimento Jr., 1994, e descrito, nesta aplicação particular, em Melo e Nascimento Jr., 1995, e Melo, 1995.

O manipulador é suposto ser adequadamente descrito pela equação diferencial ordinária:

$$\tau = \left(\frac{m_1}{3} + m_L\right)a_1^2 \frac{d^2\theta}{dt^2} + g\left(\frac{m_1}{2} + m_L\right)a_1\cos\theta + b_1\frac{d\theta}{dt}$$ (13.17)

onde:

m₁ = massa do elo,
m_L = massa da carga,
a_1 = comprimento do elo,
b_1 = coeficiente de atrito viscoso,
τ = torque aplicado ao elo,
g = aceleração da gravidade.

Nas simulações apresentadas aqui, foram utilizados como parâmetros:

m_L = 0,25 kg,
m_1 = 0,25 kg,
a_1 = 0,5 m,
b_1 = 0,1 Nms,
g = 9,8 m/s².

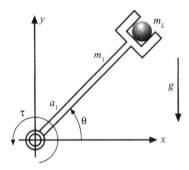

Figura 13.21 — Representação do manipulador de 1 junta.

Inicialmente é projetado um controlador do tipo PID com parâmetros kg, Td, Ti (ganho, tempo de derivação e tempo de integração), para obter um controle grosseiro do sistema. A saída do controlador PID, u(t), é calculada neste caso, como a seguinte função do sinal de erro e(t):

$$u(t) = kg\left[1\frac{s}{Td} + \frac{Ti}{s}\right]$$

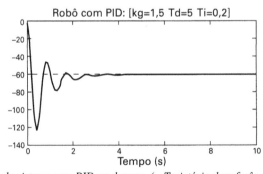

Figura 13.22 — Resposta do sistema com PID ao degrau. (-- Trajetória de referência ; - Resposta do sistema).

Como pode ser notado nas figuras acima, o controle realizado pelo PID apresentou-se precário, pois, apesar de garantir um certo controle em trajetória estática (fig. 13.22), o mesmo não consegue obter um desempenho muito bom para trajetórias mais dinâmicas (figura 13.23).

É nesse ponto que a rede neural surge para tentar melhorar o controle obtido sobre esse sistema.

Assim sendo, foi introduzia na malha de controle uma rede neural que atua como um controlador *feedforward* para melhorar o controle obtido.

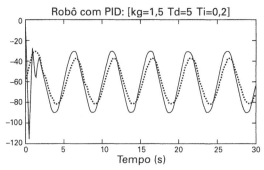

Figura 13.23 — Resposta do sistema com PID à trajetória oscilante em torno de um ponto. (--- Trajetória de referência ; — Resposta do sistema).

O esquema final do sistema (planta + PID + controlador neural) pode ser visto abaixo:

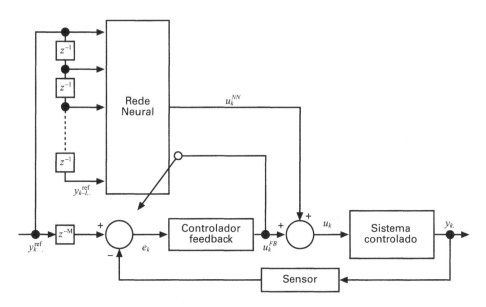

Figura 13.24 — Esquema final do sistema completo, incluindo controlador neural.

Note na figura 13.24 que o sinal u_k^{FB} é usado como sinal de erro de saída da rede neural (ou seja u_k é usado como saída desejada para a rede neural) e porisso este esquema de controle neural é denominado *Feedback-Error-Learning*.

Os parâmetros utilizados para acoplamento do sistema a rede neural foram de acordo com a notação acima, M = 1 e L = 20. Já os parâmetros da rede neural *feedforward* com 1 camada escondida e treinada usando o algoritmo BP foram:

Niup = L + 1 = 21 (número de entradas da rede neural),

Nihid = 10 (numero de unidades escondidas da rede),

η = 0,02 (taxa de aprendizado).

Simulando-se o sistema controlado pelo PID + rede neural com as mesmas trajetórias (quando se tinha apenas o controlador PID), obteve-se um desempenho superior, como as observadas nas figuras 13.25 e 13.26.

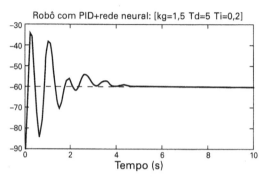

Figura 13.25 — Simulação do robô com PID+rede neural para entrada em degrau.(--- Trajetória de referência ; — Resposta do sistema).

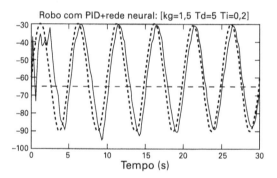

Figura 13.26 — Simulação do sistema com PID e rede neural p/ entrada oscilatória. (--- Trajetória de referência ; — Resposta do sistema).

Em Rios Neto *et al*, 1998, mostra-se que a rede neural, quando corretamente treinada, converge para uma aproximação do modelo inverso atrasado do sistema dinâmico e que este esquema também pode ser aplicado em sistemas de fase não-mínima. Rios Neto, 1998, aplica esta mesma estrutura de controle neural para o controle experimental de uma estrutura flexível.

13.5 Otimização de sistemas estáticos usando medidas ruidosas (*extremum control*)

Um problema comum em várias áreas é a maximização de um índice de desempenho estático onde são disponíveis apenas medidas ruidosas deste desempenho. Basicamente deseja-se ajustar a entrada do sistema de forma tal que sua saída seja maximizada a partir de medidas ruidosas da saída. Uma possível analogia seria estimar as coordenadas do pico de uma colina a partir das medidas ruidosas da altura da colina para um conjunto dado de coordenadas. Problemas deste tipo são conhecidos como de controle extremal (*extremum control*).

Um possível enfoque é a usar as medidas ruidosas para determinar/atualizar os parâmetros de um modelo do sistema e então determinar a entrada que maximize tal modelo. A figura 13.27 a seguir ilustra este enfoque.

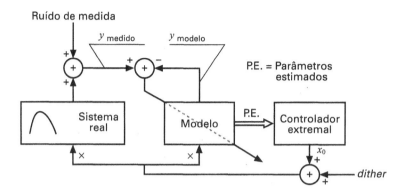

Figura 13.27 — Esquema de Controle Extremal.

Pode-se usar um algoritmo recursivo para a estimação dos parâmetros do modelo. Assim, usando a notação x_0 como sendo o ponto que produz a máxima saída, um possível procedimento seria:

Passo 1: coletar um conjunto de dados de entrada-saída (x, y_{medido}) em torno do valor estimado de x_0;

Passo 2: atualizar o modelo do sistema com os dados coletados no Passo 1;

Passo 3: atualizar a estimativa de x_0;

Passo 4: retornar ao passo 1.

O passo 3 pode ser simplificado por uma escolha adequada da estrutura do modelo usado. Se modelarmos o sistema como sendo um modelo quadrático: $y = ax^2 + bx + c$, e estimarmos os parâmetros a, b e c, poderemos calcular a estimativa de x_0 usando apenas $x_0 = -b/(2a)$. Se modelarmos o sistema como sendo $y = k(x - x_0)^2 + c$, um parâmetro do modelo já é exatamente o ponto de máximo procurado.

Uma vantagem do modelamento quadrático é a simplicidade dos algoritmos que podem ser usados para atualizar os parâmetros do modelo. O modelamento quadrático irá fornecer uma boa estimativa do topo da colina, mesmo se o sistema verdadeiro gerador das medidas for não quadrático mas simétrico. Entretanto, se o sistema verdadeiro for não simétrico, o modelamento quadrático não conseguirá fornecer boas estimativas do valor de x_0.

Nascimento *et al*, 1993, propõem usar uma RNA onde as unidades escondidas utilizam uma função de ativação especial (um tipo de função de base asssimétrica) para resolver o problema acima, mesmo se o índice de desempenho for ruidoso e não simétrico. A figura 13.28 a seguir ilustra a topologia da RNA proposta. A saída da rede é calculada pelas seguintes equações:

$$\text{net}_i^h = w_i^h (x - x_0)$$

$$\text{out}_i^h = f\left(\text{net}_i^h, v_i\right) \tag{13.18}$$

$$y^{NN} = \text{bias} + \sum_{i=1}^{NH} \left(w_i^{out}\right)^2 \text{out}_i^h$$

A função f(.,.) usada nas unidades escondidas é dada por:

$$f(x, v) = \frac{2 + v^2}{1 + \exp(-v^2 x) + v^2 \exp(x)} \tag{13.19}$$

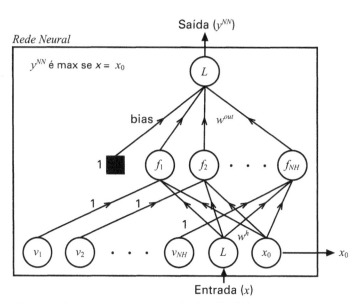

Figura 13.28 — Estrutura da rede neural empregando funções de base assimétrica utilizada no controle extremal.

onde v é o coeficiente de assimetria. A rede neural da figura 13.28 pode ser treinada usando-se o algoritmo *Back-Propagation*, levando-se em consideração a função de ativação usada. Desta maneira, além dos parâmetros bias e x_0, são ajustados para cada unidade escondida da rede neural os parâmetros w_i^{out}, w_i^h e v_i.

É possível provar teoricamente que o mesmo enfoque é também válido para os caso de múltiplas entradas. Nesse caso de múltiplas entradas, x_0 passa a ser um vetor e mostra-se que a RNA possui apenas 1 ponto de máximo (Nascimento Jr., 1994).

13.6 Calibração semi-automática de balanças para túneis de vento empregando Redes Neurais Artificiais

A balança é um dos mais importantes subsistemas de um túnel de vento transônico, usada para medir forças e momentos em até três dimensões. O estudo dessas forças que atuam sobre o modelo ensaiado possibilitam a avaliação segura do comportamento dinâmico de diversos sistemas em situações de operação real. O modelo ensaiado pode ser um veículo automotor, uma aeronave, uma estrutura de edificação ou parte de um veículo em tamanho real, reduzido ou aumentado.

O projeto mecânico é feito de tal forma que cada força e cada momento seja isolado, e sentido apenas pelo seu respectivo sensor. Apesar disso aparecerão acoplamentos lineares e não-lineares entre as medidas, devido às imperfeições mecânicas do tipo assimetria dos mecanismos, isolação do sistema, deformações estruturais causadas por cargas, temperatura e atrito. Os erros de medidas devido ao sistema de aquisição de dados incluem, entre outros, ruídos aleatórios, polarizações, interferência da rede e saturações.

A calibração é necessária a cada troca dos sensores, de modo que se adeqüem à faixa de cargas a serem medidas. No processo de calibração a balança é adaptada para receber cargas padrão, sendo que os sinais correspondente serão aquisicionados e processados por um computador dedicado.

A calibração consiste em determinar, com adequada precisão, a relação entre o conjunto de valores de entrada e o conjunto de valores da saída, a saber, as forças (F_i) em kgf (ou momentos em kgf.m) e medidas nos terminais do amplificador conectado às células de carga (R_i) em mV, respectivamente. Entre as características da balança, destaca-se que:

- Cada saída é função de todas as entradas;
- A função entre entrada e saída podem apresentar uma parcela não-linear;
- Podem existir ruídos aleatórios e polarizações.

As Redes Neurais podem ser utilizadas para a obtenção de um modelo que, quando alimentado com os dados das células de carga, fornecem, de imediato, as estimativas das forças e dos momentos.

A figura 13.29 representa, esquematicamente, a balança para medida de forças e momentos aerodinâmicos. Embora a balança real possua 6 entradas e 6 saídas, foi considerado, neste trabalho, que os movimentos são limitados ao plano de arfagem, de modo que são medidas apenas duas forças (vertical e horizontal) e um momento.

A figura 13.30 apresenta uma representação em bloco de um balança piramidal de 6 componentes, simplificado, para efeito de apresentação da metodologia aqui proposta, para apenas três componentes. A balança real é de fabricação da Taller & Cooper, e se encontra instalada no Túnel de Vento TA-2 do Centro Técnico Aeroespacial em São José dos Campos - SP.

Toda a estrutura que se situa abaixo da base flutuante superior é alojado no subsolo. A estrutura de suporte do maquete é posicionada de tal modo que o ponto O se localize na porção central do fluxo

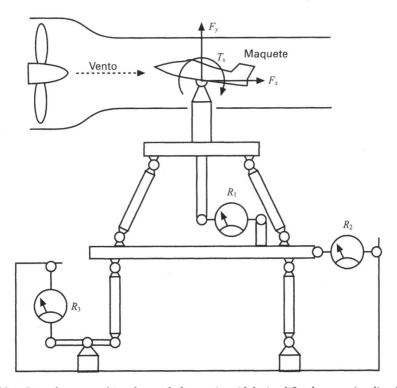

Figura 13.29 — Desenho esquemático de uma balança piramidal, simplificado para visualização de apenas 3 dos 6 componentes.

Figura 13.30 — Esquema da Versão Simplificada da Balança do Túnel de Vento, onde Fi são as forças ou momentos aerodinâmicos sobre o maquete e Ri são as medidas.

de ar forçado através de ventiladores, em um circuito fechado. Em posições adequadas são instaladas células de carga que medem os esforços mecânicos a eles transmitidos e que refletem as cargas aerodinâmicas sobre o maquete de ensaio.

Os resultados podem ser imediatamente estendidos para os seis componentes (3 forças e 3 momentos independentes), porém com um significativo aumento de carga computacional.

O modelo analítico da planta real, pode ser representado por:

$$R_k = T_k + \sum_{i=1}^{6} A_k^i . F_i + \sum_{i=1}^{6} \sum_{j=1}^{6} B_k^{ij} . F_i . F_j \qquad (13.20)$$

onde:

R = sinal de saída (mV),
F = Força (kgf) ou Momento (kgf.m).

Como k varia de 1 a 3, existem 39 coeficientes a serem determinados. O modelo é facilmente estendido para o de uma balança com 3 forças e 3 momentos, portanto k = 6 e tendo se que determinar 258 coeficientes neste caso. O valor de k, no modelo simplificado adotado aqui, é relativo às forças de arrasto e de sustentação e o momento de arfagem.

O carregamento é feito em grupos, onde em cada grupo, duas grandezas F_i distintas serão aplicadas, enquanto as outras são mantidas nulas. Para cada carregamento realizado, são registrados os valores de cada um dos R_k. São necessários, usualmente, 120 carregamentos para o processo. Uma vez que o principal objetivo é obter as estimativas das forças e momentos aerodinâmicos sobre a maquete ensaiada, necessita-se construir o modelo inverso neural da balança. Esse modelo tem como saídas as estimativas das forças e momentos, e como entradas as tensões nos terminais dos amplificadores das células de carga.

O modelo inverso neural pode ser treinado diretamente com os pares entrada-saída obtidos na fase de calibração. Entretanto, empregando-se o modelo direto para a geração de pares de treinamento melhor distribuídos e com base no algoritmo de *Back-Propagation*, obteve-se uma convergência dos pesos do modelo inverso neural de forma mais acelerada, embora, em termos de conteúdo de informações, não haja um ganho em relação à utilização direta dos dados de carregamento.

As redes neurais artificiais permitem incorporar, tanto no modelo direto quanto no modelo inverso, diversos fenômenos não-lineares que afetam as medidas nas balanças dos túneis de vento, sem necessitar de um modelamento intrínseco dos mecanismos envolvidos na sua gênese.

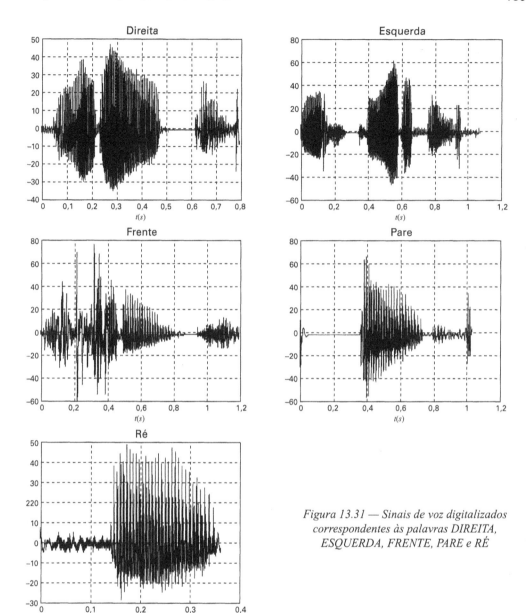

Figura 13.31 — Sinais de voz digitalizados correspondentes às palavras DIREITA, ESQUERDA, FRENTE, PARE e RÉ

13.7 Comando vocal

Um dos campos em que a teoria de redes neurais tem encontrado aplicação é o de reconhecimento de voz, como uma alternativa a métodos mais tradicionais que procuram utilizar o conhecimento de especialistas em fonética. Nesse exemplo uma rede neural é usada para reconhecer as palavras *DIREITA*, *ESQUERDA*, *FRENTE*, *PARE* e *RÉ*, pronunciadas por uma única pessoa. Esse vocabulário de 5 palavras, embora simples, poderia servir como base para se implementar, por exemplo, um sistema de controle vocal de um robô móvel.

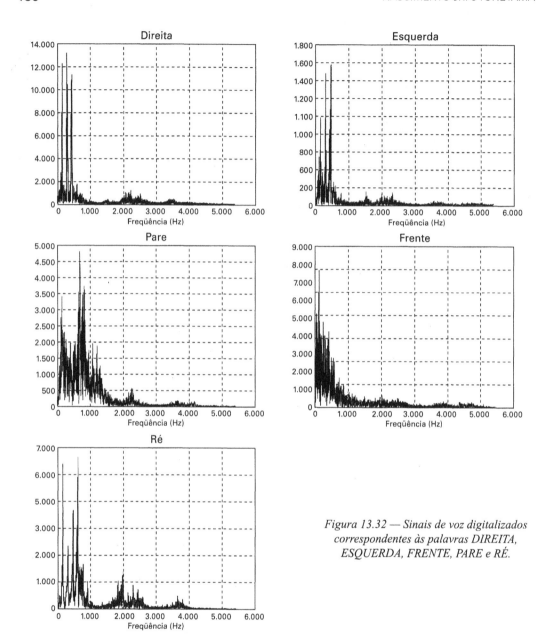

Figura 13.32 — Sinais de voz digitalizados correspondentes às palavras DIREITA, ESQUERDA, FRENTE, PARE e RÉ.

O procedimento consistiu em se adquirir várias amostras de cada palavra, aquisicionadas com o uso de um microcomputador pessoal com kit multimídia e microfone configurado para uma taxa de amostragem de 11025 Hz e quantização de 8 bits.

Os espectros foram divididos em 20 bandas com largura de 100 Hz cada, iniciando-se a primeira banda em 50 Hz. O padrão de energia em cada uma destas bandas foi apresentada a uma rede neural com 5 saídas, cada uma representando uma das 5 palavras.

A figura 13.31 ilustra os sinais correspondentes a cada uma das palavras, enquanto a 13.32 apresenta os respectivos espectros, na faixa 0–6 kHz.

O procedimento envolveu 10 amostras de cada palavra. Dessas, 5 amostras foram utilizadas no treinamento da rede e as outras 5 na avaliação da capacidade de generalização da mesma. Para o treinamento foi utilizado o algoritmo *Back-Propagation*. Com 5 unidades na camada escondida a taxa de acerto foi de 90%.

13.8 Sugestões para leitura complementar

MILLER, W.T.; SUTTON, R.S.; WERBOS, P.J. (eds) - *Neural Networks for Control*. The MIT Press, Cambridge, 1990.

GUPTA, M.M. e RAO, D.H. (eds) - *Neural Control Systems: Theory and Application*. IEEE Press, 1994.

FOGEL, D.B.; FUKUDA, T.; GUAN, L. - *Special Issue em Computational Intelligence*. Proc. IEEE, v. 87, n. 9, set 1997.

Artigos e links disponíveis a partir da home page do Conselho Nacional de Redes Neurais, (CNRN) em http://www.ele.ita.cta.br/cnrn/.

Face a um número muito grande de aplicações interessantes de redes neurais artificiais, é impraticável listar as obras mais significativas que tratam deste assunto, sem omissões graves. Nesse contexto, os leitores são encorajados a buscarem, nas publicações especializadas, as aplicações mais relacionadas com a área de atuação de cada um.

Exercícios do Capítulo 13

13.1 Supondo que já existe um controlador (por exemplo, PID) que apresenta bom desempenho, como uma rede neural poderia ser utilizada para 'copiar' este controlador?

13.2 Como a capacidade de aproximação universal de uma rede neural poderia ser utilizada para compensação de não-linearidades de um instrumento de medida?

13.3 Como se poderia implementar um filtro passa faixa utilizando redes neurais?

13.4 Como poderia ser utilizada a Transformada de Fourier janelada para melhorar a taxa de acertos de um sistema de comando vocal baseado em redes neurais?

13.5 Que tipo de rede neural seria interessante para classificação de sinais (como, por exemplo, os sinais eletrocardiográficos, ECG)?

13.6 Proponha um sistema, utilizando rede neural, que seria capaz de detelhar falhas de sensores em um sistema de controle.

14 DESENVOLVIMENTO DE SISTEMAS INTELIGENTES

As técnicas de IA poderão ou não serem vantajosas em Controle Automático de Sistemas em função dos modelos disponíveis para a *planta* (sistema dinâmico sendo controlado) e os requisitos de desempenho que são estabelecidos. Assim, se existe um modelo matemático preciso para a planta e as especificações de desempenho são tais que permitem uma solução analítica adequada do ponto de vista prático, então o uso de técnicas de IA para este caso pode ser questionável. Entretanto, se o modelo da planta é pouco conhecido em termos quantitativos, mas existe uma boa heurística de controle, o uso de IA pode ser de grande valia.

14.1 Adequação de técnicas de IA para a solução de um problema específico

Uma primeira consideração, portanto, é investigar a adequação do problema para solução baseada em IA, considerando alguns critérios:

a) Natureza do modelo da planta:

Um primeiro critério é verificar se o modelo da planta apresenta características tais que o adequa a uma aplicação das técnicas de IA.

Se o modelo é do tipo matemático, preciso e confiável, então é de boa prática aproveitar estas características através de um controlador tipo algorítmico. Segundo Kosko, 1992, existe a relação *símbolos:números::regras:princípios*.

Se o modelo é do tipo lingüístico, onde as incertezas são quantitativas mas bem descritas qualitativamente, então o uso de regras de produção e lógica nebulosa pode ser conveniente, desde que boas heurísticas de controle sejam disponíveis.

Se o modelo apresenta fenômenos aleatórios, ou seja, o comportamento depende de fatores que estão fora do escopo de controle do operador (rajadas de vento, ruídos de estática, bolhas na matéria-prima, ou outro fenômeno associado a um processo estocástico), então a combinação das técnicas pode ser atrativa. Por exemplo, o controlador tipo algorítmico pode ser reconfigurado por um supervisor baseado em regras de produção, na ocorrência de uma falha de sensor. Uma forma de adaptar as regras de produção para comportar aleatoriedade é através da Regra de Bayes.

Se o modelo é descrito de forma lingüística, é importante verificar se o problema possui limitações claras de escopo, ou seja, o domínio do conhecimento necessário para descrevê-lo é suficientemente restrito e detalhado. O risco de não se atentar para esse fator é obter regras omissas (pois não é possível descrever completamente um domínio muito vasto) ou regras conflitantes (pois não é possível descrever todas as interações). Uma forma de resolver problemas de grande porte é segmentá-los em subproblemas mais simples. No caso de sistemas baseados em conhecimento, tais subproblemas poderiam ser interligados através do uso da técnica do quadro negro.

Se o modelo é incerto, mas existem registros de entrada e saída, ou outra forma de acessar informações entrada—saída, as redes neurais artificiais podem ser empregadas na malha, de forma que os pesos são ajustados por mecanismo de aprendizado *on-line*.

Se o modelo requer aplicação paulatina da capacidade do controlador, deve-se ter em vista a possibilidade de aprendizado continuado. No caso de regras de produção, consistiria, fundamentalmente, de aumentar o número de regras. Entretanto, no caso de ser empregada uma rede neural, deve-se atentar que, alguns métodos de treinamento podem fazer a rede neural *esquecer* os dados aprendidos anteriormente.

b) Existência de recursos de desenvolvimento:

Tendo-se verificado que, de fato, a natureza do modelo se adequa a um enfoque de solução empregando IA, um critério a ser aplicado a seguir é a disponibilidade de recursos para a sua implementação.

Custo: Embora os equipamentos computacionais estejam com tendência à redução de preços, o custo de recursos humanos tem se elevado consideravelmente. Assim, no caso de desenvolvimento de sistemas baseadas em regras de produção com menor de 100 regras, os recursos necessários seriam algo como 1 a 6 homens·mês. Para sistemas de médio porte, com 100 a 1.000 regras, poderia se pensar em recursos humanos da ordem de 1 a 2 homens·ano. Em sistemas de grande porte, com mais de 1.000 regras, o desenvolvimento poderia demandar de 2 a 20 homens·ano. Considerando-se ainda custos posteriores de treinamento de operadores e manutenção, os recursos a serem investidos devem ser pesados com rigor em relação aos benefícios a serem obtidos.

Hardware: Existem equipamentos e componentes projetados para a obtenção de alto desempenho, como os casos de *chips* para processamento de regras nebulosas, placas que implementam redes neurais por circuitação e LISP *machines*. Entretanto, muitas vezes, estações de trabalho ou microcomputadores são suficientes para a solução de problemas significativos. Os exemplos mencionados nos capítulos anteriores foram implementados em tais ambientes. Em caso de utilização *on-line*, deve existir a preocupação com as especificações quanto à confiabilidade, recorrendo-se a técnicas de endurecimento, como gabinetes isolados mecânicamente e com trocadores de calor, componentes superdimensionados, ausência de partes móveis, blindagem eletrostática e aterramento adequado, isolação galvânica quando necessário, bem como emprego de *watchdogs* e autodiagnósticos.

Software: Há numerosas ferramentas de software para desenvolvimento de sistemas especialistas, redes neurais e lógica nebulosa. A utilização de uma concha (shell, arcabouço, ambiente) para a construção de um sistema baseado em conhecimentos pode proporcionar diversas facilidades para edição, validação e interfaceamento, entre outras. Outrora, os sistemas especialistas eram escritos em linguagens como, por exemplo, LISP, OPS 5 e PROLOG. Embora as conchas sejam mais amigáveis do ponto de vista de desenvolvimento de novos sistemas, as linguagens específicas porporcionam, em geral, maior desempenho e portabilidade. No caso particular de aplicações em controle e automação, é desejável que a concha utilizada, se for o caso, possua facilidades para interagir com programas numéricos escritos pelo usuário (por exemplo, identificador de parâmetros, otimizador numérico e outros). Usualmente os mecanismos utilizados pelas conchas para interagir com os programas do usuário são chamadas de funções externas na linguagem em que foram desenvolvidas.

Exemplos de instruções:

PROLOG:
```
?- assert (human(socrates)).
yes
?- assert (human(aristoteles)).
yes
?- mortal(x) :- human(x).
?- mortal(socrates).
yes
mortal (x)
x = socrates;
x = aristoteles;
```

LISP:
```
-> (setq nome 'jose)
-> (setq sobrenome 'silva)
-> (defun nome_completo (a b)
   (list a b))
-> (nome_completo nome sobrenome)
-> (jose silva)
```

OPS5
```
(p ajusta_picos
(desvio
          ↑deltasob {<dsob>=0} & deltasub{<dsub> > 0})

(desempenho
          ↑razao              { <r12>   < 1,0 }
          ↑convergencia       { <cnv>   < 1,0 }
          ↑variacao           { > -0,1  < 0,1 } )
-->
(remove 1)
(bind <pcsob> (compute <dsob> // 100 ))
(bind <nkp> (compute <kp> - ( <kp> * <pcsob> )))
(bind <nki> (compute <nkp> // <tint> ))
(bind <nkd> (compute <nkp> * <tdif> ))
(call passa_ganhos <nkp> <nki> <nkd> ))
```

Os ambientes encontrados comercialmente usualmente dispõem de uma interface com usuário, muitas vezes na forma gráfica, oferecem facilidades de depuração ou operação (como funções

Why e *How*, em sistemas especialistas) e propiciam o crescimento incremental do sistema e a mantenabilidade.

Especialistas: A utilização efetiva de sistemas especialistas depende, entre outros fatores, da existência de pessoas que possuam o conhecimento a ser traduzido nas formas de regras de produção. O emprego de redes neuronais requer a definição de conjuntos de pontos de treinamento. Em ambos os casos, o papel do indivíduo que detém o conhecimento sobre a área específica de aplicação de IA é fundamental. Portanto, IA não deve ser encarado como um paliativo para o problema da falta de conhecimentos especializados, mas sim como um meio para amplificar as suas potencialidades. Por outro lado, requer-se ainda um especialista em IA para avaliar as dimensões do problema, investigar o sistema atual, analisar os custos de operação, especificar a velocidade necessária de processamento, planejar a integração do sistema a ser desenvolvido, estimar o número de usuários, provover a cultura da corporação e muitas outras tarefas de relevo.

A obtenção dos conhecimentos especializados requer técnicas apropriadas para cada aplicação, podendo incluir:

- Entrevistas,
- Questionários,
- Literatura, manuais, diagramas,
- Observação, filmagem,
- Ensino.

c) Vantagens e desvantagens:

Os benefícios da utilização das técnicas de IA foram já apresentados ao longo dos capítulos anteriores. Há, entretanto, alguns riscos envolvidos com o pioneirismo. No caso de sistemas especialistas, garantir a consistência ou a completitude do banco de conhecimentos é uma tarefa difícil. Também não se pode precisar, de antemão, qual a profundidade de busca que será necessária para se chegar a um *goal*. No caso de redes neurais tipo *feedforward*, não há dificuldades com o tempo de resposta, pois a saída é produzida após a somatória dos tempos de propagação pelas n camadas que compõe a rede. Entretanto, não é possível garantir que a saída de uma rede neural seja sempre adequada, uma vez que a capacidade generalizadora pode não ser sempre válida. Na fase de treinamento, muitas vezes não é possível garantir que haja convergência dos parâmetros para os valores adequados (ótimos segundo algum índice), e tampouco a duração de tempo necessária para se ter um aprendizado satisfatório pode ser avaliada a priori. A expansão gradual dos conhecimentos deve ser considerada com cautela no caso de redes neurais, uma vez que treinamento com apenas pontos novos pode ocasionar o esquecimento dos pontos antigos.

Um outro desafio considerável é realizar a *Engenharia de Conhecimentos*, ou seja, obter junto aos especialistas, as regras que serão depois codificadas. Existem problemas mais simples como o do jargão da área, até a relutância de alguns em ceder informações.

Uma vez construído o sistema baseado em IA, há problemas como o de *validação*, treinamento dos operadores, manutenção e expansão da sua capacidade, entre outros. A validação, relacionada com a testabilidade do sistema desenvolvido, é uma tarefa muito difícil em sistemas de porte. Embora possa ser realizado um *walk-through* para percorrer os caminhos principais de operação, as dificuldades de garantir a consistência e a completitude são teóricas e esbarram na impossibilidade prática de gerar todos os padrões de entradas. No caso de sistemas de aprendizado com punição e reforço, o tempo de aprendizado é aleatório e, a princípio, o tempo para se obter um desempenho satisfatório pode ser muito longo. Mesmo que se tenha testado o sistema em ambiente simulado, podem existir discrepâncias entre o modelo de simulação e o modelo da planta.

14.2 Circuitos integrados neurais

Já são disponíveis, comercialmente, diversos circuitos integrados que implementam redes neurais. Existem circuitos integrados digitais, analógicos e híbridos, implementando diversas arquiteturas de redes, com maior ou menor grau de interconexões, facilidades para interfaceamento, blocos de treinamento e outras características. No presente texto descreve-se um circuito integrado simples, projetado pelo Prof. Jader Alves de Lima, (Lima, 1996). O circuito integrado neural apresentado na figura 14.2 implementa um neurônio do tipo ilustrado na figura 14.1.

Opera em modo corrente, obtendo-se uma simplificação de circuito e conseqüente redução no consumo de potência. Um conversor tensão-corrente (V/I) converte a tensão do sinal de entrada Vp_i em uma corrente Ip_i, que será a referência para o conversor digital/analógico de 6 bits (MDAC). A corrente à saída do conversor Io_i corresponderá, portanto, ao produto entre Ip_i e o peso W_i. Um sinal de controle $NBinv_i$ permite a inversão do produto, possibilitando a multiplicação em dois quadrantes. Contribuições das demais componentes Io_i são linearmente somadas à entrada do conversor corrente-tensão (I/V), cuja saída corresponde à tensão analógica Va_{real} (t).

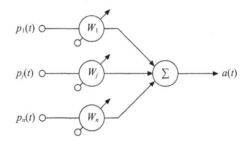

Figura 14.1 — Representação funcional da Rede Neural.

O cálculo dos pesos é executado por um processador externo, uma vez que se deseja dispor de flexibilidade na escolha do método de treinamento. Em aplicações onde não se requer adaptação, os pesos são calculados *off-line* e armazenados em registradores internos de maneira não volátil. No caso de pesos analógicos, em contrapartida, ao armazenar-se a informação no *chip* como tensão através de um capacitor, há a necessidade de uma recomposição periódica dos níveis elétricos devido às correntes de fuga (*refresh*), o que torna o circuito bem mais complexo, além da decorrente imprecisão.

De modo a minimizar o consumo de potência e favorecer uma maior densidade de integração, uma tecnologia CMOS foi escolhida. As regras de projeto, *layout* e parâmetros de simulação elétrica

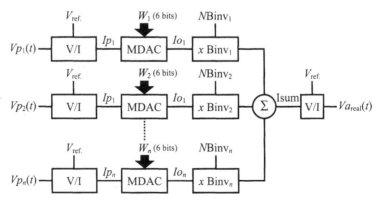

Figura 14.2 — Diagrama de blocos da Rede Neural.

adotados correspondem aos fornecidos pelo fabricante ES[2] (European Silicon Systems), relativos ao processo CMOS 1,0μm poço-N duplo-metal.

Entretanto, o referido processo CMOS especifica tensões de limiar elevadas para ambos transistores canal-N e canal-P, o que dificulta um projeto para baixas tensões (*low-voltage*) com boa linearidade. Optou-se por uma alimentação $V_{DD} = 5V$, mantendo-se, porém, as especificações debaixo consumo. O projeto pode ser, no entanto, redimensionado para valores mais baixo de V_{DD}, na possibilidade de utilização de processos CMOS adequados ao domínio digital/analógico em baixas tensões.

a) Conversor tensão-corrente:

Na figura 14.3 tem-se o esquemático do conversor tensão-corrente. Para uma tensão de entrada V_{in} e uma referência $V_{ref} = {}^1/_2 V_{DD}$, um diferencial de tensão $V_{dif} = (V_{in} - V_{ref})$ é convertido em um diferencial de corrente $I_{dif} = g_m V_{dif}$, onde gm é a transcondutância do par diferencial composto por M_1 e M_2. De um modo geral, a linearidade em um par diferencial restringe-se a valores de tensão diferencial da ordem de dezenas de milivolts. A presença de um par diferencial auxiliar, formado por M_6 e M_7, aumenta o intervalo de linearidade. No presente projeto, a não-linearidade é reduzida por um fator 4, devido à presença do par diferencial auxiliar.

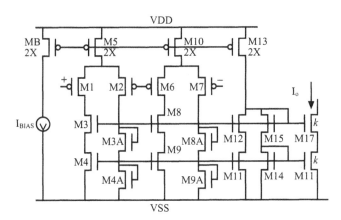

Figura 14.3 —Esquemático do conversor tensão-corrente.

Como a multiplicação de base entre o sinal de entrada e o peso ocorre no primeiro quadrante, somente a componente de corrente passando por M_3 e M_4, correspondente a ${}^1/_2 I_{BIAS} + g_m V_{dif}$, é necessária. A componente DC é eliminada à saída do conversor pelo subtrator de corrente formado por $M_{11}, M_{12}, M_{13}, M_{14}$ e M_{15}. Como a corrente através de M_{13} corresponde a ${}^1/_2 I_{BIAS}$, apenas $g_m V_{dif}$ flui para M_{14}, M_{15}. No caso de $V_{in} < V_{ref}$, nenhuma corrente fluirá para M_{14}, M_{15}. Um espelho de corrente formado por M_{16}, M_{17} fornece $I_o = k\, g_m V_{dif}$. Para uma maior precisão de conversão, utilizou-se a montagem *cascode* em espelhos de corrente tipo N.

b) Conversor D/A multiplicador:

O diagrama de blocos do conversor D/A multiplicador está ilustrado na figura 14.4. O peso $W_5 - W_0$ é armazenado em registros consistindo de biestáveis mestre—escravo e atualizado a cada transição negativa de CLK. Tendo como referência a corrente proveniente do conversor tensão—corrente, fontes de corrente de peso binário $2^0 I_{ref}, 2^1 I_{ref}, ..., 2^5 I_{ref}$ são derivadas. Essas fontes, chaveadas pelos bits $W_5 - W_0$, originam a corrente I_a, dada por

$$I_a = I_{ref}(W_5\,2^5 + W_4\,2^4 + ... + W_0\,2^0) \tag{14.1}$$

Sendo $I_{ref} = k\,g_m V_{dif}$, a eq. (14.1) pode ser reescrita como:

$$I_a = k\,g_m V_{dif}(W_5\,2^5 + W_4\,2^4 + ... + W_0\,2^0) \tag{14.2}$$

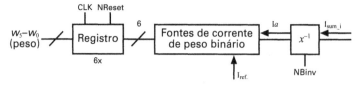

Figura 14.4 — Conversor D/A multiplicador.

O esquemático do latch tipo D, elemento de base para o registro, é mostrado na figura 14.5. As fontes de peso binário e respectivas chaves são representadas na figura 14.6. Valores binários de correntes são obtidas fixando-se um fator de 2 entre as razões de aspecto (W/L) dos transistores em espelhos adjacentes.

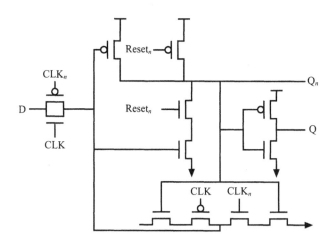

Figura 14.5 — Esquemático do latch tipo D.

O circuito que realiza a multiplicação em dois quadrantes é mostrado na figura 14.7, a qual consiste em, através de espelhos de corrente chaveados por NBinv, fornecer (*source*) ou drenar (*sink*) a corrente Ia, em relação ao nó comum onde as componentes I_{sum_i} são somadas.

$$I_{sum\_i} = (Inv_i)\,I_a \tag{14.3}$$

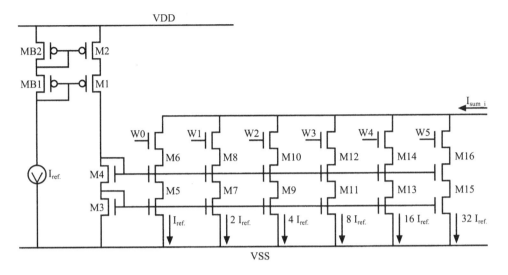

Figura 14.6 — Esquemático das fontes de corrente binárias.

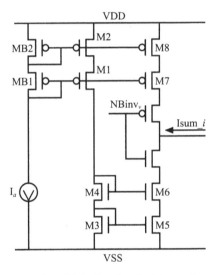

Figura 14.7 — Multiplicador de dois quadrantes.

c) Conversor corrente-tensão:

Admitindo-se características ideais do amplificador operacional de transcondutância (OTA), a tensão à saída do conversor é dada por

$$V_a = V_{ref} + R_{DA} I_{sum} \qquad (14.4)$$

Sendo $I_{sum} = I_{sum1} + I_{sum2}$ e substituindo (14.2) e (14.3) em (14.4), tem-se:

$$V_a = V_{ref} + k\, g_m R_{DA} [Inv_1 V_{p1} (W_{51} 2^5 + \ldots + W_{01} 2^0)]$$
$$+ [Inv_2 V_{p2} (W_{52} 2^5 + \ldots + W_{02} 2^0)] \qquad (14.5))$$

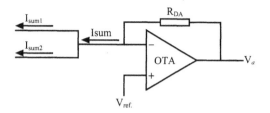

Figura 14.8 — Conversor corrente—tensão.

Na figura 14.8 tem-se o esquemático do conversor corrente—tensão. Priorizando-se um baixo consumo de potência, optou-se por um amplificador operacional com um único estágio de ganho, seguido de um estágio de saída *push-pull* operando em classe AB. Compensação do pólo dominante é obtida através do capacitor CL, associado à capacitância do estágio de saída. Com isso, aumenta-se a banda passante do amplificador.

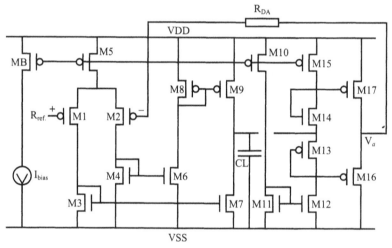

Figura 14.9 — OTA como conversor corrente—tensão.

Dimensionou-se o estágio classe AB, composto por M12 – M17, para uma carga resistiva mínima de 5kΩ, corrente quiescente de 2,0μA e máxima corrente de 200μA à saída.

14.3 Circuitos integrados para lógica difusa

Analogamente ao caso de circuitos integrados neurais, os controladores nebulosos podem ser implementados de forma analógica ou digital. No presente texto é apresentada uma possível alternativa para implementar controladores nebulosos utilizando circuitos analógicos.

Os módulos básicos envolvidos na implementação de controladores nebulosos são:

a) um circuito que realiza funções de pertinência:

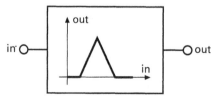

Figura 14.10 — Um dos módulos básicos para implementação de controladores nebulosos: funções de pertinência.

b) um circuito que calcula "min":

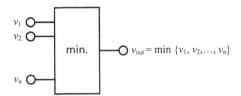

Figura 14.11 — Um dos módulos básicos para implementação de controladores nebulosos: determinador de mínimo.

c) um circuito que calcula "centro de massa":

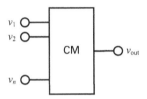

Figura 14.12 — Um dos módulos básicos para implementação de controladores nebulosos: calculador de centro de massa.

onde:

$$V_{out} = \frac{\sum_{i=1}^{p} w_i v_i}{\sum_{i=1}^{p} w_i} \qquad (14.6)$$

14.3.1 Funções de pertinência

A função de pertinência do tipo triangular como a ilustrada na figura 14.10 pode ser obtida a partir de pares diferenciais como na figura 14.13, onde v_d é a diferença de tensão entre as portas, $v_d = (v+) - (v-)$:

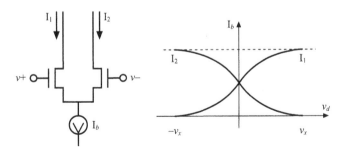

Figura 14.13 — Par diferencial e sua característica $I \times v_d$.

De fato, interconectando-se 2 pares diferenciais como no circuito da figura 15.14:

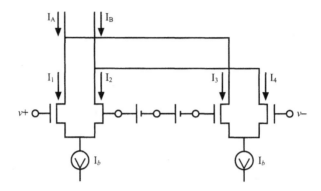

Figura 14.14 — Pares diferenciais implementando funções de pertinência.

nota-se que a diferença I entre as correntes I_A e I_B:

$$I = I_A - I_B \tag{14.7}$$

é tal que, em função de $v_d = v_{1+} - v_{2-}$, aproxima a função de pertinência desejada, conforme a figura 14.15.

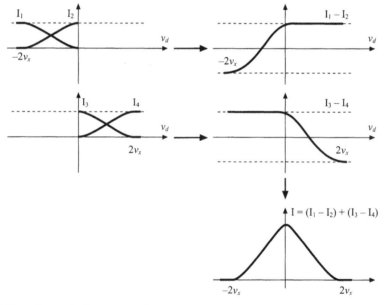

Figura 14.15 — Ilustração do esquema de subtração de correntes que origina a função de pertinência desejada.

A subtração de correntes da equação 14.7 pode ser obtida através da utilização de espelhos de corrente (EC) como os da figura 14.16:

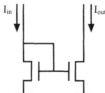

Figura 14.16 — Circuito espelho de corrente para realizar a subtração de correntes.

A figura 14.17 apresenta a forma de interligação dos diversos circuitos apresentados, de modo que se obtenha uma implementação de uma função de pertinência do tipo aproximadamente triangular.

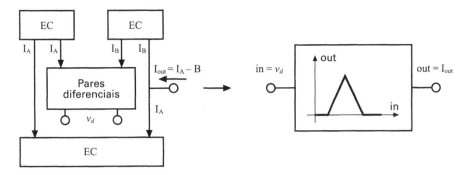

Figura 14.17 — Módulo função de pertinência.

14.3.2 Selecionador de mínimo

A figura 14.18 apresenta um circuito do tipo "*winner takes all*" onde I_{out} é o menor entre $I_1, I_2, ..., I_n$.

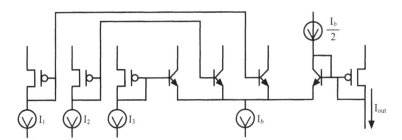

Figura 14.18 — Circuito que seleciona o menor entre as correntes I_1 a I_3.

14.3.3 Calculador de centro de massa

Considere-se, inicialmente, um circuito multiplicador como o ilustrado na figura 14.19:

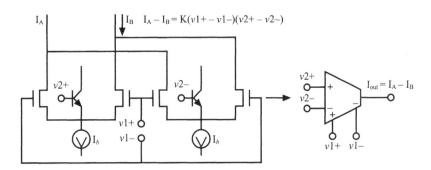

Figura 14.19 — Circuito multiplicador erepresentação em bloco funcional.

Interconectando-se os multiplicadores conforme a figura 14.20:

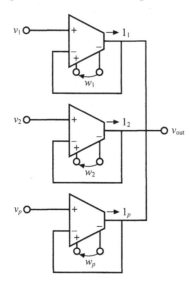

Figura 14.20 — Associação de blocos multiplicadores para implementação do determinador de centro de massa.

tem-se que:
$$I_i = K(v_i - v_{out})w_i \qquad (14.8)$$
e
$$I_1 + I_2 + \ldots + I_p = 0 \qquad (14.9)$$

Substituindo-se I_i na equação 14.9, tem-se que:

$$v_1 w_1 + \ldots + v_p w_p = v_{out}[w_1 + \ldots + w_p] \qquad (14.10)$$

ou seja,

$$v_{out} = \frac{\sum_{i=1}^{p} w_i v_i}{\sum_{i=1}^{p} w_i} \qquad (14.11)$$

Em muitas aplicações as funções de pertinência e os pesos w_i devem ser ajustados remotamente. Para tal, podem ser empregados circuitos híbridos como o ilustrado na figura 14.21, implementando as regras e um circuito desnebulizador como a da figura 14.22:

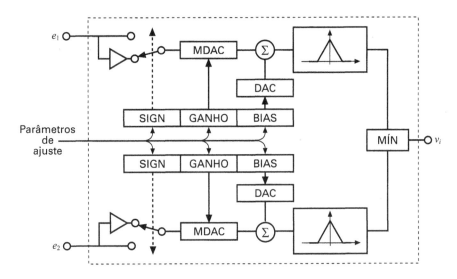

Figura 14.21 — Controlador nebuloso em versão híbrida: nebulização e inferência lógica.

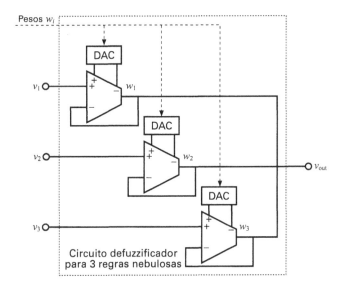

Figura 14.22 — Controlador nebuloso em versão híbrida: desnebulização.

Controladores nebulosos do tipo apresentado neste texto são também aproximadores de funções $u = f(e_1, ..., e_n)$, ou seja, possuem relações entrada—saída que podem ser ajustadas de modo a aproximar uma função $f(., ..., .)$ fornecida *a priori*, através da definição conveniente das diversas funções de pertinência. Por outro lado, uma vez que as regras nebulosas estão determinadas e fixas, a função $f(., ..., .)$ é também fixa e, às vezes, pode ser interessante caracterizá-la na forma de tabela. A vantagem, nesse caso, é que a saída u pode ser obtida através de simples consulta a um *look-up table*, possivelmente armazenada em uma memória.

14.4 Sugestões para Leitura Complementar

IEEE Micro, *Approximating solutions: Fuzzy Systems and Neural Networks*, jun. 1995. Trata-se de uma edição especial com diversos artigos sobre lógica nebulosa e redes neurais.

BISHOP, C.M. - Neural Networks and their Applications (Review Article). *Rev. Sci. Instrum.*, v.65, n. 6, jun. 1994, pp. 1803-1832. É um texto conciso, porém com muitos aspectos relacionados com redes neurais.

Capítulo sobre implementação de redes neurais em *hardware* usando técnicas analógicas, digitais ou híbridas são encontradas em Zurada, 1992, e Haykin, 1994.

Exercícios do Capítulo 14

14.1 Utilizando-se os conhecimentos adquiridos com o presente texto, procure fazer uma proposta de projeto de um veículo autoguiado utilizando visão computacional, incluindo as especificações dos diversos subsistemas.

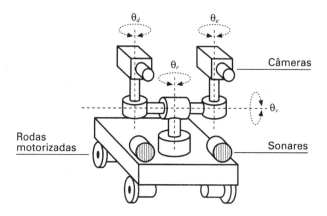

14.2 Controladores nebulosos e redes neurais de diversos tipos podem ser implementados de forma digital utilizando microcomputadores, DSP ou FPGA. Discuta as vantagens e desvantagens de cada caso.

14.3 Liste 5 exemplos de problemas onde as técnicas de Inteligência Artificial podem ser utilizadas com vantagem em relação a métodos puramente numéricos. Liste 5 exemplos de problemas onde os métodos numéricos convencionais podem apresentar um desempenho superior a técnicas de IA.

15

EPÍLOGO

As expectativas em relação a novas técnicas podem apresentar um comportamento como o ilustrado na figura 15.1. Inicialmente ocorre uma euforia e eventualmente surgem tentativas de aplicá-las em situações desfavoráveis. Em um misto de sucessos e fracassos, ocorrem frustrações e as virtudes das novas técnicas podem passar a ser ofuscadas pelo ceticismo. Com o tempo surgem resultados firmemente calcados em conceitos objetivos e bem fundamentados, de sorte que as condições de aplicabilidade, vantagens e as limitações das novas técnicas se tornam claras. Atinge-se, então, um estágio de maturidade, onde essas técnicas passam a ser aceitas pela comunidade e a incorporar o acervo de conhecimentos a serviço da ciência e da tecnologia.

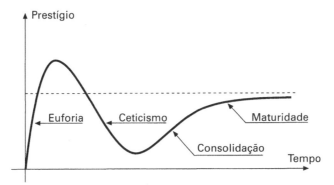

Figura 15.1 — Aceitação de novas técnicas em função do seu estágio de desenvolvimento.

As Técnicas de Inteligência Artificial, no que tange a aplicações em Controle e Automação, já estão atingindo o estágio de maturidade e as novas contribuições na área têm sido embasadas em fundamentos claros e sólidos. Uma importante constatação é que essas técnicas não vêm substituir as Técnicas Clássicas de Controle e Automação (como controle ótimo, controle robusto, controle adaptativo, controle estocástico e outros), mas sim para complementá-las, oferecendo alternativas antes não disponíveis. Assim, não se pretende que um sistema baseado em conhecimentos substitua um controlador PID, mas regras podem ser utilizadas, por exemplo, para programação (*scheduling*) de ganhos de controladores PID, supervisão de agrupamentos de PID de subsistemas mais complexos, reconfiguração de controladores PID em casos de falhas de sensores e outras tarefas apropriadas para utilização de técnicas de IA. Por outro lado, a sinergia entre as diversas entidades pode ser explorada, por exemplo, implementando controle adaptativo que utiliza estruturas neurais ou acomodando a existência de incertezas e imprecisões, através de uma combinação de filtros estocásticos e controladores nebulosos.

Embora os autores tenham buscado balancear o texto em termos da cobertura dada aos inúmeros tópicos existentes no campo da Inteligência Artificial e de Controle e Automação, alguns assuntos foram omitidos ou apresentados apenas de forma superficial. Em parte, tal opção na forma de organizar o texto deriva da extensão e da complexidade do tema e, por outro lado, da própria experiência em pesquisas científicas dos autores que são maiores em determinadas áreas do conhecimento e mais modestas em outras. Nesse contexto, é importante mencionar que existem inúmeras vertentes no campo da Inteligência Artificial em Controle e Automação que poderiam ser exploradas pelo leitor: utilização de *wavelets* para extração de características e classificação de padrões, utilização de agentes móveis inteligentes para supervisão de plantas complexas, controladores adaptativos neural-nebulosos, aprendizado com múltiplos objetivos, extração automática de regras e muitas outras.

Os autores agradecem quaisquer sugestões ou críticas que podem ser encaminhadas aos seguintes endereços eletrônicos: cairo@ita.cta.br e takashi@ita.cta.br.

Errata, materiais adicionais como novos exercícios, pacotes computacionais e outras informações e recursos estão disponíveis via INTERNET na *home page* deste livro no endereço URL: http://www.ele.ita.cta.br/ia_contaut/.

REFERÊNCIAS BIBLIOGRÁFICAS

Referências adicionais foram incluídas nesta seção para benefício do leitor, além daquelas efetivamente citadas no texto.

ALEKSANDER, I. - *Neural Computing Architectures: The Design of Brain-Like Machines*. North Oxford Academic, 1989.

ALVAREZ-ZAPATA, G.O.; KIENITZ, K.H.; YONEYAMA, T. - Análise de Desempenho de um Controlador Nebuloso com Quantização de Sinais. *3º Simpósio Brasileiro de Automação Inteligente (3º SBAI)*, Vitória, set. 1997, pp. 301-306.

ANDERSON, J.A. - A Memory Storage Model Utilizing Spatial Correlation Functions. *Kybernetik*, v. 5, 1968, pp. 113-119.

ASTRÖM, K.J. - Expert Control. *Automatica*, v. 22, n. 3, 1986, pp. 277-286.

ASTRÖM, K.J. e WITTENMARK, B. - *Adaptive Control*. Addison-Wesley, 1989.

AZEVEDO, F.M. - *Algoritmos Genéticos em Redes Neurais Artificiais*. Minicurso V Escola de Redes Neurais (V ERN), São José dos Campos, 19 jul. 1999, pp. 91-121 (disponível em http://www.ele.ita.cta.br/cnrn/).

BARTO, A.G.; SUTTON, R.S.; ANDERSON, C.W. - Neuronlike Adaptive Elements that can Solve Difficult Learning Control Problems. *IEEE Trans. Syst., Man, and Cybern.*, v. 13, 1983, pp. 834-846.

BATTITI, R. - First- and Second-Order Methods for Learning: Between Steepest Descent and Newton's Mthods. *Neural Computation*, v. 4, n. 2, 1992, pp. 141-166.

BATTITI, R. e TECCHIOLLI, G. - Learning with 1st, 2nd, and no Derivatives: A Case Study in High-Energy Physics. *Neurocomputing*, v. 6, n. 2, abr. 1994, pp. 181-206.

BECKER, S. e LE CUN, Y. - Improving the Convergence of Back-Propagation Learning with Second-Order Methods. *Proc. of the 1988 Connectionist Summer School*, 1988, pp. 29-37.

BELLMAN, R.E. e ZADEH, L.A. - *Decision-Making in a Fuzzy Environment*. NASA CR-1594, 1969.

BISHOP, C.M. - *Neural Networks for Pattern Recognition*. Oxford University Press, 1995.

BOTTER, E. A., *Estudo de Algoritmos com Chaveamento para o Treinamento de Redes Neurais Artificiais em Problemas de Reconhecimentos de Padrões*. Tese de Mestrado, Instituto Tecnológico de Aeronáutica (ITA), 1996.

BOZIC, S.M. - *Digital and Kalman Filtering*. Edward Arnold, London, UK, 1979.

BUCKLES, B.P. e PETRY, F.E. - *Genetic Algorithms*. IEEE Comp. Soc. Press, 1992.

BÜHLER, H. - *Réglage par Logique Floue*. Presses Polytechniques, Lausanne, 1994.

CALOBA, L.P. - *Introdução à Computação Neural*. Minicurso IX Congresso Brasileiro de Automática (IX CBA), Vitória, set. 1992, pp. 25-37.

CALOBA, L.P. - *Introdução às Redes Neurais*. Minicurso II Congresso Brasileiro de Redes Neurais (II CBRN) e III Escola de Redes Neurais (III ERN), Curitiba, out. 1995.

CARDOZO, E. - Inteligência Artificial em Automação e Controle. *VII Congresso Brasileiro de Automática (VII CBA)*, São José dos Campos, ago. 1988, pp. 43-50.

CARDOZO, E. e YONEYAMA, T. - Projeto Funcional de um Controlador Inteligente. *4º Simpósio Brasileiro de Inteligência Artificial (4º SBIA)*, Uberlândia, out. 1987, pp. 359-366.

CASTRO, J.L. - Fuzzy Logic Controllers are Universal Approximators. *IEEE Trans. Syst,. Man, and Cybern.*, v. 25, n. 4, abr. 1995, pp. 629-635.

CHARNIAK, E. e McDERMOTT, D. - *Artificial Intelligence*. Addison-Wesley, 1985.

CHIABERGE, M. - Cintia: A Neuro-Fuzzy Real-Time Controller for Low-Power Embedded Systems. *IEEE Micro*, jun. 1995, pp. 40-47.

CICHOCKI, A. e UNBEHAUEN, R. - *Neural Networks for Optimization and Signal Processing*. John Wiley, 1993.

CLANCEY, W.J. e SHORTLIFFE, E.H. - *Readings in Medical Artificial Intelligence*. Addison Wesley, 1984.

CUI, X. e SHIN, K.G. - Direct Control and Coordination using Neural Networks. *IEEE Trans. Syst., Man, and Cybern.*, v. 23, n. 3, 1993, pp. 686-697.

CYBENKO, G. - Approximation by Superpositions of a Sigmoidal Function. Math. *Control Signals Systems*, v. 2, 1989, pp. 303-314.

D'AMORE, R.; SAOTOME, O.; KIENITZ, K.H. - Controlador Nebuloso com Detecção de Regras Ativas. *3º Simpósio Brasileiro de Automação Inteligente (3º SBAI)*, Vitória, set. 1997, pp. 313-318.

DAVIS, L. - *Handbook of Genetic Algorithms*. Van Nostrand, NY, 1991.

DEODHARE, D.; VIDYASAGAR, M.; KEERTHI, S.S. - Synthesis of Fault-Tolerant Feedforward Neural Networks using Minimax Optimization. *IEEE Trans. Neural Networks*, v. 9, n. 5, set. 1998, pp. 891-900.

DUBOIS, D. e PRADE, H. - *Fuzzy Sets and Systems: Theory and Applications*. Academic Press, 1980.

EICHFELD, H.; KLIMKE, M.; MENKE, M.; NOLLES, J.; KÜNEMUND, T. - A General Purpose Fuzzy Inference Processor. *IEEE Micro*, jun. 1995, pp. 12-17.

ELSIMARY, H.; MASHALI, S.; SHAHEEN, S. - Generalization Ability of Fault Tolerant Feed Forward Neural Nets. *Proc. IEEE Int. Conf. Syst., Man, and Cybern.*, Vancouver, 22-25 out. 1995, v. 1, pp. 3-34.

ERNST, G.W. e NEWELL, A. - GPS: *A Case Study in Generality and Problem Solving*. Academic Press, 1969.

EY, H.; BERNARD, P.; BRISSET, C. - *Manual de Psiquiatria*. Masson, 1985.

FAINA, L.F. e YONEYAMA, T. - Técnicas de Inteligência Artificial aplicadas ao Reconhecimento de Eletrocardiogramas. *10º Encontro Nacional de Automação (10º ENA)*, Fortaleza, jul. 1989.

FAUGHT, W.S. - *Applications of AI in Engineering*, IEEE Computer, jul. 1986, pp. 17-27.

FU, K.S.; GONZALEZ, R.C.; LEE, C.S.G. - *Robotics: Control, Sensing, Vision and Intelligence.* McGraw-Hill, 1987.

FUJITO, E.T. e YONEYAMA, T. - Detecção, Isolação e Acomodação de Falhas em Sistemas de Controle Utilizando Técnica de Sistema Baseado no Conhecimento, *IX Congresso Brasileiro de Automática (IX CBA)*, Vitória, 1992, pp. 171-176.

FUNAHASHI, K. - On the Approximate Realization of Continuous Mappings by Neural Networks. *Neural Networks*, v. 2, 1989, pp. 183-192.

GAINES, B.R. e BOOSE, J.H. - *Knowledge Acquisition for Knowledge Based Systems.* Academic Press, 1988.

GIL, A. - *Applied Algebra for the Computer Sciences.* Prentice Hall, 1976.

GOMIDE, F.A.C. e GUDWIN, R.R. - Modelagem, Controle, Sistemas e Lógica Fuzzy. *Revista Controle e Automação*, v. 4, n. 3, set.-out. 1994, pp. 97-115.

GORMAN, R.P. e SEJNOWSKI, T.J. - Learned Classification of Sonar Targets using a Massively-Parallel Network. *IEEE Trans. on Acoustics, Speech, and Signal Processing (ASSP)*, v. 36, 1988, pp. 1135-1140.

GREEN, P.R.; NASCIMENTO Jr., C.L.; YORK, T.A. - Structuring Networks for Image Classification using Competitive Learning. *I Congresso Brasileiro de Redes Neurais (I CBRN)*, Itajubá, out. 1994, pp. 201-206.

HARTMAN, E.J.; KEELER, J.D.; KOWALSKI, J.M. - Layered Neural Networks with Gaussian Hidden Units as Universal Approximations. *Neural Computation*, v. 2, n. 2, 1990, pp. 210-215.

HASSOUN, M.H. - *Fundamentals of Artificial Neural Networks.* MIT Press, 1995.

HAYKIN, S. - Neural Networks Expand SP's Horizons. *IEEE Signal Processing Magazine*, v. 13, n. 2, mar. 1996, pp. 24-49.

HAYKIN, S. - *Neural Networks: A Comprehensive Foundation.* IEEE Press, 1994 (2ª ed. publicada pela Prentice Hall em 1999).

HEBB, D.O. - *The Organization of Behavior.* John Wiley & Sons, 1949.

HECHT-NIELSEN, R. - *Neurocomputing.* Addison-Wesley, 1990

HEGENBERG, L. - *Lógica: O Cálculo Sentencial.* Ed. Herder, São Paulo, 1973.

HEGENBERG, L. - *Lógica: O Cálculo de Predicados.* Ed. Herder, São Paulo, 1973.

HEMERLY, E.H. - *Controle por Computador de Sistemas Dinâmicos.* Ed. Edgard Blücher, 1996.

HEMERLY, E.H. e NASCIMENTO Jr., C. L. - An NN-based Approach for Tuning Servocontrollers. *Neural Networks*, v. 12, n. 3, abr. 1999, pp. 513-518.

HERTZ, J.; KROGH, A.; PALMER, R.G. - *Introduction to the Theory of Neural Computation.* Addison-Wesley, 1991.

HILBERT, D. e ACKERMANN, W. - *Principles of Mathematical Logic.* Chelsea Publ., 1950.

HINTON, G.E. - *Neural Networks.* Notes of the 1st Sun Annual Lecture in Computer Science at the University of Manchester. University of Manchester Press, 1989.

HIROTA, K. - Industrial Applications and Education on Fuzzy Systems in Japan. *Revista Controle e Automação*, v. 4, n. 3, set.-out. 1994, pp. 155-161.

HOPFIELD, J.J. - Neural Networks and Physical Systems with Emergent Collective Computational Abilities. *Proc. Natl. Acad. Sci. USA*, v. 79, abr. 1982, pp. 2554-2558.

HOPFIELD, J.J. - Neurons with Graded Response Have Collective Computational Properties Like Those of Two-State Neurons. *Proc. National Acad. Sci. USA*, v. 81, maio 1984, pp. 3088-3092.

HOPFIELD, J.J. e TANK, T.W. - Computing with Neural Circuits: A Model. *Science*, v. 233, 8 ago. 1986, pp. 625-633.

HORNIK, K., STINCHCOMBE, M. e WHITE, H. - Multilayer Feedforward Networks are Universal Approximators. *Neural Networks*, v. 2, 1989, pp. 359-366.

HUNT, K.J.; SBARBARO, D.; ZBIKOWSKI, R.; GAWTHROP, P.J. - Neural Networks for Control Systems - A Survey. *Automatica*, v. 28, n. 6, nov. 1992, pp. 1083-1112.

HUSH, D.R. e HORNE, B.G. - Progress in Supervised Neural Networks: What's New Since Lippmann?. *IEEE Signal Processing Magazine*, v. 10, n. 1, jan. 1993, pp. 8-39.

IRIE, B. e MIYAKE, S. - Capabilities of Three-Layered Perceptrons. Proc. *IEEE Int. Conf. Neural Networks*, San Diego, CA, jul. 1989, pp. 641-648.

ISERMANN, R. - *Digital Control System*. Springer-Verlag, 1981.

JOCHEM, T. e POMERLEAU, D. - Life in the Fast Lane, The Evolution of an Adaptive Vehicle Control System. *AI Magazine*, v. 17, n. 2, 1996, pp. 11-50.

KACPRZYK, J. - Prescriptive Approaches to Fuzzy Control: Yet-To-Be-Rediscovered Old Jewels? *Revista Controle e Automação*, v. 4, n. 3, set.-out. 1994, pp. 141-154.

KANDEL, A. - *Fuzzy Mathematical Techniques with Applications*. Addison Wesley, 1986.

KHALIL, H.K. - *Nonlinear Systems*. Prentice Hall, 2ª edição, 1996.

KLEENE, S.C. - *Mathematical Logic*. John Wiley, 1967.

KLIR, G.J. e FOLGER, T.A. - *Fuzzy Sets, Uncertainty and Information*. Prentice Hall, 1988.

KODRATOFF, Y. - *Leçons d'Aprentissage Symbolique Automatique*. Capedues-Editions, Toulouse, 1986.

KOHONEN, T. - *Self-Organization and Associative Memory*. Springer-Verlag, 1984.

KOLMOGOROV, A.N. - On the Representation of Continous Functions of Many Variables by Superposition of Continuous Functions of One Variable and Addition. *Dokl. Akad. Nau.* SSSR, v. 114, 1957, pp. 953-956 (*AMS Transl.*, v. 28, n. 2, 1963, pp. 55-59).

KOSKO, B. - *Neural Networks and Fuzzy Systems*. Prentice Hall, 1991.

KOSKO, B. - *Fuzzy Engineering*. Prentice Hall, 1997.

KOVÁCS, Z.L. - *Redes Neurais Artificiais: Fundamentos e Aplicações, Um Texto Básico*. 2ª ed., Collegium Cognitio, São Paulo, 1996.

KRÖSE, B.J.A. e WAN DER SMAGT, P.P. - *An Introduction to Neural Networks*. The University of Amsterdam, 1993.

KUMAR, P.R. e VARAIYA, P. - *Stochastic Systems: Estimation, Identification and Adaptive Control*. Prentice Hall, 1986.

KUZUHARA, G.J. - *Implementação de um Controlador Inteligente*. Trabalho de Graduação, Instituto Tecnológico de Aeronáutica (ITA), 1988.

LAMBERT-TORRES, G. e SILVA, A.P.A. - Aplicação de Sistemas Inteligentes em Engenharia de Potência. *Revista Controle e Automação*, v. 5, out.-nov. 1994, pp. 144-152.

LAPEDES, A. e FARBER, R. - How Neural Nets Work. *Neural Information Processing Systems*, ed. por D. Z. Anderson, American Institute of Physics, 1988, pp. 442-456.

LE CUN, Y.; BOSER, B.; DENKER, J.S.; HENDERSON, D.; HOWARD, R.E.; HUBBARD, W.; JACKEL, L.D. - Backpropagation Applied to Handwritten ZIP code recognition. *Neural Computation*, v. 1, n. 4, 1989, pp. 541-551.

LEE, C.C. - Fuzzy Logic in Control Systems: Fuzzy Controller, Part I and II. *IEEE Trans. Syst., Man, and Cybern.*, v. 20, n. 2, 1990, pp. 404-435.

LEIGH, J.R. - *Control Theory: A Guided Tour*. Peter Peregrinus, London, 1992.

LEONARD, J.A. e KRAMER, M.A. - Radial Basis Function Networks for Classifying Process Faults. *IEEE Control Syst. Magazine*, abr. 1991, pp. 31-38.

LIMA, J.A. e YONEYAMA, T. - A Neural Integrated Circuit for Noise Cancellation in Electro-Cardiographic Signals. 11th *Int. Conf. Control Syst. Comp. Sci.*, Bucareste, Romênia, 1997, pp. 73-79.

LIN, C.F. - *Advanced Control System Design*. Prentice Hall, 1994.

LIPPMANN, R.P. - An Introduction to Computing with Neural Networks. *IEEE Acoustics, Speech and Signal Processing (ASSP) Magazine*, v. 4, n. 2, abr. 1987, pp. 4-22.

MAGOULAS, G.D; VRAHATIS, M.N.; ANDROULAKIS, G.S. - Improving the Convergence of the Backpropagation Algorithm using Learning Rate Adaptation. *Neural Computation*, v. 11, n. 7, out. 1999, pp. 1769-1796.

MAMDANI, E.H. - Application of Fuzzy Algorithms for Control of Simple Dynamic Plant. *Proc. IEE*, v. 121, n. 12, 1974, pp. 1585-1588.

MARR, D. - *Vision*. W. H. Freeman, 1982.

MARR, D. e POGGIO, T. - A Computational Theory of Human Stereo Vision. *Proc. R. Soc. London*, v. B204, 1979, pp. 301-328.

MAYBECK, P.S. - *Stochastic Models, Estimation and Control*. v. II, Academic Press, 1979.

McCLELLAND, J.L. e RUMELHART, D.E. - *Explorations in Parallel Distributed Processing: A Handbook of Models, Programs, and Exercises*. MIT Press, 1988.

McCULLOCH, W.S. e PITTS, W. - A Logical Calculus of the Ideas Immanent in Nervous Activity. *Bulletin of Mathematical Biophysics*, v. 5, 1943, pp. 115-133.

McELIECE, R.J.; POSNER, E.C.; RODEMICH, E.R.; VENKATESH, S.S. - The Capacity of the Hopfield Associative Memory. *IEEE Trans. Information Theory*, v. 33, n. 4, jul. 1987, pp. 461-482.

McRUER, D. T. - Human Dynamics in Man-Machine Systems. *Automatica*, v. 16, 1980, pp. 237-253.

MELO, T. A. L. - *Controle Dinâmico de Robôs usando Redes Neurais Artificiais*. Trabalho de Graduação, Instituto Tecnológico de Aeronáutica (ITA), 1996.

MELO, T. A. L. e NASCIMENTO Jr., C.L. - Controle Dinâmico de Robôs usando Redes Neurais. *I Encontro de Iniciação Científica do ITA (I ENCITA)*, São José dos Campos, out. 1995, pp. 111-113.

MENDEL, J.M. - Fuzzy Logic Systems for Engineering: A Tutorial. *Proc. IEEE*, v. 83, n. 3, mar. 1995, pp. 345-377.

MENDELSON, E. - *Introduction to Mathematical Logic*. Van Nostrand, 1979.

MIKI, T. e YAMAKAWA, T. - Fuzzy Inference on an Analog Fuzzy Chip. *IEEE Micro*, ago. 1995, pp. 8-18.

MINSKY, M. e PAPERT, S. - *Perceptrons: An Introduction to Computational Geometry*. MIT Press, 1969 (uma edição corrigida e expandida foi publicada em 1988).

MOODY, J. e DARKEN, C.J. - Fast Learning in Networks of Locally-Tuned Processing Units. *Neural Computation*, v. 1, n. 2, 1989, pp. 281-294.

MULGREW, B. - Applying Radial Basis Functions. *IEEE Signal Processing Magazine*, v. 13, n. 2, mar. 1996, pp. 50-65.

MURRAY, A.F. e EDWARDS, P.J. - Synaptic Weight Noise During Multilayer Perceptron Training: Fault Tolerance and Training Improvements. *IEEE Trans. Neural Networks*, v. 4, n. 4, jul. 1993, pp. 722-725.

NARENDRA, K.S. e PARTHASARTHY, K. - Identification and Control of Dynamical Systems using Neural Networks. *IEEE Trans. Neural Networks*, v. 1, n. 1, mar. 1990, pp. 4-27.

NASCIMENTO Jr., C.L.; ZARROP, M.B.; MUIR, A. - A Neural Network Extremum Controller for Static Systems. *2nd European Control Conference (ECC'93)*, Groningen, The Netherlands, v. 1, 1993, pp. 99-104.

NASCIMENTO Jr., C.L. - *Artificial Neural Networks in Control and Optimization*. PhD Thesis, Control Systems Centre, University of Manchester Institute of Science and Technology (UMIST), Manchester, UK, 1994.

NEGOITA, C.V. - *Expert Systems and Fuzzy Systems*. The Benjamin Cummings Publ., 1985.

NEGOITA, C.V. e RALESCU, D.A. - *Applications of Fuzzy Sets to System Analysis*. John Wiley, 1975.

NETI, C.; SCHNEIDER, M.H.; YOUNG, E.D. - Maximally Fault-Tolerant Neural Networks. *IEEE Trans. Neural Networks*, v. 3, n. 1, jan. 1992, pp. 4-23.

NILSSON, N.J. - *Problem-Solving Methods in Artificial Intelligence*. McGraw-Hill, 1971.

NILSSON, N.J. - *Principles of Artificial Intelligence*. Morgan Kaufmann, 1986.

NOWLAN, S.J. e HINTON, G.E. - Simplifying Neural Networks by Soft Weight-Sharing. *Neural Computation*, v. 4, n. 4, jul. 1992, pp. 473-493.

OLIVEIRA, R.C.L.; NASCIMENTO Jr., C.L.; YONEYAMA, T. - A Fault Tolerant Controller Based on Neural Nets. *IEE Int. Conf. on Control 91*, Edinburgo, UK, v. 1, mar. 1991, pp. 399-404.

OMAR, N. - Introdução aos Sistemas Especialistas. *IX Congresso Brasileiro de Automática (IX CBA)*, Vitória, set. 1992, pp. 52-61.

PAIM, I. - *Curso de Psicopatologia*. 10ª ed., Ed. Pedagógica Universitária, São Paulo, 1986.

PARK, J. e SANDBERG, J.W. - Universal Approximation using Radial-Basis-Function Networks. *Neural Computation*, v.3, n. 2, 1991, pp. 246-257.

PARK, J. e SANDBERG, J.W. - Approximation and Radial-Basis-Functions Networks. *Neural Computation*, v.5, 1993, pp. 305-316.

PASSINO, K.M. - Intelligent Control for Autonomous Systems. *IEEE Spectrum*, v. 32, n. 6, jun. 1995, pp. 55-62.

PEDRYCZ, W. - *Fuzzy Control and Fuzzy Systems*. 2ª ed., John Wiley, 1993.

PEREIRA, L.F.A.; CARDOZO, E.; YONEYAMA, T. - A Framework for the Developemt of Intelligent Auto-Tuning Controllers. *IFAC Int. Symp. on Intelligent Tuning and Adaptive Control*, Singapura, jan. 1991.

PEREIRA, L.F.A.; YONEYAMA, T.; CARDOZO, E. - An Intelligent PID Controller based on Expert System Techniques. *Syst. Sci. J.*, v. 16, n. 4, 1990, pp. 81-87.

PEREIRA, L.F.A.; YONEYAMA, T.; CARDOZO, E. - Um Controlador Digital Incorporando Técnicas de Inteligência Artificial. *Revista SBA: Controle e Automação*, v. 2, n. 3, 1990, pp. 175-179.

PERETTO, P. - *An Introduction to the Modelling of Neural Networks*. Cambridge University Press, 1992.

PIKE, T. e MUSTARD, R.A. - Automated Recognition of Corrupted Arterial Waveforms using Neural Network Techniques. *Computers in Biology and Medicine*, v. 22, n. 3, 1992, pp. 173-179

POGGIO, T. e GIROSI, F. - Networks for Approximation and Learning. *Proc. IEEE*, v. 78, n. 9, set. 1990, pp. 1481-1497.

POGGIO, T. e GIROSI, F. - Regularization Algorithms for Learning that are Equivalent to Multilayer Networks. *Science*, v. 247, n. 4945, 23 fev. 1990, pp. 978-982.

POMERLEAU, D. A. - Efficient Training of Artificial Neural Networks for Autonomous Navigation. *Neural Computation*, v. 3, n. 1, 1991, pp. 88-97.

POMERLEAU, D. A. - *Neural Network Perception for Mobile Robot Guidance*. Kluwer, Boston, 1993.

RAMOS, A.C. e YONEYAMA, T. - Compensador Neuronal para Incertezas Paramétricas em Desacoplamento de Manipuladores Mecânicos. *X Congresso Brasileiro de Automática (X CBA) e VI Congresso Latino Americano de Controle Automático (VI CLAC)*, Rio de Janeiro, 1994, pp. 903-908.

REED, R.D. e MARKS II, R.J. - *Neural Smithing: Supervised Learning in Feedforward Artificial Neural Networks*. MIT Press, 1999.

REID, M.B.; SPIRKOVSKA, L.; OCHOA, E. - Simultaneous Position, Scale, and Rotation Invariant Pattern Classification using Third-Order Neural Networks. *Neural Networks*, v. 1, n. 3, 1989, pp. 154-159.

RICH, E. - *Artificial Intelligence*. McGraw-Hill, 1983.

RICHARD, M.D. e LIPPMANN, R.P. - Neural Network Classifiers Estimate Bayesian a Posteriori Probabilities. *Neural Computation*, v. 3, n. 4, 1991, pp. 461-483.

RIOS NETO, A. - Stochastic Optimal, Linear Parameter Estimation and Neural Nets Training in Systems Modeling. *J. Braz. Soc. Mech. Sci.*, v. 19, n. 2, 1997, pp. 138-146.

RIOS NETO, W. - *Controle de um Sistema com Apêndices Flexíveis usando Redes Neurais*, Tese de Mestrado, Instituto Tecnológico de Aeronáutica (ITA), 1998.

RIOS NETO, W.; NASCIMENTO Jr., C.L.; GÓES, L.C.S. - Controle Adaptativo Inverso usando Feedback-Error-Learning. *XII Congresso Brasileiro de Automática (XII CBA)*, Uberlândia, v. 1, set. 1998, pp. 351-356.

RIPLEY, B.D. - *Pattern Recognition and Neural Networks*. Cambridge University Press, 1996.

RODRIGUES, C.C.; NASCIMENTO Jr., C.L.; YONEYAMA, T. - An Auto-Tuning Controller with Supervised Learning using Neural Nets. *IEE Int. Conf. on Control 91*, Edinburgo, UK, v. 1, mar. 1991, pp. 140-144.

ROSENBLATT, F. - The Perceptron: A Probabilistic Model for Information Storage and Organization in the Brain. *Psychological Review*, v. 65, 1958, pp. 386-408.

ROSENBLATT, F. - *Principles of Neurodynamics: Perceptrons and the Theory of Brain Mechanisms*. Spartan Books, 1962.

RUMELHART, D.E.; HINTON, G.E.; WILLIAMS, R.J. - Learning Internal Representations by Error Propagation; em D.E. Rumelhart e J.L. McClelland (eds.), *Parallel Distributed Processing: Explorations in the Microstructure of Cognition, Vol. 1: Foundations*, MIT Press, 1986, cap. 8, pp. 318-362.

SAARINEN, S.; BRAMLEY, R.; CYBENKO, G. - Ill-conditioning in Neural Network Training Problems. SIAM *Journal on Scientific Computing*, v. 14, n. 3, maio 1993, pp. 693-714.

SANDRI, S.A. - *Notas do Curso de Pós-Graduação em Computação Aplicada*. Instituto Nacional de Pesquisas Espaciais (INPE), São José dos Campos, 1996.

SAUSSURE, F. - *Curso de Lingüística Geral*. Ed. Cultrix, 1988.

SCARSELLI, F. e TSOI, A. C. - Universal Approximation using Feedforward Neural Networks: A Survey of Some Existing Methods, and Some New Results. *Neural Networks*, v. 11, n. 1, 1998, pp. 15-37.

SEBORG, D.E. - A Perspective on Advanced Strategies for Process Control. *Modelling, Identification and Control*, v. 15, n. 3, 1994, pp. 179-189.

SEJNOWSKI, T.J. e ROSENBERG, C.R. - Parallel Networks that Learn to Pronounce English Text. *Complex Systems*, v. 1, 1987, pp.145-168.

SHACKLEFORD, J.B. - Neural Data Structures: Programming with Neurons. *Hewlett-Packard Journal*, jun. 1989, pp. 69-78.

SHAH, S.; PALMIERI, F.; DATUM, M. - Optimal Filtering Algorithms for Fast Learning in Feedforward Neural Networks. *Neural Networks*, v. 5, n. 5, 1992, pp. 779-787.

SHIRAI, Y. - *Three Dimensional Computer Vision*. Springer, 1987.

SILVA, J.A. e RIOS NETO, A. - Preliminary Testing and Analysis of an Adaptative Neural Network Training Kalman Filtering Algorithm. *IV Congresso Brasileiro de Redes Neurais (IV CBRN)*, São José dos Campos, 20-22 jul. 1999, pp. 247-251.

SIMPSON, P.K. - *Artificial Neural Systems: Foundations, Paradigms, Applications, and Implementations*. Pergamon Press, 1990.

SOUZA, P.S. - *Asynchronous Organizations for Multi-Algorithm Problems*. PhD Thesis, Department of Electrical and Computer Engineering, Carnegie-Mellon University, Pittsburgh, 1993.

SPIRKOVSKA, L. e REID, M.B. - Higher-Order Neural Networks Applied to 2D and 3D Object Recognition. *Machine Learning*, v. 15, n. 2, 1994, pp. 169-199.

STINCHCOMBE, M. - Neural Network Approximation of Continuous Functionals and Continuous Functions on Compactifications. *Neural Networks*, v. 12, n. 3, abr. 1999, pp. 467-477.

SURMANN, H. e UNGERING, A.P. - Fuzzy Rule Based Systems on General Purpose Processors. *IEEE Micro*, ago. 1995, pp. 40-48.

SUTTON, R.S. e BARTO, A.G. - *Reinforcement Learning: An Introduction*. MIT Press, 1998.

SUTTON, R.S.; BARTO, A.G.; WILLIAMS, R.J. - Reinforcement Learning is Direct Adaptive Optimal Control. *IEEE Control Systems Magazine*, v. 12, n. 2, abr. 1992, pp. 19-22.

TALUKDAR, S.N.; CARDOZO, E.; LEÃO, L.V. - TOAST: The Power System Operator's Assistant. *Computer*, v. 19, n. 7, jul. 1986, pp. 53-60.

TANG, K.S.; MAN, K.F.; KWONG, S.; HE, Q. - Genetic Algorithms and their Applications. *IEEE Signal Processing Magazine*, v. 13, n. 6, nov. 1996, pp. 22-37.

TANK, D.W. e HOPFIELD, J.J. - Simple "Neural" Optimization Networks: An A/D Converter, Signal Decision Circuit, and a Linear Programming Circuit. *IEEE Trans. Circuits and Systems*, v. 33, n. 5, maio 1986, pp. 533-541.

TANSCHEIT, R. - *Controle Nebuloso*. Minicurso IX Congresso Brasileiro de Automática (IX CBA), Vitória, set. 1992, pp. 82-95.

THORNTON, C.J. - *Techniques in Computational Learning: An Introduction*. Chapman & Hall Computing, 1992.

WASSERMAN, P.D. - *Advanced Methods in Neural Computing*. Van Nostrand Reinhold, 1993.

WATKINS, C.J.C.H. e DAYAN, P. - Q-Learning. *Machine Learning*, v. 8, n. 3-4,1992, pp. 279-292.

WERBOS, P.J. - *The Roots of Backpropagation: From Ordered Derivatives to Neural Networks and Political Forecasting (Adaptive and Learning Systems for Signal Processing)*. John Wiley & Sons, 1994.

WIDROW, B. e HOFF, M.E. - Adaptive Switching Circuits. *Proc. of the 1960 WESCON Convention Record*, 1960, pp. 96-104.

WIDROW, B. e LEHR, M.A. - 30 Years of Adaptive Neural Networks: Perceptron, Madaline and Backpropagation. *Proc. IEEE*, v. 78, n. 9, set. 1990, pp. 1415-1442.

WIDROW, B.; RUMELHART, D.E.; LEHR, M.A. - Neural Networks: Applications in Industry, Business and Science. *Commun. ACM*, v. 37, n. 3, mar. 1994, pp. 93-105.

WIDROW, B. e WINTER, R. - Neural Nets for Adaptive Filtering and Adaptive Pattern Recognition. *IEEE Computer*, v. 21, n. 3, mar. 1988, pp. 25-39.

WINSTON, P.H. - *Artificial Intelligence*. Addison-Wesley, 1977.

YAMAKAWA, T. - A Fuzzy Inference Engine in Nonlinear Analog Mode and its Application to a Fuzzy Logic Control. *IEEE Trans. Neural Networks*, v. 4, n. 3, maio 1993, pp. 496-522.

YONEYAMA, T. - Um Controlador Inteligente em PROLOG. *VII Congresso Brasileiro de Automática (VII CBA)*, São José dos Campos, v. 1, 1988, pp. 167-172.

ZADEH, L.A. - Fuzzy Sets. *Information and Control*, v.8, 1965, pp. 338-353.

ZURADA, J.M. - *Introduction to Artificial Neural Systems*. West Publishing, 1992.

ÍNDICE ALFABÉTICO

Abdução	47
Adaline	134
Afetividade	3
Agrupamento	156
Algoritmo	
A*	55
genético	103, 147
Amostragem	16
Aprendizado	4
com reforço	153
Q	123
por competição	156
Aproximação universal	120
Atenção	3
Átomos	38
Automatização	15
Axônio	113
Balança	183
Bellman	154
Boltzman Machine	147
Busca	52
aleatória	102
direta	100
uniforme	94
Caixeiro viajante	106, 151
Cálculo	
de Predicados	41
Sentencial	38
Calibração	21, 183
Cancelamento de ruído	170
Cérebro	114
Cibernética	1
Cláusuras	45
CMOS	194
Comando vocal	185
Combinadores lineares	171
Competição	156
Computação gráfica	10
Conceituação	2
Consciência	3
Controladores discretos	33
Controle	
extremal	181
manual	174
ótimo	19
Convolução	24
Crítico	170
Crossover	103
Cybenko	120
Davis-Swan-Campey	96
Dedução	40
Delta de Kronecker	23
Dendritos	113
Deriva	21
Detecção de Falhas	64
Equações de Estado	30
Especialistas	192

ÍNDICE ALFABÉTICO

Estabilidade	17
Exatidão	21
Extremum Control	181
Falácias	47
Filtro de Kalman	142
Frames	52
Função	
energia	127
de transferência	30
valor	154
de base radial	121, 117
Generalização	147
Existencial	43
Gramática	8
Hessiana	99
Hopfield	124
Inibição lateral	156
Instanciação universal	43
Instrumento de medição	20
Inteligência Artificial	2
Jogos	6
Jogo da velha	53
Juízo	3, 4
Kohonen	155
Kolmogorov	120
Linearidade	24, 30
Linguagem	3, 4
natural	8
LISP	191
Lógica de predicados	50
Manipulador	179
Mapas auto-organizativas	155
Máxima Declividade	88
Máx-mín	54
Medição	20
Memória	3, 4
associativa	124
Mensurando	20
MIMD	115
Modelo	15
direto	169
inverso	169
Modus Ponens	40
Modus Tollens	40
Monitoração	22
Neurônio	6
biológico	112
Newton	99
Operadores humanos	173
OPS5	191
Orientação	3
Otimização numérica	92
Overfitting	147
Percepção	2, 4, 9
Perceptrons	6, 131
PID	33, 204
Poliedros Flexíveis	101
Pólos	31
Portabilidade	22
Potencial de ação	113
Prenex	45
Probabilidade de transição	154
PROLOG	191
Prova de teoremas	7
Pruning	147
Quantificador	41
Recompensa	153
Recozimento simulado	105
Rede semântica	51
Reforço	
imediato	153
atrasado	154
Regra	
de Hebb	126, 130
delta	131
Rejeição de distúrbios	18
Repetividade	21
Representação	2, 4, 50
estruturada	51
Raciocínio	3, 4
Reprodutibilidade	21

Resolução	21, 45
Resposta pulso unitário	23
Retentor	28
Robô	10
Robótica	10
Robustez	18
Rotulação	159
Ruído	14
aleatórios	172
Secção Áurea	95
Segurador	28
Sensação	2, 4
Sensibilidade	21
Sensor	20
Silogismo disjuntivo	40
Sistema	14
de produção	5
discreto	23
especialista	7
Skolem	45
Solvabilidade	19
Stone-Weierstrass	121
Supervisão	119
Supervisor inteligente	64
Tabelas de verdade	39
Tautologias	39
Telecomando	22
Termo de momento	142
Teste de Turing	1
Time assíncrono	106
TLU	116
Transformada z	30
Túnel de vento	183
Unificação	44
Validação	192
Visão	10
Volição	3
Xadrez	6
XOR	132
Zeros	31
Zona tabu	104

TABELA DE SÍMBOLOS, ACRÔNIMOS E ABREVIATURAS

≅	aproximadamente igual a	G(s)	transformada de Laplace de g(t)
∃	existe	G(z)	transformada em z de uma seqüência g_k
Ω	ohm		
⊥	perpendicular	H	matriz hessiana
∈	pertence	IA	Inteligência Artificial
∀	todo	$I_A(.)$	função indicadora do conjunto A
$(.)^T$	transposto de (.)	K_D	ganho derivativo
¬a	não a	K_I	ganho integral
∇J(w)	gradiente de J(.) calculado no ponto w	K_P	ganho proporcional (semelhante à banda proporcional)
<x|y>	produto escalar de x e y	MDAC	*Multiplying Digital Analog Converter*
A⊂B	A contido em B		
a∧b	a *e* b (a AND b)	MLP	Multi-Layer Perceptron
a∨b	a *ou* b (a OR b)	MV	variável manipulada (ou de controle)
a↔b	a *se e somente se* b		
A∩B	intersecção dos conjuntos A e B	$N(m,\sigma^2)$	distribuição normal de média m e desvio padrão σ
a→b	*se* a *então* b		
A∪B	união dos conjuntos A e B	o(.)	resto ou nulo de uma expansão em série
ADALINE	Adaptive Linear Element		
BP	*Back Propagation*	OTA	Ampliador Operacional de Transcondutância
CLK	*clock* (relógio)		
DDC	*Direct Digital Control*	PID	Controlador Proporcional + Integral + Derivativo
DSP	Processadores Digitais de Sinais		
ECG	Eletrocardiografia	PV	*Process Variable* (ou de saída)
exp(.)	função exponencial	RNA	Redes Neurais Artificiais
FKE	Filtro de Kalman Estendido	sig(.)	função sigmóide
FPGA	*Field Programmable Gate Array*	sign(x)	função serial (1 se x > 0 e –1 se x ≤ 0)
δ	função delta (de Dirac ou de Kronecker, dependendo do contexto)	SP	*Set-Point* (ou valor de referência)
		tanh(.)	função tangente hiperbólico

TLU	Threshold Logic Unit	ANN	*Artificial Neural Network*
XOR	OU exclusivo	RBF	*Radial Basis Functions*
ITA	Instituto Tecnológico de Aeronáutica	IC	Inferência Cruzada
		I	Matriz Identidade
MIMD	*Multiple Instruction Multiple Data*	IFIX(a)	Parte inteira de a
		min(a)	mínimo de a
LMS	*Least Mean Squares*	max(a)	máximo de a
Viz(.)	Vizinhança	S.a.	Sujeito a
η	geralmente "taxa de aprendizado"	g	aceleração da gravidade
		$\triangleq$	igual, por definição
LAM	*Linear Associative Matrix*	$\otimes$	Multiplicação de Matrizes
ABS(.)	valor absoluto	$\varnothing$	Conjunto vazio
μ_A	função de pertinência de A	R	Conjunto de números reais
d/dt	derivada em relação ao tempo t	R^+	Conjunto de números reais não negativos
Å	Ångström (1 Å = 10^{-10}m)		
π	3,141592...	x//y	x alinhado com y